古代歷史文化 研究輯刊

二五編

王明蓀 主編

第 **11** 冊

唐代妓女研究

陳雅玲 著

國家圖書館出版品預行編目資料

唐代妓女研究／陳雅玲 著 -- 初版 -- 新北市：花木蘭文化事
業有限公司，2021〔民 110〕
目 4+204 面；19×26 公分
（古代歷史文化研究輯刊 二五編；第 11 冊）
ISBN 978-986-518-313-4（精裝）
1. 娼妓 2. 唐代
618　　　　　　　　　　　　　　　　　　110000152

ISBN-978-986-518-313-4

古代歷史文化研究輯刊
二五編　第十一冊　　　　　ISBN：978-986-518-313-4

唐代妓女研究

作　　　者　陳雅玲
主　　　編　王明蓀
總　編　輯　杜潔祥
副總編輯　楊嘉樂
編　　　輯　許郁翎、張雅淋　美術編輯　陳逸婷
出　　　版　花木蘭文化事業有限公司
發 行 人　高小娟
聯絡地址　235 新北市中和區中安街七二號十三樓
　　　　　電話：02-2923-1455／傳真：02-2923-1452
網　　　址　http://www.huamulan.tw 信箱 service@huamulans.com
印　　　刷　普羅文化出版廣告事業
初　　　版　2021 年 3 月
全書字數　158406 字
定　　　價　二五編 15 冊（精裝）台幣 45,000 元　　　版權所有・請勿翻印

唐代妓女研究

陳雅玲 著

作者簡介

陳雅玲，女，臺北市人。國立臺灣師範大學國文學系畢業，國立臺灣師範大學國文研究所碩士，淡江大學中國文學學系博士。發表作品有《北宋論語學研究》、〈南宋遺民謝枋得詩文初探〉、〈錢穆先生的《左傳》學初探〉、〈試由《劉向歆父子年譜》論錢穆的疑古與考古〉、〈左傳的「叛」文化初探〉等。

提　　要

　　唐代「妓女」一詞，不只是現代一般意義上的「娼妓」，它還包括以表演歌舞技藝，提供娛樂的「宮妓」、「官妓」及「家妓」。她們構成當時特殊的女妓階層，形成一種奇異的社會文化現象。

　　本書共分八章，首先試圖就政治、經濟、社會與文化等面向，探討唐代妓女活絡的原因。然後分別介紹教坊宮妓，地方官妓，私人家妓，北里民妓。宮妓的大本營是教坊，這些教坊妓女有不同身分類別與相應的特色。官妓的名稱來源、生活，工作與地方官員息息相關。被權貴豢養的家妓，她們的地位與待遇歸宿，同樣令人扼腕。至於對外開放營業的民妓，在唐代最有名的莫過於長安的北里妓，由於有孫棨《北里志》的資料，對於認識此一特定時期及地區的娼妓，有彌足珍貴的價值。其中含有環境、妓院、風氣、價格、組織……等等，使吾人可稍窺此群女妓的樣貌。

　　進士是唐代的新興階級，他們有三種性格，促使妓女與進士的關係更密切，此即與科考有關的干謁問題、補償心理和輕浮奢華的士風。此外在社會上另一男性階層——文人的歌舞遊宴，自然也少不了妓女，她們豐富了文人的生命，使之享受精神上的愉悅，產生大量的文藝創作。而實際上二者有相當現實互利的關係。最後對這一特殊族群提出相關的省察和評價，冀能發揮現代意義。

目

次

緒　論

一、研究的動機、方法

（一）研究動機

　　妓女是一種普遍存在的事實，古今中外皆然，無有例外。中國妓女若從春秋時代開始算起（見第三節），也至少有二千多年的歷史了。我們尚無法知道以前的色情問題，是否有今日台灣這麼嚴重〔註1〕，但它能生存發展那麼長久，必有其客觀存在原因。其事或因口耳相傳，少見記載；或因諱莫如深，不屑研究，以致缺乏完整的專門性的著作，一般只是拿作消遣娛樂的閒談話題而已。直至民國 23 年，王書奴先生出了一本《中國娼妓史》，算是這一個領域研究的先鋒〔註2〕。看了這本書，令我對妓女問題覺得很有興趣，並且受到莊老師的啟發，提示我可以結合時代的脈動，去探討社會中的弱勢族群的課題，於是我選擇了「妓女」這個領域。至於為何會以唐朝一代的妓女為研究對象呢？有三個原因：

〔註 1〕我想今天台灣色情泛濫，已是不爭的事實，它正像水銀瀉地般的侵入你我的生活，脫衣舞、牛肉場、香艷刺激的廣告單、國際色情電話的入侵、馬殺雞、應召站、女公關、色情刊物、有線電視的鎖碼台等等，幾乎是隨著時代、科技的進步，正朝著專業化去發展，在商業包裝下強力地推銷，不僅妨礙國家聲譽，也已干擾到一般日常生活了。可參考坊間有關報導，如〈你可知台灣有多「色」——台灣色情行業大觀〉，《中國時報》，1995 年 7 月 22 日。勵馨基金會編著《雛妓防治問題面面觀》（台北：雅歌出版社，1993 年 9 月）等。

〔註 2〕此書是 1934 年上海生活書店所出《民國叢書》中一冊。在 1992 年 1 月又由上海書店重新根據生活書店 1934 年版影印發行。

1. 王書奴在他書中的自序上說：「唐代冶遊之風最盛，究竟是甚麼緣故呢？唐代最重進士，進士之所狎呢，當時傳為佳話，故唐代進士坊曲艷史最多。又唐代官吏狎娼，亦無法律為之限制，故唐代士大夫游宴之風，為近古所未有。且唐代工商業亦呈空前狀況……這都是歷史上從前未曾有過的現象。資本主義擴張確是助長娼妓事業發展的重要原因。」由這個意見，再參酌他在唐代部分的說明，使我覺得這麼個有特色的時代，似乎在他所提出的問題上，可以再說得詳盡些，或許能發揮些「填補空白」的作用。

2. 日本人岸邊成雄在其《唐代音樂史的研究》上說：「公開之私營妓館中，散娼之存在，恐已為時甚早，惟如長安平康坊之大規模之組織，當係唐代後。」〔註 3〕又「按民妓之存在，當在唐代以前，惟集居一處，有組織化及商業化者，當為唐代。」〔註 4〕這表示唐代是中國妓女業發展的一個里程碑，最值得注意與研究。

3. 在唐人的文學作品裏，有許多關於妓女及風流韻事的記錄，尤其有孫棨的《北里志》出現。這本個人自傳式的狎遊專書，是前所未見的，大致可以反映當時妓業之盛。但他是在什麼情況下會有這種作品產生，是值得研究的問題。

雖然時移事易，但在這段研究期間，我倒不斷地會將今日的狀況與唐代作一比較，期望從中得到一些啟發。畢竟身在這個時代，必須去關心自己周圍的社會，特別是有歷史傳承性的社會問題。研究傳統漢學與其封閉在象牙塔裏，不如用現代的人權觀點關心古代社會，會更有趣味，更有意義吧！

（二）研究方法

本文全部共分八章，其研究進程，是以唐代妓女本身為主軸，然後再涉及與其有關的問題，希望能有一個完整的鳥瞰。

唐代「妓女」一語，不只有今天娼妓的意義，它還包括了當時以表演歌舞技藝為主的宮妓、官妓、家妓，構成當時一特殊的妓女階層。妓女作為一種特殊的社會文化現象，在唐代大量出現，這其中的原因，應該是要回到醞

〔註 3〕岸邊成雄著，梁在平、黃志炯譯：《唐代音樂史的研究》（台北：台灣中華書局，1973 年 10 月，頁 374。）
〔註 4〕同前註，頁 375。

釀它的土壤去尋找，所以首章先嘗試就當時的政治、經濟、社會與文化面去
探索。當然整個長達近三百年的李唐王朝，它的社會狀況並不是一成不變的，
如陳寅恪說：「唐代之史可分前後兩期，前期結束於南北朝相承之舊局面，後
期開啟趙宋以降之新局面。關於政治社會經濟者如此，關於文化學術者亦莫不
如此。」〔註5〕所以簡單地說，唐代是可以安史之亂為分界點的，前期與後期
實際上分屬於二個不同的類型。循著這個方向，我在這一章就常採用這種分
期的觀點來看唐代社會和妓女的關係。很可喜的，也從中發現和整個時代社
會息息相關的妓女，在中晚唐時特別興盛，成為當時重要又特殊的族群，對
於研究唐代社會史具有重大意義。當然由於所觀察到的多是中晚唐的現象，
於是便多於此著墨，恐不免有以偏蓋全之嫌，但終非得已，仍是有意義的。

　　接下來就以四個章節的篇幅，分別對這些妓女們做一種歷史事實的介紹陳
述。在宮妓部分，當然不止於教坊妓女，只是受限於材料，所以只好以崔令欽
的《教坊記》為主，再加入一些零星的資料。同樣的，民妓照理來說也應該是
到處都有，但我所述則偏重在長安的北里妓女，這固然是因有孫棨《北里志》
這本在北里的狎遊專著，同時也是因材料不足，不得不如此。待將來如能看得
到更多的材料，則可做更全面的認識。而在民妓部分，之所以附論女道士（女
冠）和胡姬，是因為她們的行徑，雖無娼妓之名，但恐已是有娼妓之實。所以
為求完整，將之收入。接下來的兩章，是描述與妓女產生密切關係的進士和文
人，呈現他們之間在特有的時代背景下的連繫。但很可惜的，仍是限於材料，
無法觀察到一些市井小民類的狎遊，以致於只能偏向敘述這二類屬於上層社會
人士的情形。最後一章，則是對唐代妓女作個客觀的反省和評價，揭示她們的
苦難，表示同情，對於她們在流行文化上的貢獻，予以重視。

　　普通所用的社會研究方式，主要的大概有兩種：一是查閱文獻資料，一
是進行社會調查訪問。但對於我的研究對象而言，要使用第二種方法是不可
能。所以依憑的只有書籍文獻，這包括當時的史書、詩文、筆記、小說、近
人的研究等等，但可惜多是零碎記載，如前所述深感不足，這是材料方法上
的限制。其次在許多無直接證據的現象下，我想合理的推測是必要的，如探
討妓女大盛原因的「經濟」一節而言，商人的增加和商業都市的興起，對妓
業的發展如何，唐人似無此類的記錄，但憑著對現代社會的觀察，使我們了

〔註 5〕陳寅恪：〈論韓愈〉，《陳寅恪先生全集》（台北：九思出版社，1977 年 12 月），
　　　　頁 1292。

解到二者間是脫不了關係，所以用同樣的態度來看，當相差不遠，尤其在人性的對待上，也不必過分諛美古人，認為他們的道德就比較高尚，而是站在客觀的立場，如以現代人權、女權的觀念來看待。

妓女的這種社會性問題，所顯示的不止是「她」，必須包括她的東家、享用者如嫖客，當時的社會狀況，及所帶來的影響。換句話說，包涵的層面是相當廣泛，因此想要充分深入了解，其實是要去挑戰整個時代的生活面貌，可算是個大工程。雖然力有未逮，不過我想這仍是個努力的方向，若能從中得到啟示，有助於思索、關心現代社會問題，那就是有收穫，有意義了。

二、傳統妓女的名稱、類別

（一）名稱

妓女之名，自古以來，有不同之名稱用法，「娼」、「倡」、「妓」、「伎」、「娼妓」、「伎女」、「倡優」等，往往混用，並無嚴格的區別。

1. 娼：許慎《說文》，有「倡」字而無「娼」字〔註6〕。《魏書‧司馬叡傳》：「于時尼娼構扇內外，風俗頹薄，人無廉恥。」〔註7〕《新唐書‧陸長源傳》：「叔度淫縱，數入娼家，調笑嬉褻。」〔註8〕傳奇小說〈楊娼傳〉直接以「娼」字命名，足見唐時「娼」字已有近世妓女的內涵。及至宋代，如《宋史》云「全請所狎娼，覃不與。」〔註9〕又「初不疑，酒數行，娼女出，邦乂愕然。」〔註10〕《古今圖書集成》引賢奕解釋此字說「古優女曰娼……考之鯧魚，為眾魚所淫……竟出於此。」〔註11〕看來到清人，看法已和今日的娼妓含義相同，且不再見其與歌唱音樂的關係，而偏於賣色為主了。

2. 倡：《說文》：「倡，樂也，從人昌聲。」段玉裁注曰：「漢有黃門名倡，常從倡秦，倡皆秦聲也。東方朔傳：有幸倡郭舍人，則倡即俳也，經傳皆用為唱字。周禮，樂師凡軍大獻，教愷歌遂倡之。故書倡為昌。鄭司農云：樂師主倡也，昌當為倡。按當云昌當為唱。」〔註12〕是以「昌」、「倡」、

〔註6〕漢許慎撰：《說文解字》（台北：黎明文化事業公司，1989年9月，頁383。）
〔註7〕頁2103。
〔註8〕頁4822。
〔註9〕頁13822。
〔註10〕頁13196。
〔註11〕《古今圖書集成‧藝術典‧娼妓部》頁8603。（台北：鼎文書局，1977年）。
〔註12〕頁383。

「唱」三字通。用作名詞，擅長歌唱的人即為倡。如《漢書・外戚傳》「孝武李夫人，本以倡進。」顏師古注云「倡，樂人。」〔註13〕《新唐書・韋堅傳》「倡人數百，皆巾幘鮮冶，齊聲應和，鼓吹合作。」〔註14〕又〈太子瑛傳〉「初，瑛母以倡進，善歌舞，帝在潞得幸。」〔註15〕可證「倡」與音樂關係密切。

而古詩十九首之「昔為倡家女，今為蕩子婦。」〔註16〕《五代史・史弘肇傳》中以「酒家倡」稱酒家女〔註17〕《新唐書・劉政會傳》記「廣有大賈，約倡女夜集，而他盜殺女，遺刀去，賈入倡家，踐其血乃覺，乘徧亡。」〔註18〕以上三處的「倡」，則為今日妓女之用法了。

3. 妓：《說文》云「婦人小物也。」段玉裁注「今俗用為女伎字。」〔註19〕什麼是「婦人小物」呢？段玉裁另在「斐」字下說：「小物謂用物之瑣屑者。」〔註20〕可見「妓」字本與「妓女」之今義無涉。「妓」字究竟何時有妓女之用法，已不得知。據《晉書・桓伊傳》「乃敕御妓奏笛。」〔註21〕可見至遲在魏晉六朝，人們已稱美女或歌女舞女之類為妓。

4. 伎：前文引段玉裁「妓」之本字為「伎」；而「伎」字，許慎說是「與也」，段玉裁也作注曰「俗用作技巧之技。」〔註22〕則「伎」又通「技」，意指有專長才藝，如《新唐書・彭君慶傳》「尚醫奉御彭君慶以巫覡小伎，超授三品。」〔註23〕所以稱作「伎女」當是因其善歌舞，具有才能，故以「伎」字呼之。

5. 俳、優：《說文》「俳，戲也。」段玉裁注「以其戲言之謂之俳，以其音樂言之謂之倡，亦謂之優，其實一物也。」〔註24〕許慎又釋「優」字：「一曰倡也。」段注「倡者，樂也，謂作妓者，即所謂俳優也。」〔註25〕而《韓

〔註13〕頁 3951。
〔註14〕頁 4561。
〔註15〕頁 3607。
〔註16〕逯欽立：《先秦漢魏晉南北朝詩》（台北：學海出版社，1984 年 5 月，頁 329。）
〔註17〕頁 332。
〔註18〕頁 3769。
〔註19〕頁 627。
〔註20〕頁 627。
〔註21〕頁 2118。
〔註22〕頁 383。
〔註23〕頁 4174。
〔註24〕頁 384。
〔註25〕頁 379。

非子·難三》云「俳優侏儒，固人主之所與燕也。」〔註26〕《史記·滑稽列傳》「優旃者，秦倡侏儒也。」〔註27〕可知俳、優、倡諸名在使用上一般並不分別，通稱古代樂舞藝人，或合用稱作「倡優」、「俳優」、「俳倡」。

經過簡單介紹，可先釐清這些名稱雖然不同，但用法上是差不多的。同時這些名稱，在古代也是男女通用的，如《史記·佞幸列傳》「（延年）父母及身兄弟及女，皆故倡也。」〔註28〕《後漢書·梁冀傳》「游觀寺內，多從倡伎，鳴鐘吹管，酣謳竟路。」〔註29〕《新唐書·文藝中》「梨園雜伎，愈勝今日。」〔註30〕及上引「優旃者，秦倡侏儒也。」明確可知包括了男性在內，並不專指女子。如有所指，則常會特別冠以「女」字標明，像《後漢書·盧植傳》：「融外戚豪家，多列女倡，歌舞於前。」〔註31〕正是。

在唐代，唐人對妓女亦無統一的稱呼，或因不同的性質而大約有以下幾種：

（1）娼：如傳奇〈楊娼傳〉，就逕呼為「楊娼」。

（2）妓：如〈霍小玉傳〉記李益「思得佳偶，博求名妓。」〔註32〕另有「紅綃妓」〔註33〕、「紅拂妓」〔註34〕之稱。

（3）娼妓：如馮贄《雲仙雜記》：「姑臧太守張憲使娼妓戴拂壺中錦仙掌，密粉淡妝，使侍閣下。」〔註35〕

（4）歌妓：如〈崑崙奴〉：「一品宅有猛犬守歌妓院門。」〔註36〕

（5）飲妓：如孫棨《北里志》：「京中飲妓，籍屬教坊。」〔註37〕

（6）倡女：如〈李娃傳〉：「汧國夫人李娃，長安之倡女也。」〔註38〕

〔註26〕清王先慎撰：《韓非子集解》（台北：華正書局，1987年8月，頁311。）
〔註27〕頁3202。
〔註28〕頁3195。
〔註29〕頁1182。
〔註30〕頁5773。
〔註31〕頁2113。
〔註32〕宋李昉撰：《太平廣記》（台北：新興書局，1973年，清黃曉峰校刻清乾隆癸酉年1753年刻本），卷487，頁1869。
〔註33〕〈崑崙奴〉，同前註，卷194，頁755。
〔註34〕〈虬髯客〉，同前註，卷193，頁751。
〔註35〕《雲仙雜記》（四庫本）卷一，頁1035～645。
〔註36〕同註33。
〔註37〕《北里志》（香艷叢書本）頁1281。
〔註38〕同註32，頁1858。

（7）營妓：如《北里志》：「楊汝士尚書鎮東川，其子知溫及第，汝士開家宴相賀，營妓咸集。」〔註39〕

（8）妓女：如〈長恨傳〉：「既後宮才人，樂府妓女，使天子無顧盼意。」〔註40〕

（9）校書，如王建〈寄蜀中薛濤校書〉詩：「萬里橋邊女校書，枇杷花裏閉門居，掃眉才子知多少，管領春風總不如。」〔註41〕

（10）女妓：如《揚州夢記》：「時會中已飲酒，女妓百餘人，皆絕藝殊色。」〔註42〕

（11）俠邪女：如〈李娃傳〉，張生密問友李娃的身分，友人回答：「此俠邪女李氏宅也。」〔註43〕

（12）仙〔註44〕：如〈霍小玉傳〉「有一仙人謫在下界。」〔註45〕「仙」即指小玉。張文成的《遊仙窟》表面託言人神交歡，實際上是作者自己冶遊的經歷，以「仙」來稱妓女崔十娘及五嫂〔註46〕。

（13）神女：如白居易〈醉後題李馬二妓〉詩：「疑是兩般心未決，雨中神女月中仙。」〔註47〕

當然還有其他的稱呼，不止於上述而已。

（二）類別

「妓女」一名，今日我們所認知到的，就是那些以自己性的權利作為手段，以達成某種交換行為的人〔註48〕但應該注意的是古代的妓女與現代的妓

〔註39〕同註37，頁1301。
〔註40〕同註32，卷486，頁1865。
〔註41〕《全唐詩》卷301，頁3434。
〔註42〕唐于鄴撰《揚州夢記》（唐代叢書本），頁609。
〔註43〕同註38。
〔註44〕陳寅恪：〈讀鶯鶯傳〉，《陳寅恪先生論文集》（台北：九思，1977年12月）頁791說「至於唐代，仙（女性）之一名，遂多用作妖豔婦人或風流放誕之女道士之代稱，亦竟有以之目娼妓者。」
〔註45〕同註32，卷487，頁1869。
〔註46〕劉開榮：《唐代小說研究》（台北：台灣商務印書館，1994年5月，頁152～175）。
〔註47〕《全唐詩》卷438，頁4876。
〔註48〕妓女們所得到的，可能是有形的金錢、物質，或其他利益、權勢，甚至感情，關於妓女的定義，一般而言是大同小異，下引五項，作為參考：
　　1. 一九五七年亞洲暨遠東地區預防犯罪國際會議所下的定義為「凡習於淫行，經常與不特定之人為性交或其他淫褻行為，而以獲得金錢或其他利益為條件，致可認為係以賣淫為其全部或一部分職業者謂之娼妓。」（見廖兆

女，無論就其名稱或內涵，卻是有部分的差異，這在上文介紹名稱時已可略見。唐妓固有出賣色相者，如〈楊娼傳〉云「夫娼，以色事人者也。」〔註49〕喬知之〈倡女行〉詩「願君解羅襦，一醉同匡床。」〔註50〕及平康妓趙鸞鸞〈酥乳〉寫道「浴罷檀郎捫弄處，靈華涼沁紫葡萄。」〔註51〕此古今一也。但在唐時稱「妓」除指「專業」妓女外，同時也是音樂歌舞，繩竿球馬等女藝人的統稱，並不專指賣笑女子。可以說是融合了娼妓與女藝人的特徵。不過事實上，藝人常兼賣笑、妓女也要獻藝，二者沒有十分嚴格的界限，合而為一，也就不足為怪了〔註52〕。所以現代對妓女的認識，僅止於出賣肉體獲取利益者，而在唐代來說，只是唐妓中的一類，並不得包括全體的妓女階層，這是必須先說明的。如此才能了解唐妓的其他風貌，不拘限於最狹窄的妓女範圍。

那究竟唐代的妓女可以分做那些種類呢？黃現璠分家妓和公妓兩類，又將後者分為「供天子娛樂之宮妓」，「供官吏娛樂之官妓」，「供軍士娛樂之營妓」三種〔註53〕。日本石田幹之助及岸邊成雄，將唐妓分作宮妓、官妓、家妓、民妓四類。所謂宮妓，為供皇室享用，位於教坊為主。官妓則設置於州郡等，供地方首長驅使，擔任侍奉之職。家妓則是私人蓄養，於主人接待賓客時，助興娛樂者。民妓則係對外界開放的妓館中的妓女〔註54〕。筆者採用後一

祥：〈論娼妓之防治問題〉，《警光半月刊》第 13 期。）

2. 謝康：「妓女以賣淫為手段，營利為目的，通常以此為業，以肉體為性交和供人取樂而獲得金錢或物質上的報酬。」（謝康：《賣淫制度與台灣娼妓問題》，台北：大風出版社，1972 年 6 月，頁 22）。

3. 王書奴：「因要得到他人相當報酬，乃實行性的亂交，以滿足對方性欲的，是為娼妓。」（王書奴：《中國娼妓史》頁 5）。

4. 伊凡布羅和博士：「娼妓是一個男的或女的，把他或她自己賣給許多人，以滿足他們的性欲」（轉引自王書奴：《中國娼妓史》頁 4。）

5. 美國社會學家 J.D.道格拉斯和 F.C.瓦克斯勒在他們合著的《越軌社會學概論》一書中指出，妓女是指「將自己性交的權利出售給男人們，以便為這種行為本身獲取金錢報償的婦女。」賣淫則是「其補償既非屬於性欲方面，又非屬於感情方面的任何性行為。」（彥欣：《賣淫嫖娼與社會控制》，北京：朝華出版社，1992 年 9 月，頁 270）

〔註49〕同註32，卷491，頁1884。
〔註50〕《全唐詩》卷81，頁876。
〔註51〕《全唐詩》卷802，頁9033。
〔註52〕高世瑜：《唐代婦女》（陝西：三秦出版社，1988 年 6 月，頁 56）。
〔註53〕黃現璠：《唐代社會概略》（上海：商務印書館，1936 年 3 月，頁 78）。
〔註54〕《唐代音樂史的研究》，頁 76～78，364～366。

種看法，將之分為四類：宮妓、官妓、家妓、民妓，並分章說明。對於黃現璠另立一類的「營妓」，筆者並不贊同，且將之歸於「官妓」，容後會有說明。

雖然在唐朝文獻所載妓女名稱有多種，然實際上這些統稱，可以再經析分為這四類，經過這樣的分類，對於認識唐妓的全貌，應當是有幫助的。

三、唐代以前妓女的發展概況

（一）先秦

中國娼妓的起源，有學者認為即商朝的巫娼〔註55〕，然未成定論〔註56〕。但遲至春秋時就有「妓女」的雛型出現。

春秋初期，齊國宰相管仲設「女閭」，《東周策》云「齊桓公宮中女市七，女閭七百。」《戰國策》也記「齊桓公……女閭三百，國人非之。」直到《抱朴子・任能》還說「齊桓被髮彘酒，婦閭三百。」〔註57〕依《說文》「閭，里門也。」〔註58〕故「為門為市於宮中，使女子居之。這就是我國國家經營娼妓的開頭。」〔註59〕至稍晚的南方越國「越王句踐輸有過寡婦於山上，使士之憂思者游之，以娛其意。」（《吳越春秋》）。《越絕書》更引申其意云「獨婦山者，勾踐將伐吳，徙寡婦置山上，以為死士，未得專一也。後之說者，蓋勾踐所以游軍士也。」〔註60〕可見在春秋戰國時代，中國妓業已經形成，並先由國家主持經營，殆無可疑。

另外《史記・貨殖傳》記「趙女鄭姬，設形容，揳鳴琴，揄長袂，躡利屣，目挑心招，出不遠千里，不擇老少者，奔富厚也。」〔註61〕《漢書・地理志》也載「趙、中山地薄人眾，猶有沙丘紂淫亂餘民。丈夫相聚遊戲，悲歌忼慨，起則椎剽掘家，作姦巧，多弄物為倡優。女子彈弦跕躧，游媚富貴，遍諸侯之後宮。」〔註62〕這些佳冶窈窕，放肆求利之女子，極明顯與私妓無異，正知此時不論是公營妓業或私娼皆已產生。

〔註55〕如王書奴。他的《中國娼妓史》一書，第二章即為〈巫娼時代〉。
〔註56〕如黃以生：〈「巫娼時代」純係虛擬──中西妓女起源比較〉，《高等學校文科學報文摘》1990年第5期。
〔註57〕以上三則資料皆轉引自王書奴：《中國娼妓史》，頁30。
〔註58〕頁593。
〔註59〕同註57。
〔註60〕同前註，頁37。
〔註61〕頁3271。
〔註62〕頁1655。

（二）兩漢

古詩十九首「昔為娼家女，今為蕩子婦，蕩子行不歸，空房難獨守。」〔註63〕可知漢家時代已有從良的妓女。

上述句踐對軍士之做法，應該是軍妓的先聲〔註64〕，而軍妓制的成立，當屬漢代，並且有「營妓」之名稱正式出現。這些營妓的來源是「罪人妻子沒為奴婢」，「婦女坐其父兄，沒入為奴。」〔註65〕真是無辜受牽累。營妓的出現在妓女發展史上是一個重大的事件。

（三）魏晉南北朝

此期娼妓業繼續發展，而蓄養家妓的風氣達於鼎盛。

洛陽為北魏政治及工商大都市，楊衒之《洛陽伽藍記》寫洛陽妓女為「市南有調音樂律二里，里內之人絲竹謳歌，天下妙伎出焉。」〔註66〕此指出洛陽風化區所在，如唐代的「北里」區域。可以想像嫖客往來，妓女生意興隆的情況。

由於上位者的習尚，影響於一般人，所以蓄養女妓的事極為普遍。如張瓌「居室豪富，伎妾盈房。」〔註67〕曹景宗「妓妾至數百，窮極錦繡。」〔註68〕史稱西晉石崇有妓數十人，並施予訓練。遇客燕宴，常令之行酒，「客飲酒不盡者，使黃門交斬美人」，曾經已斬三人，還說「自殺伊家人，何預卿事？」〔註69〕可謂殘暴無理。又南朝所盛行的宮體詩，以表現輕艷淺薄內容為後世所詬病，而這些作品正是作者們流連聲妓，沈迷酒色的生活反映。這也從側面提供了此時妓女興盛之訊息。

〔註63〕逯欽立：《先秦漢魏晉南北朝詩》，頁329。
〔註64〕同註60。
〔註65〕同前註，頁42、43。
〔註66〕楊衒之撰：《洛陽伽藍記》（台北：廣文書局，1960年，影印清道光十三年錢塘吳氏校刻本），卷4，頁5。
〔註67〕《南齊書·張瓌傳》，頁454。
〔註68〕《梁書·曹景宗傳》，頁181。
〔註69〕楊勇：《世說新語校箋》（台北：正文書局，1992年10月，頁656）。

第一章　唐代妓女活絡的原因

第一節　政治

　　娼妓在唐代社會是一個公開的制度，有皇宮貴族專享的宮妓，有為地方官設立的官妓。蓄養在家中的女妓，沿襲了南朝之風，並不受到禁制，皇帝臣子間也常以之作為禮物致贈，這都是一種政府公開支持作法。長安北里之妓的性質雖仍不清楚，但這時之大量出現，也不容否定。所以整個妓女階層的存在，無疑可說李唐王朝是予以維護的，至少是加以同意的。人們的尋歡作樂也就不受到限制。相較於後代，唐代是放鬆式的政策。如宋代對於官吏治遊是加以限制的，張舜民〈畫墁錄〉說「嘉佑以前，提刑點獄不得赴妓樂。熙寧以後監司率禁，至屬官亦同。惟聖節一日許赴州郡大排宴，於便寢別設留娼，徒用以樂號呼達旦。」[註1]此若以白居易為例（詳後）作一比較，則知這實在是和當時作風有關的。

　　在封建時代，上層的習俗好惡，往往引起包括社會文化在內的整個意識形態的變化，他們的素質層次，價值觀念、生活方式等，無不關係到政治文化措施的施行，正所謂「上有所好，下必甚焉。」而君主對聲色的態度之於妓樂的發展，也當具影響力，尤其中晚唐社會經濟發展，助長了上層社會世俗享樂化的社會風氣的流行。這種情況，在政治上，君主是難辭推波助瀾之過的。

〔註 1〕轉引自王書奴《中國娼妓史》，頁 126。

　　唐初，高祖「新造天下，開太平之基，功臣賞未及遍，高才猶伏草茅，而先令舞胡鳴玉曳組，依五品，趨丹地。」李綱極諫，以為「殆非創業垂統，貽子孫之道也。」而高祖卻未予理會〔註2〕。顯示高祖對俗樂已有很大興趣。太宗對音樂的看法雖仍是屬於儒家雅樂思想，但已漸開明。如胡震亨說「自太宗以功德之盛，復造〈破陣〉、〈慶善〉二樂舞，於是後世相循，競製樂以侈觀聽，舞佾制度，各以意為增減，不合古經，而臣下亦復撰樂獻媚，女倡夷舞，同俳優戲劇之觀，則已漸流為散樂，而遠離益甚矣。」〔註3〕在和臣下魏徵等人的討論中，提出「悲悅在於人心，非由樂也。」的新音樂觀點〔註4〕並曾遣太常少卿祖孝孫入宮「教女樂」，引起大臣的不滿〔註5〕而至晚年也不免漸放縱，起綺靡妍麗文風。此後高宗、武后、中宗數朝，對樂舞更加愛好，如武平一云「比來日益流宕，異曲新聲，哀思淫溺。」〔註6〕睿宗太極元年，唐紹疏曰「往者下俚庸鄉……近日此風轉盛，上及王公，乃廣奏音樂……歌舞喧嘩。」〔註7〕風氣相互激盪影響。直至玄宗，可說是唐代帝王中影響最大者。

　　玄宗為太子時已多聲色之娛，「頻遣使訪召女樂」〔註8〕即位後，「命寧王主藩邸樂，以亢太常，分兩朋以角優劣。置內教坊於蓬萊宮側，居新聲、散樂、倡優之伎，有詼諧而賜金帛朱紫者。」〔註9〕不久，梨園緊接著成立，並且常親自指導，將風氣漸轉為注重俗樂。且玄宗本人具多項技藝，是實際的愛好者，極盡享受〔註10〕「在東洛，大酺五鳳樓下，命三百里內縣令刺史，率其聲樂來赴闕者。」〔註11〕「與貴妃每至酒酣，使妃子統宮妓百餘人，帝統小中貴百餘人，排兩陣於掖庭中，目為風流陣，以霞帔錦被張之為旗幟，攻擊相鬥，敗者罰之巨觥以戲矣。」〔註12〕他除了本身風流自許，也不禁止

〔註2〕《新唐書·李綱傳》，頁3908。
〔註3〕明胡震亨撰：《唐音癸籤·樂通二》（台北：木鐸出版社，1982年），頁130。
〔註4〕《舊唐書·音樂志一》，頁1041。
〔註5〕《新唐書·王珪傳》，頁3888。
〔註6〕《新唐書·武平一傳》，頁4295。
〔註7〕《舊唐書·輿服志》，頁1958。
〔註8〕《舊唐書·文苑中》，頁5028。
〔註9〕《新唐書·禮樂志》，頁475。
〔註10〕日本學者那波利貞曾就玄宗如何由恪勤精勵之人，突然轉變為沈溺於享樂主義之性格作一研究，請見楊旻緯：《唐代音樂文化之研究》（台北：文史哲，1993年9月，頁21）。
〔註11〕唐鄭處誨撰：《明皇雜錄》（四庫本），卷下，頁1035～514。
〔註12〕五代王仁裕撰：《開元天寶遺事》（四庫本），卷4，頁1035～864。

臣下享樂，甚至有懲愚之意味，「上御勤政樓大酺，縱士庶觀看，百戲競作，人物填咽。」〔註13〕又如《次柳氏舊聞》載其見宮中（肅宗東宮）「庭宇不灑掃，而樂器久屏，塵埃積其間，左右使用無有妓女，上為之動色，顧謂力士曰『太子居處如此，將軍盍使我聞之乎？』……使力士召掖庭令，按籍閱視得三人，乃以賜太子。」〔註14〕在天寶十年曾下詔云「五品以上正員清官，諸道節度使及太守等，並聽當家畜絲竹，以展歡娛。」〔註15〕這在唐初對官員原是有限制的〔註16〕。玄宗則聽任自由，蓄妓多寡不予限制，蓄養家妓之風大盛。

如此導致當時皇室權貴放縱浮華，「申王每至冬月，有風雪苦寒之際，使宮妓密圍於坐側，以禦寒氣，自呼為妓圍。」「岐王少惑女色，每至冬寒手冷，不近於火，惟於妙妓懷中揣其肌膚，稱為暖手。」「楊國忠子弟，恃妃族之貴，極於奢侈，每遊春之際，以大車結綵帛為樓，載女樂數十人，自私第聲樂前引，出遊園苑中，長安豪民貴族皆效之。」〔註17〕玄宗大酺於五鳳樓、勤政樓，極盡其豪奢，可知整個皇室貴族的縱逸享受是普遍的。崔令欽在《教坊記》後記中強烈標榜著人的生活上或生命中的廉潔自持的重要，並痛斥驕淫廢禮之害，當可知作者身處當時，對教坊中諸多現象的慨嘆之意〔註18〕而平康坊在《開元天寶遺事》中已被稱作「風流藪澤」，深刻反映玄宗時妓樂受到提倡興盛的狀況。可見上層者的愛好與提倡影響深遠，宮廷文化世俗及現實的一面，正同時和唐代娛樂文化興盛豐富的一面並存。

德宗時，遊宴之風極盛，奉天定難後，德宗為酬庸功臣，親賜李晟、琿瑊等人以妓樂，無異直接鼓勵聲色之好〔註19〕。並曾下詔鼓勵官僚百姓遊玩，發放游樂費〔註20〕，故李肇說「長安風俗，自貞元侈於遊宴。」〔註21〕

〔註13〕唐鄭棨撰《開天傳信記》（四庫本），頁1042～842。
〔註14〕唐李德裕撰：《次柳氏舊聞》（唐代叢書本），頁105。
〔註15〕《唐會要》卷34，頁630。
〔註16〕如《唐會要》卷34，頁628，記中宗神龍二年9月詔曰「三品以上聽有女樂一部，五品以上，女樂不過三人。」
〔註17〕同註12，〈妓圍〉條、〈香肌暖手〉條頁1035～851，〈樓車載樂〉條，頁1035～862。
〔註18〕楊旻瑋《唐代音樂文化之研究》，頁23。
〔註19〕宋王讜撰：《唐語林》（四庫本），卷6，頁1038～142。
〔註20〕《舊唐書·德宗本紀下》貞元4年9月丙午詔，頁366。
〔註21〕唐李肇撰：《唐國史補》（四庫本）卷下，頁1035～447。

「每宴樂，則宰臣盡在，太常、教坊音聲皆至，恩賜酒饌，相望於路。」〔註22〕《南部新書》卷9也載「貞元以來，選樂工三十餘人，出入禁中，號宣徽長，入供奉，皆假以官第，每奏伎樂稱旨，輒厚賜之。」〔註23〕穆宗、敬宗時，優伶廣被賜與。「武宗詔揚州監軍取倡家女十七人入禁中。」〔註24〕宣宗特重科第，促成進士與妓業並盛局面，且本人「妙於音律，每賜宴前，必制新曲，俾宮婢習之。至日，出數百人，衣以珠翠緹繡，分行列隊，連袂而歌。」〔註25〕懿宗「好音樂宴游，殿前供奉樂工常近百人，每月宴設不減十餘，水陸皆備，聽樂觀優，不知厭倦，賜與動及千緡。」〔註26〕等等許多記錄，可見中晚唐雖國勢動蕩，但統治者對聲色之娛及歌舞享樂的追求及耽溺，並不稍減。

這些在上位者，對娛樂的需求是多樣的，有出自欣賞者，有為尋求刺激享樂的，有對朝臣羈縻籠絡者〔註27〕。不論如何，在政府不加禁制取締，又有統治者的愛好提倡下，唐代妓女們可謂得到一個合適繁殖的溫床，上下各有所取，風氣自然興盛。

第二節　經濟

一、商業都市的興起

安史之亂後，北方殘破，經濟受到重創。而南方因免受戰火之摧殘而得以保存，且商業興盛，城市繁榮，較諸前期有大幅之發展，許多商業大都市隨之形成。這些都會皆位於重要交通線上，扮演著重要的轉運集散地位，四方賈客群集，為一般妓女帶來了新的商機。

雖然關中已經戰火的洗禮，但首都長安作為全國中心，還是很快就復甦，成為內地交通集散點，「天下諸津，舟航所聚，旁通巴漢，前指閩越，七澤十藪，三江五湖，控引河洛，兼包淮海，弘舸巨艦，千軸萬艘，交貨往還，昧

〔註22〕同前註，卷上，頁1035～426。
〔註23〕宋錢易撰：《南部新書》（四庫本），卷9，頁1036～245。
〔註24〕《新唐書·杜悰傳》，頁5091。
〔註25〕同註19，卷7，頁1038～178。
〔註26〕《通鑑》，卷250，頁8117。
〔註27〕如向達在《唐代長安與西域文明》說「開元天寶之際，天下昇平，而玄宗以聲色犬馬為羈縻諸王之策。」《燕京學報專號2》（哈佛燕京社）頁39。

旦永日。」〔註28〕除了水路外，並有以之為中心的驛道四通八達〔註29〕，可知其商業交通之頻，帶來了各種人的集聚，這點在介紹北里的地理環境時，也是要特別注意的。

而南方出現幾個較大都市：

（1）揚州：揚州富庶，早有「揚一益二」之稱〔註30〕。安史亂後，一切仰賴南方供給，而揚州位於長江和運河的交叉點上，為南北交通要衝，實是全國貨物最理想的集散地〔註31〕，於是也就成為最重要的轉運口。因海舶之終點，成為國際貿易港，大食波斯商賈盛集於此〔註32〕。故揚州既當江河間運道之衝，又為海舶所到達之終點，是以能造成富甲天下的盛況。它的繁榮富庶，引起詩人的歌詠：張祜有云「十里長街市井迷，月明橋上看神仙，人生只合揚州死，禪智山光好墓田。」〔註33〕徐凝唱道「天下三分明月夜，二分無賴是揚州。」〔註34〕

揚州妓業自古有名，至唐時更加昌盛，唐人于鄴形容為「揚州勝地也，每重城向夕，倡樓之上，常有絳紗燈萬數，輝羅耀列空中，九里三十步，街中珠翠嗔咽，邈若仙境。」〔註35〕王建詩云「夜市千燈照碧雲，高樓紅袖客紛紛，為今不是承平日，猶自笙歌徹曉聞。」〔註36〕可見盛況。而其他文人在此冶遊的記載頗多，如杜牧在牛僧孺鎮淮南時，被辟為書記，他「宴游無虛夕，每出游後有卒三十人，易服隨後潛護，僧孺之密教也。牧所至成歡，無不會意，如是者數年。」〔註37〕而他的「春風十里揚州路，捲上珠簾總不如」〔註38〕詩，更是膾炙人口之作。另一文人溫庭筠曾在揚州尋歡，因犯夜，為虞候所擊，敗面折齒〔註39〕真是狼狽。《全唐詩》收一

〔註28〕《舊唐書・崔融傳》，頁2998。

〔註29〕李劍農：《魏晉南北朝隋唐經濟史稿》（台北：華世，1981年12月，頁235）。

〔註30〕《道鑑》卷259，頁8470。

〔註31〕全漢昇：〈唐宋時代揚州經濟景況的繁榮與衰落〉，《史語所集刊》第11本。

〔註32〕如《新唐書・田神功傳》頁4702，記肅宗上元元年（760），神功兵至揚州，大食波斯賈胡死者達數千人。

〔註33〕《全唐詩》卷511，頁5846。

〔註34〕徐凝〈憶揚州〉，《全唐詩》卷474，頁5377。

〔註35〕唐于鄴撰：《揚州夢記》（唐代叢書本），頁609。

〔註36〕王建〈夜看揚州市〉，《全唐詩》卷301，頁3430。

〔註37〕同註35。

〔註38〕杜牧〈贈別二首〉，《全唐詩》卷523，頁5988。

〔註39〕《舊唐書・溫庭筠傳》，頁5079。

首李主簿姬詩〔註40〕記敘李主簿秋遊廣陵，迨春未返，姬因憂心，猜測為「應是維揚風景好，恣情歡笑到芳菲。」可想揚州妓業之盛，令家中女眷寢食難安啊！

上已敘述揚州多商胡，又逢聲色繁華，當亦有狎遊事。崔涯〈嘲妓詩〉「雖得蘇方木，猶貪玳瑁皮，懷胎十個月，生下崑崙兒。」〔註41〕傳神又記實。近人陳裕菁說「涯久游維揚，每題詩娼肆，立時傳誦。此詩蓋嘲揚妓之款接蕃客者。當時揚州為蕃客群聚之所，娼女貪其豪富，因而納款者，勢必有之。蘇方玳瑁，均番貨。崑崙兒言所生胡種也。今妓女多接西人為諱，當時妓女，計亦有此心理。故涯以此嘲之。」〔註42〕可知外國商賈是一大生計來源。

（2）成都：前述揚州時所謂「揚一益二」，益州即指成都。四川本有「天府之國」的美譽，成都的富足繁麗，早已揚名。「人物繁盛，悉皆土著，江山之秀，羅錦之麗，管絃歌舞之多，伎巧百工之富，其人勇且讓。」〔註43〕

安史亂後，成都優渥的經濟條件，足以供全國的需要，在長江流域的轉運上，也有極重要的地位。杜甫輾轉逃到成都後，有詩云「曾城填華屋，季冬樹木蒼。喧然多都會，吹簫間笙簧。信美無與適，側身望川梁，鳥雀夜各歸，中原杳茫茫。」〔註44〕一幅相對比的景象可側面反映出成都之盛。據估計成都有超過一百萬的人口〔註45〕蜀商也活躍在各地，王建〈送人詩〉即云：「蜀客多積貨，邊人易封侯。」〔註46〕市中有許多商業區，且市集往往與遊賞逸樂有密切的關係，因此更增加其歡樂的氣氛。人口之稠密，商賈之眾盛，遊宴歡樂的氣氛，對於妓業之滋盛，應是很自然的事。薛濤可說是唐代最有名的樂妓，能詩文，隨父宦遊此，而入樂籍，為成都留下另一盛名。

（3）襄陽、大堤等地，因位南北交通要道上，且附近宜城多產美酒，中外商賈聚集，婦女多擅歌舞，故聲妓之名極盛〔註47〕，試觀唐人之詩：「大堤

〔註40〕《全唐詩》卷801，頁9019。
〔註41〕《全唐詩》卷870，頁9858。
〔註42〕轉引自王書奴：《中國娼妓史》，頁172。
〔註43〕盧求〈成都記序〉，《全唐文》卷744，頁9745。
〔註44〕杜甫〈成都府〉，《全唐詩》卷218，頁2302。
〔註45〕嚴耕望：〈唐五代時期之成都〉，《香港中文大學中國文化研究所學報》，12卷，頁24～26。
〔註46〕《全唐詩》卷297，頁3362。
〔註47〕嚴耕望：〈唐代荊襄道與大堤曲〉，《中央研究院成立五十周年紀念論文集》，頁171～173。

女兒郎莫尋，三三五五結同心。清晨對鏡治容色，意欲取郎千萬金。」〔註48〕
「南國多佳人，莫若大堤女。」〔註49〕「大堤行樂處，車馬相馳突。」〔註50〕
可見一斑。

（4）另外還有些位於交通線上所形成的商業都會，這些城市都不免有燈
紅酒綠之象；如昇州，在秦淮河兩岸，酒家眾多，杜牧〈泊秦淮〉云「夜泊
秦淮近酒家。」〔註51〕楚州方面，陳羽〈宿淮陰作〉道「秋燈點點淮陽市，
楚客歌牆宿淮水。」〔註52〕劉禹錫寫潤州有「北方萬人看玉節，江南千騎引
鐃鈸……碧雞百馬回翔久，卻憶朱方是樂郊。」〔註53〕等等。

此外自當有其他商業性城市之繁榮，帶動娛樂享受之發展，茲不備述。

二、商人的增加

安史之亂，百姓大量出逃，造成國家編戶大幅減少，浮寄客戶大量增
多，農民原有的土地發生劇烈的轉換，產生了人口大流動，整個社會完全
改觀的現象〔註54〕。這些原為安土重遷的農民，在離開了家園後，從事工
商業者日益增多，因此，李翰曾在大曆四年（769）指出「自羯戎亂常，天
步多艱，兵連不解，十有四年……（流）亡者惰游……歸耕之人，百無其一。」
〔註55〕即說明逃戶至新地區多「惰游」，即多從事工商業。長慶年間（821～
825），「而三蜀移民游手其間，市闤雜業者，多于縣人十九。」〔註56〕所以，
直至興元（784）中，揚州「僑寄夜冠及工商等多侵街衢造屋，行旅擁蔽之。」
〔註57〕

白居易也說「戇力者輕用而愈貪，射利者賤收而愈富。致使農人益困，
游手益繁矣。」〔註58〕晚唐人姚合以詩指出「客行黔田間，比屋皆閉戶，借

〔註48〕施肩吾〈襄陽曲〉，《全唐詩》卷494，頁5601。

〔註49〕張柬之〈大堤曲〉，《全唐詩》卷101，頁1067。

〔註50〕孟浩然〈大堤行寄萬七〉，《全唐詩》卷159，頁1619。

〔註51〕《全唐詩》卷23，頁5980。

〔註52〕《全唐詩》卷348，頁3896。

〔註53〕劉禹錫〈重送浙西李相公頃廉問江南已經七載後歷滑台劍南兩鎮遂入相今復
　　　　領舊地新加旌旄〉，《全唐詩》卷359，頁4046。

〔註54〕翁俊雄：〈唐後期民戶大遷徙與兩稅法〉，《中國古代史》1994年1月。

〔註55〕李翰〈蘇州嘉興屯田紀績頌〉，《全唐文》卷430，頁5535。

〔註56〕沈亞之〈鏊鏊縣小廳壁記〉，《全唐大》卷736，頁9620。

〔註57〕《冊府元龜·牧守部·興利》卷678，頁8102。

〔註58〕白居易〈進士策問第五道〉，《全唐文》卷669，頁8637。

問屋中人，盡去作商賈。」〔註59〕李翱也稱農民「散為商以游，十三四矣。」〔註60〕《太平廣記》卷二九〈李衛公〉載一「蘇州常熟縣元陽觀單尊師，法名以清。大曆（767～779）中，常往嘉興。入船中……遍目舟中客，皆賈販之客。」〔註61〕同書也記個叫張守一的人，原是「滄景田里人也……乃負一柳篋，鬻粉黛以貿衣食，流轉江淮間。」〔註62〕能以賣粉黛這種消費品為生，可見商業之分化已細緻，也興盛了。

當時商業繁盛，行業眾多〔註63〕商人們活躍其中，常已脫離農業型態，足跡遍及全國。他們的地位〔註64〕及影響力〔註65〕也漸次提升。整個商機的蓬勃，引起了時人們的注意，如元稹《估客樂》詳細描述了商人的活動：

> 求珠駕滄海，採珠上荊衡，北買黨項馬，西擒吐蕃鸚，炎州布火浣，
> 蜀地錦織成，越婢脂肉滑，奚僮眉眼明。通算衣食費，不計遠近程，
> 經遊天下遍，卻到長安城……先問十常侍，次求百公卿，侯家與主
> 第，點綴無不精……。〔註66〕

同時因在外的商人日漸增多，作為他們的妻子不免要孤獨寂寞，於是這樣一個社會現象，也大量反映到文學上，產生了許多怨商人夫的閨怨詩，「嫁得瞿塘賈，朝朝誤妾期，早知潮有信，嫁與弄潮兒。」〔註67〕「那做商人婦，愁水復愁水。」〔註68〕白居易筆下的琵琶女，因夫「商人重利輕別離，前月浮梁買茶去」，陪伴她的只有「繞船月明江水寒。」〔註69〕可見是個值得重視

〔註59〕姚合〈莊居野行〉，《全唐詩》卷498，頁5661。

〔註60〕李翱〈進士策問二道〉，《全唐文》卷634，頁8127。

〔註61〕《太平廣記》頁172。

〔註62〕同前註，卷289，頁1120。

〔註63〕可參薛平拴〈唐代的中小商人與商人經濟〉，《晉陽學刊》1992年第2期。鄭學檬〈關于唐代商人和商業資本的若干問題〉，《廈門大學學報》，1980年第4期等。

〔註64〕如原本禁止商人騎馬，但到了太和年間（827～835），則「恣其乘騎，雕鞍銀鐙，裝飾煥然，從以童騎，最為僭越。」見《唐會要》卷31，頁572。

〔註65〕如《舊唐書·德宗紀上》頁332，建中三年四月，太常博士建議「請借京師富商錢，大率每商留萬貫，餘並入宮，不一二十大商，則國用濟矣。」把腦筋動到商人身上，可見他們財力的雄厚。其他如鹽稅、茶稅、酒稅等的徵收，對唐之國計也都影響重大。

〔註66〕《全唐詩》卷418，頁4611。從詩中可看出商人的活躍、買賣內容，及交接上層人士。

〔註67〕李益〈江南詞〉，《全唐詩》，卷283，頁3222。

〔註68〕李白〈長干行二首〉，《全唐詩》，卷163，頁1695。

〔註69〕白居易〈琵琶行〉，《全唐詩》，卷435，頁4821。

的社會問題。商人既多，離鄉背井，流浮寓寄，再加上不缺財用，在情感及享樂方面，不免有所需求，再加上其他因素〔註70〕於是妓女因應而生，是免不了的。〔註71〕

第三節　社會與文化

一、城市娛樂生活豐富

城市經濟的繁榮必然也會促進城市內文化的改變。因為經濟基礎是一切發展的條件，再加上一般庶族平民的興起，整個社會娛樂化的傾向愈趨明顯。以下分幾點觀之：

（一）遊樂的盛行

唐代城市的遊樂風氣在玄宗時最盛，經過安史亂後的短暫消歇後，在中晚唐一直保持風靡不衰。這主要包括了節日季節性的遊賞娛樂和一般舉行的活動。玄宗時「長安富家子劉逸、李閑、衛曠，家世巨豪，而好接待四方之士……每至暑伏中，各於林亭內植畫柱，以錦繡結為涼棚，設坐具，召長安名妓間坐，遞相延請，為避暑之會。」「都人士女，每至正月半後，各乘車跨馬，供帳於園圃，或郊市中，為探春之宴。」〔註72〕正月十五的燈影之會，最為熱鬧，「貴游戚屬及下隸工賈，無不夜遊，車馬駢闐，人不得顧。」

〔註70〕如長安城禁夜制的鬆弛在元和年間，嚴格的宵禁制度取消後，有更大自由，產生夜間活動，像王建〈寄汴州令狐相公〉詩云「水門向晚茶商鬧，橋市通宵酒客行。」（《全唐詩》卷300，頁3406），以及前述揚州夜晚之盛況。夜生活的出現，促進了如酒家、妓家之類服務娛樂業的發展是可想而知的。關於唐代的夜禁，可參：張嶺〈唐代的夜市〉《中華文史論叢》1983年第1輯。林立平：〈試論鼓在唐代城市管理中的作用〉，《中華文史論叢》1987年2、3期合刊。張永祿：〈唐都長安城坊里管理制度〉，《人文雜誌》1981年第3期等。

〔註71〕如唐馮贄：《雲仙雜記》記金陵富人賈三折，「夜以方囊盛金錢於腰間，微行市中買酒，呼秦聲女置宴。」（四庫本，卷7，頁1035～675）正像今日前往中國大陸和東南亞的台商，常有出軌行為，造成「一國兩妻」、「兩國兩家」的現象，或是最大的買春者。雖然實行所謂改革開放，但在這方面所引起的社會問題卻不小，請參彥欣：《賣淫嫖娼與社會控制》。〈呂秀蓮籲台商勿玩「越南小太太」〉，《自由時報》85年1月8日。〈紅粉兵圍攻陷胡志明市〉《中國時報》84年9月5日，還有許多報刊雜誌。無疑這都是拜商人所賜。

〔註72〕以上二則分見《開元天寶遺事》（四庫本）的〈結棚避暑〉條，頁1035～856〈探春〉條，頁1035～863。

〔註 73〕曲江的宴游活動，在每年進士登科時最盛，車馬填塞，鬧熱非凡。其他還有許多遊賞之處〔註 74〕，都是上至官員貴族，下及平民百姓可自由造訪的。另外還有戲劇、骰子〔註 75〕打毬、鬥雞〔註 76〕種種活動，可以看出城市居民在精神生活的追求。尤其音樂歌舞是城市遊樂生活中不可缺少的一項重要內容。在傳統的或重要的城市節慶活動中，固然需要音樂歌舞來舖陳渲染，至貴族大臣，文人居民的尋芳逐勝，也往往要攜妓樂以助興，「王主之家，馬上作樂以相誇競。」〔註 77〕楊國忠子弟「每春遊之際，載女樂數十人。」〔註 78〕而中唐以來一般士大夫文人攜妓遊樂之事更比比皆是。這種狀況下對妓女的需求自然隨之增加，應酬即事，增添情趣，抒發情感，不一而足。

（二）宴飲的普遍

宴飲之歡，當然不限於城市，鄉村也有，但卻不如城市之盛行。「國家自天寶以後，風俗奢靡，宴席以誼譁沈緬為樂」〔註 79〕「長安風俗，自貞元侈於游宴。」〔註 80〕城市宴飲活動的普遍，酒筵娛樂的內容也更廣泛而豐富，尤其是妓樂歌舞和酒筵娛樂活動結合，促成妓業之發展。這從文人們在中晚唐，因不斷接觸到這種酒筵上的歌舞娛樂生活，而產生的創作可知。《通鑑》元和十五年記「公卿大夫，競為遊宴，沈酣晝夜，獲雜子女，不愧左右。」〔註 81〕可見以酒筵宴飲為媒介，促進了歌舞妓業的蓬勃發展。

唐人宴會幾必以妓樂助興，此點可從敦煌壁畫中得到反映，鄭汝中說「宴飲固亦為壁畫以示樂舞的一種形式，如三六○窟（晚唐）《維摩詰經變》之宴

〔註73〕唐劉肅撰：《大唐新語》（台北：新宇，1985 年 10 月）卷 8，頁 127。
〔註74〕可參宋德熹〈唐代曲江宴遊之風尚〉，《第二屆唐代文化研討會》及同書之〈唐長安大小雁塔文化史蹟之探索〉。夏承燾〈據《白氏長慶集》考唐代長安曲江池〉，《中華文化史論叢》第 4 輯。曾一民〈唐慈恩寺塔院之建築與文化習尚〉，《中國歷史學會史學集刊》第 8 期等。
〔註75〕黃煌〈唐代的城市居民生活與城市經濟〉，《魏晉南北朝隋唐史》，1992 年 7 月。
〔註76〕羅香林〈唐代波羅毬戲考〉、〈唐人鬥雞戲考〉，《唐代文化史研究》，（上海：文藝出版社，1992 年 9 月）。
〔註77〕同註 73，頁 128。
〔註78〕同註 72，卷 4，頁 1035～862。
〔註79〕《舊唐書·穆宗紀》，頁 485。
〔註80〕《唐國史補》（四庫本），卷下，頁 1035～447。
〔註81〕《通鑑》卷 241，頁 7784。

飲樂舞圖，有一長桌，兩側坐兩排人宴飲集會，同時為舞伎伴奏觀賞，桌前下方一舞伎翩翩起舞。說明古代聚餐是有歌舞伎來助興的。」〔註82〕杜佑「每與公卿讌集其間，廣陳伎樂。」〔註83〕在這應答的酬際之間，氣氛以歡樂熱鬧為主，宴席上除了美酒佳餚外，自有娛樂節目，音樂歌舞便是常見的表演方式，歌舞為宴飲帶來輕鬆與快樂。為因應表演所需，妓樂將在此基礎上有所發展。

（三）文藝的發展

包括戲劇、音樂、舞蹈、雜伎、文學等各方面，出現了說唱藝術〔註84〕、市人小說〔註85〕、「傳奇」文學，詩壇上「元輕白俗」的特點等，說明了這些文藝的盛行，已不再是被貴族官吏所獨享，而是服務的層面拓寬了，更多的是提供市民的需求；人們用此來滿足他們的情感和需要，這是市民意識的一種反映。

在這些民間文化娛樂活動，多有妓女參與其中，如在說唱藝術中擔任表演者，李賀〈許公子鄭姬歌〉云「長翻蜀紙卷明君，轉角含商破碧雲。」〔註86〕王建〈觀蠻妓〉寫「欲說昭君斂翠眉，清聲委曲怨於歌。誰家年少春風裏，拋與金錢唱好多。」〔註87〕所謂的「蠻妓」可能是在民間表演伎藝的女妓，而鄭姬則當是許公子家裡所蓄養，擅長說唱的家妓。常非月〈詠談容娘〉描述道「馬圍行處匝，人壓看場圓。歌要齊聲和，情教細語傳。」〔註88〕反映的是民間伎樂表演的情景。白居易指小妓唱曰「小妓攜桃葉，新聲踏《柳枝》。」〔註89〕杜甫回憶公孫大娘舞劍器之英姿；再如幽州妓女石火胡的繩伎演出〔註90〕，及歌妓劉采春及其丈夫，女兒周德華也是在民間巡迴表演的。

〔註82〕鄭汝中〈敦煌壁畫樂伎〉，《敦煌研究》1989 年第 4 期，頁 50。
〔註83〕《舊唐書・杜佑傳》，頁 3981。
〔註84〕如元和末年文淑和尚即擅此。《通鑑》卷 243 並記敬宗皇帝「幸興福寺觀沙門文淑俗講。」頁 7850。
〔註85〕如元稹〈酬翰林白學士代書一百韻〉詩，「光陰聽話移」句自注「樂天每與予游從……嘗於新昌宅說〈一枝花〉話。」這〈一枝花〉便是〈李娃傳〉的底本。《全唐詩》卷 405，頁 4520。
〔註86〕《全唐詩》卷 393，頁 4435。
〔註87〕《全唐詩》卷 301，頁 3434。
〔註88〕《全唐詩》卷 203，頁 2125。
〔註89〕白居易〈楊柳枝二十韻〉，《全唐詩》卷 455，頁 5156。
〔註90〕唐蘇鶚撰：《杜陽雜編》（四庫本），卷中，頁 1042～612。

二、社會心理的轉變

由於經濟的繁榮，物質生活享受增加，社會呈現不同風貌，所帶給人們的生活方式及思想意識的轉變，對傳統觀念形成重大衝擊。李肇說：「天寶之風尚黨，大曆之風尚浮，貞元之風尚蕩，元和之風尚怪。」「其後或侈於書法圖畫，或侈於博奕，或侈於卜祝，或侈於服食，各有所蔽也。」〔註 91〕可見社會風俗之變化及生活之多樣性。

農業人口的流失，再加上城市的發展，需要新的服務人員，這就為農民改業提供了另一種機會。傭保、鬥雞、走狗、筑擊、歌舞的游手等的產生，是和社會經濟結構性因素有關〔註 92〕，也造成城市人口的膨脹。這些「新市民」的加入，既是直接間接為原消費者服務，自己也變成了城市的消費人口，促使一種循環的現象產生，大量消費人口的集中，再加上有餘裕的生活，對於聲色犬馬的需求就發展起來了。當時一些新的社會心理，可舉以下三方面說明：

1. 原本在較原始的經濟佔支配地位的社會中，人們的經濟生活是完全自給自足的，生產是墨守成規的，一切社會關係都是因襲不變的，因而人們消費欲也是被僵化或被凍結，而商業發展後，有基本的消費能力可以購買其他除了生活所需的產品，所以商業的發展，也就是奢侈欲望的發展，同時也就是奢侈品的泛濫。正如《舊唐書‧馬璘傳》中說「天寶中貴戚勛家，已務奢靡，安史大亂之後，法度墮弛，內臣家帥，競務奢豪。」〔註 93〕所謂奢侈，包括兩個含義：一是質的提高，二是量的增多，而尤以前者為主。所以奢侈欲望的滿足，乃是在滿足了生活的基本需要之後，要求進一步滿足基本需要以外的高級需要。這裏面包含有物質生活的享受和精神生活的享受兩個方面，既要求有精美的物質供應，又要求有華麗的排場和顯赫的聲勢〔註 94〕。而為了享受的需求，就需要龐大的侍奉人員及多種樣的城市服務性行業。因此圍繞在他們周圍直接、間接為其服務的人員，除了家內服侍的奴婢僕役

〔註91〕同註 80，卷下，頁 1035～445，1035～447。

〔註92〕這是瞿海源的觀點，見〈色情與娼妓問題〉，《台灣的社會問題》（台北：巨流，1991 年 9 月），頁 527。雖然唐代城市之發展與今日都市不一定相同，但基本上發生的有關原因，應是可以參考的。

〔註93〕《舊唐書‧馬璘傳》頁 4067。

〔註94〕傅筑夫《中國經濟史論叢》，（台北：谷風出版社，1987 年 12 月，頁 788～789）。

外，茶樓酒肆中的佣保和歌女舞伎也都屬於這種性質〔註95〕。是以城市中的妓女的興盛，是在消費奢侈欲望下「拱」出來的。

2. 經濟的發展，使人們價值觀改變，孟郊就曾感嘆「古人結交而重義，今人結交而重利……有財有勢即相識，無財無勢同路人。」〔註96〕皇甫湜也「痛今之人，其始之心以利回，其始之交以利遷。」〔註97〕商人地位提高，文人們的文字也公開求售，如韓愈被譏諷藉諂媚死人來賺錢〔註98〕，對金錢的重視之風彌漫社會，人的價值觀改變了，世風的頹敗，似乎已無法遏止，如孟郊又痛陳「古人形似獸，皆有大聖德。今人表似人，獸心安可測……面結口頭交，肚裏生荊棘。好人常直達，不順世間逆，惡人巧諂多，非義苟且得」〔註99〕原有的道德觀念和價值標準受到強烈質疑和破壞，隨之而來的新觀念，在追逐欲望享樂上，很難保證不會產生「笑貧不笑娼」這種扭曲變型的思想〔註100〕。

3. 從婦女的審美時尚來看，崇尚怪、奇、鬥艷之風特盛。白居易寫當時的流行是「腮不施朱面無粉，烏膏注唇唇似泥，雙眉畫作八字低，妍蚩黑白失本態，妝成盡似含悲啼，圓鬟在鬢椎髻樣，斜紅不暈赭面狀。」〔註101〕這種用色大膽，反乎尋常之作風，以今日觀之，仍將嘆為不如。元積也說他在元和七年看到的時髦是「近世婦人，暈淡眉目，綰約頂鬟，友朋修度之廣，乃匹配色澤，尤劇怪艷。」〔註102〕唐末，「京都婦人梳髮以兩鬢抱面，狀如椎髻，時謂之『拋家髻』。又世俗尚以

〔註95〕胡如雷：《中國封建社會形態研究》，（台北：谷風出版社，1987年11月，頁458）。

〔註96〕孟郊〈傷時〉，《全唐詩》卷373，頁4192。

〔註97〕皇甫湜〈送王膠序〉，《全唐文》卷685，頁8905。

〔註98〕《新唐書‧韓愈傳》「劉義者……後以爭語不能下賓客，因持愈金數斤去，曰『此諛墓中人得耳，不若與劉君為壽。』愈不能止，歸齊魯，不知所終。」頁5269。

〔註99〕孟郊〈擇友〉，《全唐詩》卷374，頁4199。

〔註100〕如近年來社會過度功利取向的風氣，已使得一些人對於金錢價值觀產生迷思，學生到不良場所打工，應召旗下的女子身分形形色色，與妓女身分差不多的「牛郎」大盛等。往往是因社會重視物質享受，一把持不住，就以出賣靈肉賺錢。可參各雜誌報刊的報導及分析。

〔註101〕白居易〈時世妝〉，《全唐詩》卷427，頁4705。

〔註102〕元積〈敘詩寄樂天書〉，《全唐文》卷653，頁8415。

琉璃為釵釧，近服妖也。」〔註103〕沈從文徵引郭慕熙〈宮樂圖〉概述中唐後婦女服飾為「主要特徵是蠻鬟椎髻，烏膏注唇，赭黃塗臉，眉作細細的八字或低顰。前期表現健康而活潑，後期則相反，完全近於一種病態。」〔註104〕女性的衣著，一向開放，周昉〈簪花仕女圖〉中的宮女，身披透明羅衫，僅將裙子高束在胸襟，然後在胸下部位繫一闊帶，兩肩、上胸、及後背則袒露〔註105〕中晚唐時，婦女的衫子大多用輕如霧縠，薄如蟬翼的紗羅為之，著時裡面不襯內衣，連肌膚都隱約可見〔註106〕極端開放。如敦煌絹畫〈引路菩薩〉中的菩薩是「上身半裸，胸頸袒露，腰圍長裙，披帛有層次地交垂胸前，高髻寶冠，褒衣博帶，就連寶冠上的珠瓔，髻上的金鈿，寬衣上的每一朵彩繪紋飾，莫不精描細染，見形見質。勝似宮娃的菩薩，面色瑩潔，曲眉豐頰，修眉流眄，目光下視，綽約嫵婉。」〔註107〕女妝反映社會審美心理的主要的和基本的標誌，可從中窺見世風〔註108〕。這反映的社會心理是在享樂方面攀比而不加拘束，人們的審美趣味也是開放的而不是守舊的〔註109〕。相較之下，若是社會人心保守封閉，如西方中世紀基督教會統治時期，妓女的存在有如毒蛇猛獸，受到嚴厲唾棄〔註110〕，雖然不致完全能禁絕，但在妓業的打壓上，一定有影響的。

三、道教的影響

中國妓女起源與宗教是否有關，雖仍待考，但妓女的發展卻與後世的宗教有一定的連繫。唐代以佛道二教最受重視。禪宗講求真心自在，原本禁欲之限，受到衝擊，如馬祖道一曾說：「全體貪嗔痴，造善造惡，受樂受苦，盡

〔註103〕《新唐書・五行志》，頁879。
〔註104〕沈從文：《中國古代服飾研究》（台北：南天書局，1988年5月，頁235）。
〔註105〕周汛、高春明：《中國古代服飾風俗》（台北：文津，1989年9月，頁124）。
〔註106〕同註106，頁22。
〔註107〕楊樹雲：〈從敦煌絹畫〈引路菩薩〉看唐代的時世妝〉，《敦煌學輯刊》第4期，頁96。
〔註108〕王炎平：〈唐代的開放與世風及國運之關係〉，《貴州大學學報》1992年第2期。
〔註109〕謝思煒：《隋唐氣象》（台北，雲龍出版社，1995年2月，頁230）。
〔註110〕馬爾鏗著、張任章譯：《西洋娼妓史話》中介紹的中古時期情形。

是佛性。」〔註111〕這即是肯定欲望和高張主體的思想。尤其道教由於始祖老子姓「李」，與皇室同姓，故朝廷一向視之為國教，加以尊崇，影響甚大。道教中有一房中術，講求採陰補陽，實際為男人納妾嫖妓提供了理論依據，並且也助長了縱欲享樂，促進了妓女的發展。

　　道教襲用道家老子的思想，尤其在強調負陰抱陽，陰陽和諧方面，深受影響。道教在唐代進入全面發展的時期，而它吸引信眾的手段，一是死的恐嚇，主要用冥界的恐怖來嚇唬本來就害怕死亡疾病的人們，人若不信道，則死入冥界，受到整治，因此很多人都在這種畏死求生的心理的趨使下，投入了道教的懷抱。二是欲的誘惑。道教很善於用欲的享受來吸引。道教是要人長生不死，活得舒暢的，因此在實際行事中，他們並不怎麼要人吃苦禁欲的。而最值得注意的是其以色和性來吸引人，唐釋明槩〈決對傅奕廢佛僧事〉中就揭發道教說，如果入了道教，便要在「朔望之際」入師房修道，內容是「情意相親，男女交接，使四目兩鼻，上下相當，兩舌兩口，彼此相對，陰陽既接，精氣遂通。」這種宣傳以男女交接為修行方法的現象，一直到明清還有〔註112〕。

　　所謂以「男女交接」之法來吸引人的「交接」，其實正是「房中術」，又稱「男女合氣之術」、「黃赤之道」、「還精補腦術」等。據說此法原頗為神秘難測，並不著錄於書〔註113〕。目前所見關於房中術專著的可靠記載，最早可追溯到西漢初，馬王堆漢墓出土的竹簡、帛書、及武威醫簡，都有這方面的內容，直至漢書藝文志方技略中已錄有「房中八家」。此時「房中」大略不外性技巧之類〔註114〕。至葛洪所撰的《抱朴子內篇》僅二十卷，其中涉及到房中術的就有八卷。葛洪反覆說明房中術是修道成仙不可或缺的手段，所有的人可從房中術中滋補身體，延年益壽；之後六朝的陶弘景也極稱行術的益處〔註115〕。由此可見，道教方士所倡導的房中術乃至各種養生術，都試圖通過調協人體陰陽的途徑達到健康長壽乃至長壽不老的目的〔註116〕。

〔註111〕轉引自蕭占鵬《韓孟詩派研究》，（台北：文津，1984 年 11 月，頁 54）。
〔註112〕以上二點之說法及其中所用資料，全引自葛兆光：《道教與中國文化》，（上海：人民出版社，1991 年 3 月，頁 184～185 及註釋）。
〔註113〕詹石窗：《道教與女性》，（台北：世界文化，1992 年 9 月，頁 146，155）。
〔註114〕江曉原〈「性」在古代中國——對一種文化現象的探索》，（陝西：科學技藝出版社，1988 年 5 月，頁 55～57）。
〔註115〕同註115，頁 153～154。
〔註116〕嚴明《中國名妓藝術史》（台北：文津，1992 年 8 月，頁 194）。

　　房中術在唐代社會廣泛流行，首先表現在醫學著作上。和歷代醫書相比，唐代幾部重要的醫學著作中，都有較大篇幅論述房中術，最重要的是孫思邈《千金要方》，此外如孫之另一《千金翼方》、甄權《古今錄驗》、王燾《外台秘要》等。其次見於文士的詩文吟詠，最引人注目者為白行簡的〈天地陰陽交歡大樂賦〉。賦文中描寫性生活，文辭浮艷，極盡鋪陳之能事，多處出現房中術術語，還有《交接經》，「素女曰」、「洞玄子曰」等引用。而白行簡只是當時一個普通的文士，並沒有任何他擅於房中術或醫學、方術等記載。且正如他在前序中所說，此賦是「唯迎笑於一時」的遊戲之作，因此，也正側面可反映出房中術在當時廣泛流行的狀況，否則白行簡不會如此熟悉〔註 117〕。房中術的流行必然會促進納妾狎妓風氣的盛行，因為那些沈迷於修煉房中術的人，往往不能抑制高漲的情欲，反而修煉不成，損身夭壽，一般人士為了採補也多方設想去碰女人，於是房中術為他們提供了一條把聲色享樂和修煉成仙融為一體的捷徑。孫思邈《房中補益》云「一夜御十女，閉固而已，此房中之術畢矣。」〔註 118〕甚至鼓吹若有足夠財力，可以購取美女，以達目的。沖和子《玉房秘訣》指出「夫男子欲得大益者……又當御童女，顏色亦當如童女。女苦不少年耳，若得十四五以上，十八九以下，還甚益佳也。」青牛道士說「數數易女則益多，一夕易十人以上尤佳，常御一女，女精氣轉弱，不能大益人。」〔註 119〕另外洞玄子云「考覈交接之勢，更不出於卅法。」這是對古代房室交合藝術的全面論述，然其女四法鵾雞臨場中用二女幫助，就未免過於荒唐了〔註 120〕。這些當時人的作品都真實地反映出視女人為工具，侮辱女性人格，摧殘少女身心，淫逸荒謬的態度。房中術盛行，就需要有大量女子來應付這個需求。明媒正娶的一個妻子顯然不足以「益人」，恐怕也很快不符合年少的條件，而一次要達十人以上，除了皇室貴族官僚，可藉財富權勢大量享用女人外，一般人大概也不容易做到。於是最快速又方便，能用錢的方式來解決的，便是尋花問柳，嫖妓宿娼，或在家蓄養女妓，此又可嘗新，於是成為社會人士的熱衷之道就不足為奇了。

〔註 117〕同註 116，頁 66。
〔註 118〕轉引自宋書功：《中國古代房室養生集要》，對原文的標點與註解。（北京：國醫藥科技出版社，1993 年 3 月，頁 217）。
〔註 119〕同前註，頁 227 的原文，註解部分。
〔註 120〕同前註，頁 248，252。

道教男女關係的混雜，房中御女術的理論，及唐代女道士風流成性，常兼有娼妓性質等特性，不免對唐人的情欲觀有影響，妓女在這種社會態度之下，對不同階層的人士或許有不同的意義〔註121〕。但在追求享樂、長生的意義上，她仍符合一切人的需要，自有其存在不衰之因了。

四、男尊女卑的傳統

中國古代幾千年來一直是男尊女卑的社會，從遠自詩經時代，女子一出世，即為之畫出「情境釋義」〔註122〕。她幾乎沒有任何機會依其本身的願望行事，只能依從社會上的規範約束。在宗法社會中，婦女的地位實甚可悲。唐代女性雖然和其他朝代比較起來地位稍高，享有較多的自由，但畢竟仍是身處封建傳統的社會，男尊女卑的情形還是很嚴重，一般人歧視女性的心理還是極為平常的。

在法律地位上，依照《唐律》來看，明白宣示：「依禮，夫者婦之夫，又云：妻者齊也，恐不同尊長，故別言夫。」〔註123〕此正是傳統之沿襲。妻為夫需服斬衰三年，而夫為妻，只服期而已。即妻以夫為天，妻須服從夫。禮制雖有夫妻齊體或一體之言，但此一體觀念，非平等主義，乃妻之人格為夫所吸收，妻本身無獨立地位之一體〔註124〕，若夫妻相犯，夫毆妻無罪，妻毆夫則徒一年〔註125〕；這是夫妻間同罪異罰之不平等待遇。其他還有許多散布在法律上的規定，皆傳達了女性不如男性的觀念。

在一般社會上，女子仍多遭鄙視及無端責難。白居易〈長恨歌〉大嘆楊貴妃被寵之後，從此人們「不重生男重生女」，正可做為社會上本來是重男輕的佐證。當男人無法抵擋女人的魅力時，便逕稱尤物禍人，且沾沾自喜〔註126〕。唐人在解釋人在世上為男、為女時，認為女子是由於前生做惡，如小說甘澤謠的〈紅線傳〉，紅線自稱前世本男身，因下錯藥，枉害一婦二胎，才轉

〔註121〕葛兆光：〈瑤台夢與桃花洞——論道教與晚唐五代文人詞〉，《江海學刊》1988年第4期。

〔註122〕朱岑樓：《婚姻研究》（台北：東大，1991年12月，頁48）。此指《詩經·小雅·斯干》中所云，生男「弄璋」，生女「弄瓦」之事。

〔註123〕《唐律疏議·名例一·十惡》，頁21。

〔註124〕戴炎輝：《唐律通論》（台北：國立編譯館，1964年4月，頁61）。

〔註125〕《唐律疏議·鬥訟三·妻毆詈夫》，頁98。

〔註126〕元稹〈鶯鶯傳〉，頁1875。

世作女子〔註127〕；唐代比丘亦認為女人、比丘尼，不如男子和比丘〔註128〕。在教育上，女子仍受女教著作的約束，《女孝經》、《女論語》所強調的仍在貞節禮教〔註129〕，不能和男子接受相同的教育。魚玄機在進士放榜時，大嘆只能空羨榜中名〔註130〕，正見女子在政治上毫無參與的空間。大量的唐代女子墓誌銘，所見也是大眾對女子保守觀念的持續〔註131〕。白居易〈婦人苦〉詩〔註132〕及敦煌曲〈女人百歲篇〉〔註133〕，皆將女子一生之辛勞悲苦作真實的反映。

　　以上不論是唐人刻意或無意識的流露，都顯示了貶抑女性的態度，可見女子的地位仍然低落。沒有尊嚴、地位的女性，在現實生活裏，自然容易成為男人的玩物，男人的附屬品，遭受強權勢力的欺侮，在男人眼中，女人可能就只是件工具，高興時就隨興致的玩玩，妓女的存在，正是因他們這種不道德的心理。

五、婚姻制度的補充

　　中國古代的婚姻，實際上一直是受著家長之支配與決定，為家庭著想，而不是男女當事人的事情，不強調夫妻的感情。大約有幾點特質〔註134〕：

1. 為祭祖先，為家族而結婚。《禮記‧昏義》云「婚姻者合二姓之好，上以事宗廟，下以繼絕世。」〔註135〕可見婚姻是兩姓兩家間的事情。為使祖先能永享祭祀，就要保證宗族永遠延續，可見這是婚姻之根本目的。

2. 為傳宗接代而結婚。上引〈昏義〉篇之文字，所謂「繼後世」，就是繼承本族血統，繁衍子孫，傳宗接代。孟子曾說「不孝有三，無後為大」

〔註127〕唐楊巨源：〈紅線傳〉（唐代叢書本），頁587。
〔註128〕李玉珍：《唐代的比丘尼》（台北：台灣書生書局，1989年2月，頁91）。
〔註129〕徐秀芳：《以教育和法律的角度試論唐代婦女的角色》（新竹：清華大學歷史研究所碩士論文，1988年）。
〔註130〕魚玄機〈遊崇真觀南樓睹新及第題名處〉，《全唐詩》卷840，頁9050。
〔註131〕趙超：〈由墓誌看唐代的婚姻狀況〉，《中華文史論叢》1987年第1期。
〔註132〕《全唐詩》卷435，頁4820。
〔註133〕羅宗濤：《敦煌變文社會風俗事物考》（台北：文史哲出版社，1974年10月，頁80）。
〔註134〕以下五點參史鳳儀：〈中國古代婚姻是家庭的行為〉，《河北學刊》1984年第6期；江寶釵〈論中國文學中「考驗貞潔」之故事類型及其意涵〉，《中國學術年刊》14期。
〔註135〕清孫希旦撰：《禮記集解》（台北：文史哲出版社，1972年10月，頁1293）。

「無子」也是「七出」之一，常造成許多悲劇，也為男人們納妾，玩女人提供了藉口。

3. 為定人倫而結婚。《禮記・經解》之「婚姻之禮，所以明男女之別也……故婚姻之禮廢，則夫婦之道苦，而淫辟之道多矣。」〔註136〕指出夫婦為人倫之本，通過婚姻而定人倫。

4. 為擴大家族勢力的需要而結婚。通過婚姻，來增強與異姓親屬的連絡，或得到、鞏固他們在政治、經濟上的利益。

5. 為購買家務勞動的勞動力而結婚。即是要娶一個「賢內助」、「主中饋」。《禮記》的〈內則〉篇，就是大量記載對婦女如何操持家務，供給飲食的要求。

這樣看來，婚姻中那裏有寶貴的愛情呢？只是一種被要求的家庭行為而已。及至唐代，社會上的婚姻狀況，依然沒有多大改變。父母之命，媒妁之言，仍是婚姻成立的條件〔註137〕。唐人也極重婚義，講求恢復古禮，制定禮法，獎勵端正風氣〔註138〕。夫妻間的情愛是受忽視的，如敦煌變文中的〈八相變〉說道：「若說世間恩愛，不過父子情深，細論世上恩情，莫若親生男女。」〈孔子項託相問書〉則說「人之有母，如樹有根；人之有婦，如車有輪，車破更造，必得其新，婦死更娶，必得賢家。一樹死，百枝枯，一母死，眾子枯，將婦比母，豈不逆乎？」〔註139〕那裏輪得上夫妻之情呢？又多重門第，嫁娶必多索錢財〔註140〕，也涉及了兩家間的利益問題。唐代並盛行姻緣天定說，此既可消融當事人在擇偶上的反抗意志，又可從心理上對人們不幸的婚姻給予麻痺作用，使之安於接受既成事實，從而在客觀上穩定婚姻制度〔註141〕。這種宿命觀的看法，正是無可奈何下的一種逃避、駝鳥心態。

〔註136〕同前註，頁1151。

〔註137〕如《唐律疏議・戶婚下・尊長與卑幼定婚》，頁4，規定祖父母在世，由祖父母、父母主婚，不在由期親尊長主婚。無者由其他尊長主婚。另可參趙超〈由墓誌看唐代的婚姻狀況〉，《中華文史論叢》1987年第1期，頁197～200。

〔註138〕張修蓉：《唐代文學所表現之婚俗研究》（台北：政大中文研究所碩士論文，1976年）頁10～25。

〔註139〕同註135，頁63。

〔註140〕如《新唐書・高儉傳》有「賣婚」之詞，頁3841。白居易〈議婚〉詩，憫貧女之難嫁，《全唐詩》卷425，頁4674。

〔註141〕朱志平：〈唐代的姻緣天定說〉，《歷史月刊》第16期，頁132。

　　很簡單地，我們可以看出，在唐代已沿用許久的婚姻制度生病了。夫妻雙方都不能在婚姻中滿足情感，愛情需求被普遍壓抑。婦女變成只是男子傳宗接代的工具，產生「性意識異化」的狀況〔註 142〕。夫妻間的性生活變成可有可無的敦倫。禮教將女性緊緊的禁錮起來，但有特權的男人，則忍不住「出走」，在婚姻外尋求滿足。妓女，無疑是方便，不麻煩的對象。純就經濟觀點來看，妓女的地位和已婚婦女的地位是相同的。因為「二者的性行為都是對男人的服務，前者擁有許多顧客而按件計酬，後者終身受僱於一個固定的男人，前者由所有的男人防備著，使她不受某一人的壟斷和控制；後者接受一個男人的保護，其他男人便不得染指。夫婦的人道不完全出於個人的喜好，而往往是為了履行契約。同樣地，男子可以藉嫖妓滿足欲望，不論嫖的對象是誰。」〔註 143〕妓女們在填補最基本的肉欲上，有了一席之地。而對於那些具有較高素質的人來說，和妓女交往，是在肉欲外，「希望能夠擺脫家裏的沈悶氣氛和出於義務的性關係。換句話說，原因其實在於他們渴望和女人建立一種無拘無束、朋友般的關係，因為他們平常在家中找不到可以傾訴分享的異性。」〔註 144〕所追求的是一種優雅的娛樂和自適心態。這也大概可以解釋北里妓女的歌舞技藝和善於談論是時人最重視的原因，因為若要嬌妻美妾，姿色動人的女子，是很容易得到的，但要能與自己相知相通的女人，則就不那麼輕易可碰到了。這個狀況，頗似古代希臘的婦女，按習俗，她們是不受教育，也不許出外工作的，終生被關在家裏。而另外一稱作「海蒂拉」的高級妓女，因受過藝術方面的教養，能陪伴文人雅士清談詠唱，成為當年希臘文化與文學趣味的集中對象。希臘的大演說家狄莫提尼式（Demosthenes，384～322 B. C.）曾說「男人在『海蒂拉』那兒享受愛情，在情婦那兒解決性欲，至於門當戶對的妻子，則是為他生兒育女的，並且作忠實的管家婆。」〔註 145〕看來，不論中外，只要是觸及基本人情、人性的問題，思考及處理都是差不多的。妓女作為不良婚姻制度的補償，是在填補制度及人們的過失，可悲之境遇由此可見。

〔註142〕荒耕：《性文化》（西安：西北大學出版社，1992 年 12 月，頁 17）。
〔註143〕西蒙波娃：《第二性——女人之二》（台北：晨鐘出版社，1973 年 10 月，頁 143。）
〔註144〕高羅佩：《中國古代房內考——中國古代的性與社會》（台北：桂冠圖書股份有限公司，1994 年 4 月，頁 192。）
〔註145〕關於「海蒂拉」的介紹，請參楊美惠：《婦女問題新論》（台北：聯經，1979 年 2 月，頁 239～240）。西蒙波娃《第二性——女人之二》之〈第四章：娼妓和海蒂拉〉。

　　西方哲學家羅素認為男女要從婚姻中得到幸福是可能的，但必須先滿足幾個條件：雙方必須有絕對平等的感覺；對於相互間的自由不能有任何干涉；身體和肉體必須親密無間；對於各種價值標準必須有某種相似之處〔註146〕。只有具備了所有這些條件，婚姻才是高尚美好的。但正因為似乎不易達成，所以羅素還特別提出應當把賣淫制度視作婚姻制度的一部分，去輔助婚姻制〔註147〕。

　　妓女的出現，先是因為女性普遍受歧視，沒有平等的地位，再加上男性的壓迫，女性無力反制，便形成高低差距的分別，產生雙重標準。夫妻間互相守貞，本是婚姻關係的合理要求，但在男尊女卑的觀念下，則只是片面的要求女子守貞，而男子則可以多妻嫖娼，恣行所欲。對此，胡適曾說：「我以為貞操是男女相待的一種態度，乃是雙方交互的道德，不是偏於女子一面的，由這個前提，便生出幾條引申的意見：

1. 男子對於女子，丈夫對於妻子，也應有貞操的態度。
2. 男子做不貞操的行為，對嫖妓娶妾之類，社會上應該用對待不貞婦女的態度來對待他。
3. 婦女對於無貞操的丈夫，沒有守貞操的責任。〔註148〕

　　由胡適這段文字，可知古代封建道德是如何壓抑女性，寵壞男人，所謂的一夫一妻制，並不是對男女雙方都實行的，實際上只是女性單方面的一夫一妻制。在雙重性道德標準下，不免有女人為財產或玩具的意味，認為狎妓宿娼，是一種風流韻事，名士風流，紅顏知己，這彼此間的往來，是不發生什麼道德問題的，一經渲染，還會有才子美人的佳話出現，這是家常便飯，無傷大雅的，不會受社會的非難。這種傳統的寬忍態度和習慣，當然是促成妓女得以興盛的原因。

　　可見當男女地位不平等，社會道德規範出問題下，男人的狎妓之習就無法遏制。當社會不給予女子同樣的對待，不允許她們獨立活動，夫妻間缺乏感通親密時，另一種特殊的女性階級便會出現。她們給男人提供生活的新鮮趣味，歌舞娛樂，以及詩文智性方面的刺激。換句話說，家庭生活與外界生活畫分得愈分明——一方面是私人的隔絕的領域，絕對保守的與合法的。另

〔註146〕羅素：《婚姻革命》（台北：遠流出版社 1989 年 9 月，頁 102）。

〔註147〕同前註，頁 103。

〔註148〕胡適：〈貞操問題〉，《胡適文存》第一集（台北：遠流出版社，1979 年 11 月），卷 4，頁 674。

一方面是外界的政治、多采多姿、發揮才智等喧嘩的舞台——便會促成了二種不同的女性，一種是規矩而乏味的妻子，另一種是非法但有趣的女伴——妓女。所以楊美惠女士認為這二種女性的產生，反映了男性的二面性格——一面想要佔有、要支配、要提防家裏的女人與其他男人親近；另一方面是想有一位能了解、能欣賞、稍微參與自己外務世界的女伴〔註149〕。這種自私的心理，使男人不斷用封建倫理道德加強對女性的束縛，與此同時，為了滿足他們的情欲，他們又妻妾成群，蓄妓嫖娼。「對被剝奪了人性的聖母（妻子）是道德上的肯定和情感上的疏遠；對被剝奪了人的價值的尊嚴的妓女的態度是道德上的否定和情欲上的渴望。」〔註150〕男尊女卑及封建婚姻的結果，換個角度看，是男性自己自食惡果，也是受害者。因為他們的愚蠢，使他們的女伴失去了光彩，破壞了原本二性美好的和諧，形成了惡性循環。這個矛盾，造成了男人、妻子、妓女，都受到傷害。尤其是妓女，她因為這種文化傳統而生，但卻不容於整個社會，是最大的犧牲者。

〔註149〕楊美惠：《婦女問題新論》，頁 266。
〔註150〕孫秀榮：〈魏晉南北朝志怪小說的情愛描寫〉，《河北學刊》1994 年 6 月，頁 60。

第二章　宮　妓

　　宮妓不是一般意義上的娼妓，而是「專門供奉宮廷的女藝人，她們或習歌舞、絲竹、或習繩、竿、球、馬等雜技。她們的職業是為皇家舉行的宴會上演出節目，平時並提供耳目之娛」〔註1〕。由於唐代宮廷頗好俗樂，故樂妓的演出深受重視，其中著名者，首推教坊樂妓，而後玄宗成立梨園，將唐朝音樂推至極盛，宮妓的活動自然也在此時最為活躍，值得注意。是以本章即以教坊妓為介紹重點，當然，無法明確判定為教坊妓，而仍屬宮妓之範疇者，亦需一併述之，以求齊備。在資料方面，最寶貴的自然是崔令欽的《教坊記》〔註2〕，但記述簡略，只能儘量的求其大概情況。另外日人岸邊成雄《唐代音樂史的研究》一書，稽考詳盡，論述精湛，極具價值，因此本章多徵引其說，並且不一一注出說明，這是必須先聲明的。再加上其他零星的資料，以期能求得更多認識。

第一節　宮妓的大本營──教坊

　　唐代的各種制度，多沿襲隋制，教坊亦同。唐朝教坊的創置，在武德（618

〔註1〕高世瑜：《唐代婦女》頁57。
〔註2〕崔令欽為玄宗至肅宗時人。據岸邊成雄說，他作教坊記的動機，可從其序文中讀出（《全唐文》卷396）。此書是他於安祿山兵變時，寓居江南，為追思長安時豪華往事，慨嘆之餘所寫，惟因其記憶所及方書，故內容簡潔。其任武官期間，亦司教坊人員授俸之職，故對教坊內部情形，知之甚詳；且在任內當亦曾於教坊女樂在宮廷演出時直接陪觀，因其有此經驗，且經常與教坊內人士接觸，故對教坊內容極為清楚，是以所述值得重視。頁322～324。

～626）年間，稱作「內教坊」〔註3〕。內教坊可解釋為內教之坊，「內教」與古來「女教」同義，「坊」為工作坊，即工作場所，故內教坊指受教者聚居場所，位於宮城內，按習雅樂，與國家另一「太常寺」機構是各自獨立的。

　　據《唐會要·雜錄》說「如意元年五月廿八日，內教坊改為雲韶府。」〔註4〕此是武后實施各種制度所變更的名稱之一。雲韶府的名稱，僅用十四、五年，神龍年間再度復名教坊（即內教坊之略記）〔註5〕。

　　開元二年（714），玄宗又設立一新的內教坊。《新唐書·禮樂志二》記「玄宗為平王，有散樂一部，定韋后之難，頗有豫謀者。及即位，命寧王主藩邸樂，以亢太常。分兩朋以角優劣。置內教坊於蓬萊宮側，居新聲、散樂、倡優之伎。」〔註6〕可知此新內教坊是教習新聲（胡俗樂）、散樂（雜伎幻術）、倡優（歌舞戲劇）的，與教習雅樂之舊的教坊內容不同。在同時，玄宗亦開設「外教坊」，也稱「左右教坊」。所以開元二年以後，長安有三個教坊。《通鑑》開元二年條：「舊制，雅俗之樂，皆隸太常。上精曉音律，以太常掌禮樂之司，不應典倡優雜伎，乃更置左右教坊，以教俗樂。」〔註7〕及《新唐書·百官志三》太樂署條：「京都，置左右教坊，掌俳優雜伎。自是不隸太常。」〔註8〕則左右教坊設立的原因，是為改正唐初以來俗樂和雅樂同隸太常寺之不合理情況，而將倡優雜伎俗樂脫離太常寺單獨處理。當然這反映了當時俗樂興盛的發展，也與玄宗個人的好尚有關。所以今日所稱的「教坊」其實是「左右教坊」，《教坊記》的「教坊」也是指此。

　　左右教坊的位置，依《教坊記》所載為「西京，右教坊在光宅坊，左教坊在延政坊。右多善歌，左多工舞。蓋相因習。」〔註9〕光宅坊位於長安朱雀街東第三街，即是城東之第一街，大明宮之南；延政坊在光宅坊之東鄰。至於「左」、「右」二字名稱，蓋乃「自大明宮觀之，則光宅在右，延政在左也。」

〔註3〕《舊唐書·職官志》之中書省條文「內教坊」記有：「武德以來，置於禁中，以按習雅樂。以中官人充使。」頁1584。又《新唐書·百官志》的太常寺、太樂署條「武德後，置內教坊於禁中。」頁1244。

〔註4〕頁628。

〔註5〕同註3。《舊唐書》接著又說「則天改為雲韶府，神龍復為教坊。」頁1584。而《新唐書》下也記「武后如意元年改曰雲韶府，以宮中為使。」頁1244。

〔註6〕頁475。

〔註7〕頁6694。

〔註8〕頁1244。

〔註9〕頁1305。

〔註10〕因位於宮禁之外，故有「外教坊」之稱，不似「內教坊」在禁中，外教坊的成員多從太常寺中挑選伎藝精湛者而來，所挑的女子，就正是我們要加以認識的宮妓。

　　玄宗以後，憲宗在延政坊（原稱長樂坊）設置「仗內教坊」〔註11〕，並於元和十四年（819）將右教坊與仗內教坊同時遷入左教坊合署，合併後，新教坊的名稱仍作「教坊」。

　　故唐朝教坊之發展概況，約略可簡括如下：唐初武德年間在宮禁內初設內教坊，武后時改稱雲韶府。自開元二年，由於胡俗散樂之隆盛，左右外教坊脫離太常寺而獨立，並在蓬來宮側設立內教坊。憲宗時又經合併，仍稱「教坊」〔註12〕。大致說來，此可顯示出當時音樂文化發展的概況，宮妓們亦隨之變化。

〔註10〕清徐松撰：《唐兩京城坊考》（台北：新文豐出版社，1986年，叢書集成新編第96冊），頁436。

〔註11〕《舊唐書·憲宗紀》「元和十四年春正月……復置仗內教坊於延政里。」頁465。

〔註12〕附圖：第一圖錄自岸邊成雄書頁221。第二圖錄自楊蔭瀏：《中國古代音樂史稿》第二冊（台北：丹青出版社，1987年4月），頁2～49。

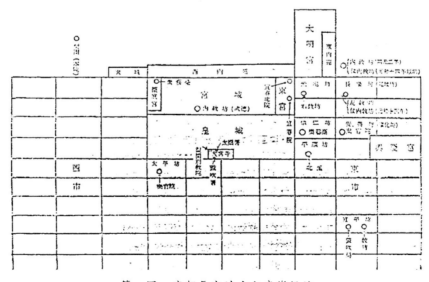

第一圖　唐朝長安地方之音樂設施

第二節　教坊妓女

一、身分類別

　　《教坊記》將坊中諸妓依身分高低分作內人、宮人、搊彈家、雜婦人四類，以下分述之。

（一）內人

　　所謂的內人是：「妓女入宜春院，謂之內人，亦曰前頭人，常在上前。」〔註13〕宜春院位於宮城內，當在宜春宮附近，而教坊原位於宮城外面。是以由這番話，可以猜想內人為經常在皇帝御前獻奏歌舞，其較宮城外的延政光宅二坊樂妓接近皇帝，因便為宮廷侍用，故特選入，聚居於宜春院，因此又名「宜春院人」。如他記載，「樓下戲出隊，宜春院人少，即以雲韶添之。」〔註14〕「上令宜春院人為首尾，宜春院亦有工拙，必擇尤者為首尾。」〔註15〕其中之宜春院人即是內人。

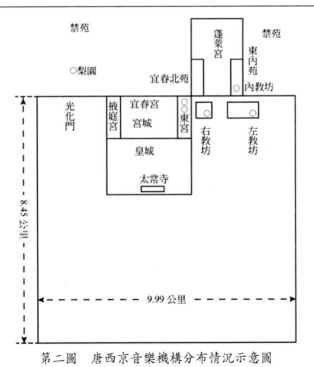

第二圖　唐西京音樂機構分布情況示意圖

〔註13〕唐崔令欽撰：《教坊記》（台北：進學書局，1969 年香艷叢書本），頁 1305。
〔註14〕同前註。
〔註15〕同前註，頁 1306。

　　杜甫〈觀公孫大娘弟子舞劍器行〉序云「宜春梨園二伎，教坊內人洎外
供奉。」〔註16〕此「內人」正是教坊內人。《樂府雜錄》歌條載「開元中內人
有許和子者，……開元末選入宮……籍於宜春院。」〔註17〕又「大曆中，有
才人張紅紅者……召入宜春院，寵澤隆異。」〔註18〕入宜春院則為內人可知。
《舊唐書‧敬宗紀上》記寶曆二年「上御宣和殿，對內人親屬一千二百人，
並於教坊賜食，各頒錦綵。」〔註19〕即是在教坊內賜食內人親屬。鄭文寶《江
南餘載》卷上：「元宗宴於別殿，宋齊丘已下，皆會。酒酣，出內宮聲樂以佐
歡，齊丘醉狂，手撫內人於上前。眾為之悚慄，而上殊不介意，盡興而罷。」
〔註20〕文中所謂「內宮聲樂」即指教坊內人，敘述宋齊丘在玄宗賜宴席中，
酒醉調戲內人。《杜陽雜編》卷中記沈阿翹擅於歌樂，「上謂之天上樂，乃選
內人與阿翹為弟子焉。」〔註21〕也有「內人」的稱呼。文宗時有內人鄭中丞，
善胡琴，因忤旨被縊殺，幸為人所救〔註22〕，此又是教坊內人之一例。根據
以上所舉數例，可證《教坊記》所云「內人」的存在。

　　內人因容貌與技藝最優，故身分地位最高，並得在御前表演。「戲日內妓
出舞，教坊人惟得伊州，五天重來疊，不離此兩曲，餘盡讓內人也。」〔註23〕
據此則其他教坊妓僅演伊州及五天重來疊二曲，其餘則由內人擔綱演出。可
知內人技巧之精及所負任務之重要。當然內人中亦有程度分別，如「宜春院
亦有工拙，必擇尤者為首尾。首既引隊，眾所屬目，故須能者。曲終，謂之
合殺，尤要快健，所以更須能者也。」〔註24〕故在實際演出時需予以適當安
排。而內人當中尤出類拔萃者，稱作「內人家」或「十家」，受到極大的寵錫。
《記》云「若其家猶在教坊，謂之內人家，敕有司給賜同十家，雖數十家，
猶故以十家呼之。」〔註25〕指宜春院內人中，其在教坊有家者，稱作「內人

〔註16〕《全唐詩》卷222，頁2356。
〔註17〕唐段安節撰：《樂府雜錄》（四庫本）頁839～992。
〔註18〕同前註。
〔註19〕頁519。
〔註20〕唐鄭文寶撰：《江南餘載》（台北：新文豐出版社，1986年，叢書集成新編第
　　　　83冊），頁424。
〔註21〕唐蘇鶚撰：《杜陽雜編》（四庫本）頁1042～613。
〔註22〕同註17，頁839～995。
〔註23〕同註15。
〔註24〕同前註。
〔註25〕同前註，頁1305。

家」。初內人受寵，皇帝應內人所請，詔敕賜贈，以顯榮耀，初以十家為限，後雖增至數十家，但仍稱為「十家」。而據鄭隅〈津陽門〉詩云「十家三國爭光輝」〔註26〕云云，竟以楊貴妃三姊妹的待遇來作比況，亦可見內人家於內人中所蒙恩寵程度。

內人平日雖被拘限於宜春院，但准許與家屬定期會面，並有恩准賜食之事：「每月二日、十六日，內人母得以女對，無母則姊妹若姑一人對。十家就本落，餘內人竝坐教坊對。內人生日，則許其母姊妹皆來對，其對所如式。」〔註27〕指出每月初二及十六，准許和家中母、姊妹、姑等一人會面，會面地點，十家在家中，一般的就在內教坊。若內人生日時，則也准許與這些人相見，會晤地方一樣。賜食內人親屬方面，如《舊唐書‧敬宗紀上》云，寶曆二年「上御宣和殿，對內人親屬一千二百人，於教坊賜食，各頒錦綵。」〔註28〕又「凡樓下，兩院、進雜婦女，上必召內人姊妹，入內賜食，因謂之曰今日娘子。」〔註29〕皆為賜食之舉。

如上所述，內人因容貌及技藝均優於其他教坊妓，特召入集居宜春院，經常在御前表演，家屬亦能承蒙恩典。而其中佼佼者，另呼作「內人家」或「十家」，享有更高的待遇。

（二）宮人

教坊妓中，內人之下則為「宮人」，又稱「雲韶」。《記》云「樓下戲出隊，宜春院人少，即以雲韶添之。雲韶謂之宮人，蓋賤隸也。」〔註30〕又「非直美惡殊貌，居然易辨明。內人帶魚，宮人則否。」〔註31〕由這二則記錄，則知宮人和內人的區別為：

1. 宮人技能不及內人，故只有在內人人數不足時，才會以宮人補充替代。
2. 二者姿容美醜有別。
3. 內人可穿戴表示一般官吏貴賤的魚帶，宮人則禁止著此。
4. 就宮人「蓋賤隸也」一語來看，二者落籍教坊均為官賤民，但內人地位較高，故與宮人之別，似官賤民階級中太常音聲人與樂工的關

〔註26〕《全唐詩》卷567，頁6561。
〔註27〕同註25。
〔註28〕頁519。
〔註29〕同註25，頁1306。
〔註30〕同前註，頁1305。
〔註31〕同前註。

係〔註32〕，即在同類中有等級上的差異。

「宮人」之名，常與宮女通稱之「宮人」混淆，值得注意〔註33〕。

（三）搊彈家

搊彈家是由平民婦女中挑選而來的，「平人女以容色選入內者，教習琵琶、三絃、箜篌、箏等者，謂搊彈家。」〔註34〕條件是姿容不錯，目的在教以彈奏樂器。入宮後，所學為琵琶、三絃、箜篌、箏等絃樂器，因以手撥「搊」〔註35〕故稱作搊彈家。

搊彈家因從平民挑選，以備習藝，故較之前二者，技藝自然不夠成熟。「開元十一年，初製聖壽樂，令諸女衣五方色衣，以歌舞之。宜春院女教一日便堪上場，惟搊彈家彌月不成，至戲日，上令宜春院人為首尾，搊彈家在行間，令學其舉手也。」〔註36〕此即聖壽樂之教授，如內人只練習一天，就可以上場，但搊彈家縱練習一個月亦無法學成，故演出之際，令內人站在舞列的首尾，搊彈家在中間，以模仿她們的動作。內人一天即可完成，對搊彈家而言，一月尚無法熟練，可見搊彈家之平凡及內人之優秀。

（四）雜婦人

此為教坊妓中地位最低者，「凡樓下兩院進雜婦人，上必召內人姊妹，入內賜食因謂之曰今日娘子……且饒姊妹並兩院婦女。」〔註37〕「樓」指

〔註32〕黃現璠《唐代社會概略》將官賤民分作五等，以太常音聲人身分最高，後為工樂，頁 11。

〔註33〕如《杜陽雜編》卷中：「自是宮中每夜即有黃白蛺蝶萬數飛集于花間……宮人競以羅巾撲之，無有獲者。」（四庫本，頁 1042～610。）文中「宮人」當是「宮女」。而張祐〈退宮人二首〉之一「歌喉漸退出宮闈，泣話伶宮上許歸，猶說入時歡聖壽，內人初著五方衣。」（《全唐詩》卷 511，頁 5840）則此「宮人」是具樂妓表演身分的。在詩文的記載中，似多不予以嚴格之區別，而籠統的稱作「宮人」，可能是二者有許多相近之處。

〔註34〕同註 31。

〔註35〕《通典》「五絃琵琶，稍小，蓋北國所出。舊彈琵琶皆用木撥彈之，大唐貞觀中始有手彈之法。今所謂搊琵琶者是也。」（上海：商務印書館，1935 年，王雲五主編萬有文庫第二集），卷 144，頁 753。又《新唐書‧禮樂志》「五絃，如琵琶而小，北國所出，當以木撥彈，樂工裴神符初以手彈，太宗悅甚，後人習為搊琵琶。」頁 471。故用手彈之法稱「搊」。「搊彈家」之名，與其工作性質關係可見。

〔註36〕同註 34。

〔註37〕同前註，頁 1306。

各處樓殿上表演舞樂，酬宴遊樂之處；兩院指宜春院及雲韶院。據此則雜婦人屬於宜春、雲韶兩院，受內人及宮人之指導，如學徒性質。尚無直接侍奉皇前的資格，僅有時隨內人宮人進出御前，而以此身分與內人姊妹同受賞賜，同時此舉也含有對雜婦人勉勵之意。又「納妓與兩院歌人更代上舞台唱歌，內妓歌則黃幡綽贊揚之，兩院人歌則幡綽輒訾詬之。」〔註38〕文中的「納妓」即指兩院進納的雜婦女。於賜食後與兩院歌人交替登台唱歌。至於兩院歌人，似是較雜婦人更稚拙的初學者，黃幡綽是玄宗時一個善於諧謔的近臣〔註39〕，故《記》中載其訾詬兩院人之歌唱，而稱讚雜婦人，大概是記其戲謔。

總之，雜婦人屬於宜春雲韶二院之見習妓女，其歌唱表演自然不及，和擖彈家的學習絃樂器，似乎也不相同。如能在內人宮人之指導下，得以進步，或可升格，也說不定。

（五）散樂家

除以上四類外，尚有其他習雜技者，岸邊成雄稱之為「散樂家」〔註40〕如「范漢女大娘子，亦是竿木家。開元二十一年出內，有姿媚而微慍羝。」〔註41〕「筋斗裴承恩妹大娘善歌。」〔註42〕

故據《教坊記》所載，將教坊宮妓分作五類：內人、宮人、擖彈家、雜婦人、散樂家。前四種明確可考，並按照身分高低排列，最後的「散樂家」當成一類或為前四種之一，無法證實，但教習性質的內容不同倒是可見的，另外有散見於各記載中，亦屬宮妓者，如玄宗時因「不欲奪俠遊之盛，未嘗置在宮禁」的念奴〔註43〕善舞凌波曲的新豐女謝阿蠻〔註44〕等。

〔註38〕同前註。
〔註39〕如唐鄭棨撰：《開天傳信記》云「安西衛將劉文樹，口辯善奏對，上每嘉之。文樹髭生領下，貌類猿猴，上令黃幡綽嘲之，文樹切惡猿猴之號，乃密賂黃幡綽祈不言之，幡綽訊而進嘲曰：可憐好文樹，髭鬚共頦頤，別任文樹面孔不似猢猻，猢猻強似文樹。上知其賂遺，大笑之。」（四庫本，頁1042～847）
〔註40〕岸邊成雄：《唐代音樂史的研究》，頁264。
〔註41〕同註38，頁1308。
〔註42〕同前註，頁1307。
〔註43〕元稹〈連昌宮詞〉注語，《全唐詩》卷419，頁4612。
〔註44〕唐鄭處誨撰：《明皇雜錄》（四庫本），頁1038～108。

二、特色

（一）來源

入教坊的妓女為官賤民，身分地位低賤。她們的出身約有下列幾項：

1. 罪人之妻女

如「天寶末蕃將阿布思伏法，其妻配掖庭善為優，因使隸樂工。」〔註45〕該阿布思之妻，落籍教坊為樂妓。此乃因夫犯罪，為叛將、蕃將等俘虜處刑後，其妻女被籍沒者〔註46〕。

2. 從民間搜羅有技藝者

王建〈宮詞〉：「十三初學擘箜篌，弟子名中被點留，昨日教坊新進入，並房宮女與梳頭。」〔註47〕而另一首〈宮詞〉也記「青樓小婦砑裙長，總被抄名入教坊。」〔註48〕上文已介紹的內人許和子，「本吉州永新縣樂家女」〔註49〕另散樂家之類妓女，亦多由其父兄傳授技能，如「范漢女大娘子，亦是竿木家。」〔註50〕一些特殊技藝，常需從小開始練習，由父兄相傳是必要的。

3. 部分朝臣、外藩貢入的樂妓

如敬宗時，浙東曾貢進飛鸞、輕風二個女子〔註51〕，太和公主入貢馬射女子七人〔註52〕。

4. 徵召一般平民婦人

如《舊唐書·李絳傳》載：「時教坊忽稱密旨，取良家士女及衣冠別第妓人，京師囂然。」〔註53〕看來雖不是朝廷的經常之舉，但徵召良家婦女及私人之妓，也是有的。

約略來看，這些教坊妓多非出於自願，亦見可悲。

〔註45〕唐趙璘撰：《因話錄》（四庫本），卷1，頁1036～469。
〔註46〕清趙翼撰：《廿二史箚記》（台北：世界書局，1971年），卷19〈沒入掖庭〉條亦有其他記載說明，頁255。
〔註47〕《全唐詩》卷302，頁3441。
〔註48〕《全唐詩》卷303，頁3444。
〔註49〕同註17。
〔註50〕同註42，頁1308。
〔註51〕宋李昉撰：《太平廣記》，卷272，頁1049。
〔註52〕《舊唐書·文宗紀下》，頁558。
〔註53〕頁4289。

（二）生活

如前所述，教坊妓與外界隔離。內人平日住宜春院，只能在特定時間才可與家人會面，平時舉宴時恆輒列席，並不是輪番制，張祜〈宮詞二首〉之一寫道「故國三千里，深宮二十年，一聲〈何滿子〉，雙淚落君前。」〔註54〕把失去自由的命運說得悲慘。又〈贈內人〉云「禁門宮樹月痕過，媚眼惟看宿鷺窠，斜拔玉釵燈影畔，剔開紅焰救飛蛾。」〔註55〕將妓女百般聊賴的心思全部托出。她們的行動受到束縛，如籠中鳥般失去自由，為了少數人的享受，而硬生生地將一些女子與家庭隔離，過著無親情、不自由的生活，真是極不人道！

（三）歸宿

這些妓女貢獻自己的才藝，為宮廷服務，所受待遇不同，而最後的歸宿也不盡相同，大約有下列四種：

1. 朝廷恩免歸家

對於她們來說，能重獲自由，再返家庭，尋求合適對象，是最好的結局了。只可惜這種結果，在於君主個人高興，全憑他一人作主，可遇而不可求。下引三條詔令來看：

（1）《唐會要》「武德九年八月十八日詔……朕顧省宮掖，其數實多，憫茲深閉，久離親族，一時減省，各從娶聘。自是中宮前後所出，計三千餘人。」〔註56〕

（2）《唐會要》「貞元二十一年二月，出後宮人三百人。其月又出後宮及教坊女妓六百人。聽其親戚於九僊門，百姓莫不叫呼大喜。」〔註57〕

（3）《舊唐書‧文宗紀》「開成二年……內出音聲女妓四十八人，令歸家。」〔註58〕

2. 賜贈臣屬

此是因被贈予臣下而脫離教坊者，如《舊唐書‧李晟傳》「是月（興元

〔註54〕《全唐詩》卷511，頁5834。

〔註55〕《全唐詩》卷511，頁584。

〔註56〕《唐會要》（台北：台灣商務印書館，王雲五主編國學基本叢書四百種，1968年）卷3，頁35。

〔註57〕同前註，頁36。

〔註58〕頁568。

元年七月）御殿大赦。贈晟父欽太子太保……賜永崇里第及涇陽上田，延平門之林園，女樂八人。」〔註59〕又〈李林甫傳〉「城東有薛王別墅，林亭幽邃，甲於都邑，特以賜之，及女樂二部，天下珍玩，前後賜與不可勝紀。」〔註60〕此教坊妓女雖屬官賤民，然一旦下賜予臣子，所受待遇及地位可能反而低落。

3. 在宮廷受特殊優待者

此概由於才貌皆優，故受到寵愛，如杜牧所說的王眉山，「寶奴號也，當武宗南征，駐蹕金陵，選教坊司樂妓十人備供奉。寶奴為首，姿容瑰麗出眾，數得持巾櫛近至尊……武宗駕旋各有賚賜，俾無從，惟寶奴還舊籍，咸以貴人呼之。祠部亦寬其數，不以眾人畜也。」〔註61〕

4. 請求出宮或出家入道

這在文人的詩作中有許多反映：張祜〈退宮人二首〉之二「歌喉漸退出宮闈，泣話伶官上許歸。」〔註62〕她們在分別前還「弟子抄留歌遍疊，宮人分散舞衣裳。」〔註63〕表現出「回首吹簫天上伴，上陽花落共誰言。」〔註64〕的離情。許多人出宮後因孤苦無依，常入尼觀，做了尼姑女冠，了卻殘生，許渾〈贈蕭鍊師〉的鍊師即是〔註65〕。盧綸〈過玉貞公主影殿〉「夕陽臨窗起暗塵，青松繞殿不知春，君看白髮誦經者，半是宮中歌舞人。」〔註66〕白居易〈吹笙內人出家〉詩云「雨露難忘君念重，電泡易滅妾身輕。全刀已剃頭然髮，玉管休吹腸斷聲。新戒珠從衣裏得，初心蓮向火中生。道場夜半香花冷，猶在燈前禮佛名。」〔註67〕雖然褪去光采，但較之無法出宮，變成宮中雜役後「霓裳法曲渾拋卻，獨自花間掃玉階。」〔註68〕的境地，多了點自由總是好的。另外有逕直就在宮裏出家的，如敦煌莫高窟唐四四五窟壁畫〈彌勒經變〉中所描繪的王室伎妃剃度圖，就反映了妓女出家為尼的歷史真實。

〔註59〕頁 3671。
〔註60〕頁 3238。
〔註61〕杜牧之〈杜秋傳〉所附的〈王眉山傳〉，《唐代叢書》，頁 611。
〔註62〕《全唐詩》卷 511，頁 5840。
〔註63〕王建〈送宮人入道〉，《全唐詩》卷 300，頁 3142。
〔註64〕王建〈舊宮人〉，《全唐詩》卷 301，頁 3426。
〔註65〕《全唐詩》卷 537，頁 6128。
〔註66〕《全唐詩》卷 279，頁 3169。
〔註67〕《全唐詩》卷 462，頁 5256。
〔註68〕同註 64。

畫上有一大群伎妃被圈在帳中等待剃度，有二伎正在剃髮，另有二伎已經剃完正跪在地上向佛禮拜〔註69〕。

（四）演出活動

教坊為宮廷專屬，只有部分人士得以享受。她們受差遣至上演地點表演，如在宮城、大明宮、興慶宮等諸殿樓舉行百官賜宴或曲江宴等。《劇談錄》卷下記曲江會為「都人遊翫盛于中和、上巳之節……上巳即賜宴臣僚……會於山亭，恩賜太常及教坊聲樂。池中備綵舟數隻，唯宰相、三使、北省官與翰林學士登焉，每歲傾動皇州以為盛觀。」〔註70〕此即說明宴會之喧噪鬧熱。《教坊記》云「開元十一年，初製聖壽樂，令諸女衣五方色衣，以歌舞之。」〔註71〕《新唐書·韋堅傳》「船次樓下，堅跪取諸郡輕貨上於帝（玄宗），以給貴戚、近臣。上百牙盤食，府縣教坊音樂迭進。」〔註72〕又《明皇雜錄》卷下「每賜宴設酺會，則上御勤政樓……府縣教坊大陳山車、旱船、尋撞、走索、丸劍、角抵、戲馬、鬥雞……。」〔註73〕在文人的筆下也多有記錄：李商隱有詩云「珠箔輕明拂玉墀，披香新殿抖腰支。」〔註74〕李白則說「選妓隨雕輦，徵歌出洞房。」〔註75〕王維也寫道「畫鷁移僊妓，金貂列上公，清歌邀落日，妙舞向春風。」〔註76〕又有「仙妓來金殿，都人繞玉堂，定應偷妙舞，從此學新妝。」〔註77〕之記。

（五）特殊習俗

由於與外界的隔離及自身特殊的生活方式，宮妓們不免會發展出他們自身的文化，造成一般人眼中的奇怪現象。

1. 用語習慣

在《教坊記》中有二則記錄：「凡樓下兩院進雜婦女……內妓歌則黃幡綽贊揚之，兩院人歌則幡綽輒訾詬之。有肥大年長者，即呼為屈突于阿姑；貌

〔註69〕轉引自劉達臨：《中國古代性文化》（寧夏：人民出版社，1994年2月，頁684）。
〔註70〕唐康駢撰：《劇談錄》（四庫本），頁1042～693。
〔註71〕頁1305。
〔註72〕頁4561。
〔註73〕同註44，頁1035～515。
〔註74〕〈宮妓〉，《全唐詩》卷539，頁6181。
〔註75〕〈宮中行樂詞〉，《全唐詩》卷164，頁1702。
〔註76〕〈奉和聖製，上巳於望春亭觀禊飲，應制〉，《全唐詩》卷127，頁1285。
〔註77〕〈奉和聖製，十五夜燃燈，繼以酺宴，應制〉，《全唐詩》卷127，頁1286。

稍胡者，即云康太賓阿妹。隨類名之，標弄百端。」〔註78〕「諸家散樂，呼天子為崖公，以歡喜為蜆斗，以每日長在至尊左右為長入。」〔註79〕「崖公」、「蜆斗」、「長入」正是散樂人間特殊之用語。「長入」之稱似稍可解，但「崖公」、「蜆斗」則義不明。黃幡綽將兩院樂妓中特殊者，各呼作「屈突于阿姑」、「康太賓阿妹」，此即今日就人之特徵取綽號為戲，惟是否經常使用則不詳。「屈突」為北魏一部落之姓，「于」亦為姓，「阿姑」則似中年胖婦的稱呼，而組合起來為「肥大者」者之義，可能是因外族人民多高大健碩，故取其姓氏以為代表。其次「康太賓阿妹」者，「康」是西域康國出身人員之姓，故以康國之姓稱貌酷肖胡的妓女。又「太賓」的「賓」，或是賓客之意，也可能是「嬪」字之簡稱，「阿妹」為年輕樂妓之意，故此一稱呼含有美好之意。

2. 香火兄弟

「香火兄弟」原本是指在共同供奉同一神明前，彼此結下緣分，約成兄弟，後來即有焚香結盟宣誓之意，如今之義結金蘭，成為結拜兄弟之俗。在《舊唐書·高適傳》記道「監軍李大宜與將士約為香火。使倡婦彈箜篌琵琶，以相娛樂。」〔註80〕可見在唐時已有這種習俗。而坊中妓女，「以氣類相似，約為香火兄弟，每多至十四五人，少不下八九輩。」〔註81〕形成一個個小團體。在這種關係之下，《教坊記》中又記錄有關的三個現象：

（1）「有兒郎聘之者，輒被以婦人名號。即所聘者兄見呼為新婦，弟見呼為嫂也。」〔註82〕指兒郎（當是年輕男子之稱）邀請妓女時，妓女往往以男性自稱，而反稱兒郎為婦人。若被邀之妓是香火兄弟中之長者，該兒郎被喚作新婦；若是幼者，則呼為嫂。

（2）「兒郎有任官僚者，宮忝（？）與內人對，同日垂到內門，車馬相遇，或褰車簾呼阿嫂，若新婦者，同黨未達，殊為怪異，問被呼者笑而不答。」〔註83〕指兒郎等任職官吏，其與內人等相對時，若他們在抵達教坊內門，與內人等相遇，若內人中之一人，隔車簾誤將新婦呼為阿嫂（指兒郎），而被其他內人發覺查詢是誰所呼，則誤呼者僅笑而不答。

〔註78〕頁 1307。
〔註79〕同前註。
〔註80〕頁 3328。
〔註81〕同註 78。
〔註82〕同前註。
〔註83〕同前註，頁 1308。

（3）「兒郎既聘一女，其香火兄弟多相奔，云學突厥法。又云我兄弟相憐愛，欲得嘗其婦也。主者知亦不妒，他香火即不通。」〔註84〕指兒郎若先邀請妓女一人，該妓之香火兄弟必隨伴而來，彼等稱此乃倣效突厥之法，並因香火兄弟互相憐愛，縱使大家戲謔兒郎，被邀者亦不妒嫉。但其他香火兄弟，則絕對禁止與此兒郎交往。所謂突厥法，應指其族一婦嫁兄弟多人之習俗，故雖為只邀一人，但其餘兄弟競相前趨，並不以為意也。

可見妓女結成香火兄弟後，形成一個相當親密的團體，互相支援。但為何會有這習俗，則不得而知，或許是「為了解除思想的苦悶，求得互相照顧，共同生存和滿足性生活的需要。」「表現了教坊婦女們的病態的反抗。」〔註85〕

（六）紀律問題

教坊雖屬宮廷技樂教習機構，與外界隔離，但就「香火兄弟」三事看來，實際上似有風流韻事。蓋妓女們色藝俱全，人數眾多，並就其供人享樂之生活而言，紀律亦無法絕對嚴格。其應兒郎之邀請，似成為公開之秘密。兒郎聘妓乃指二者之幽會，若被知曉，則他輩亦來湊熱鬧，但謹守界限，不致壞了他妓的好事。看來這點和民間妓女爭奪恩客有極大區別。至於是否如妓院般向貴族官僚開放，恐怕還不致於，只是默認某些特權人士之出入而已！她們的工作仍是為皇室提供娛樂的表演活動。另外《教坊記》中還有二則記事，一為張少娘承應外界的邀請，從事教坊外私人之活動〔註86〕，隨意赴客席，恐是違反規定。一為妓女裴大娘私通散樂家趙解愁，共欲謀殺親夫，事敗後被刑之事〔註87〕。從這二人身上可知教坊妓可以是已婚者，但卻生

〔註84〕同前註。

〔註85〕關書敏：〈唐代教坊婦女生活簡述〉，《西南師範學院學報》1983年第4期，頁88。

〔註86〕「蘇五奴妻張少娘，善歌舞。有邀迓者五奴輒隨之前。人欲得其速醉，多勸酒。五奴曰，但多與我錢，喫䭔子亦醉，不煩酒也。今呼鬻妻者五奴，自蘇始。」《教坊記》頁1308。

〔註87〕「筋斗裴承恩妹大娘善歌。兄以配竿木侯氏，又與長入趙解愁私通。侯氏有疾，因欲藥殺之。王輔國、鄭銜山與解愁相知，又是侯鄉里。密謂薛忠王琰曰『為我語侯大兄，晚間有人送粥，慎莫喫。』及期，果有贈粥者。侯遂不食。其夜裴大娘引解愁殺其夫……銜山願擎土袋，燈既滅，銜山乃以土袋置侯身上，不壓口鼻，其黨不之覺也。比明，侯氏不死，有司以聞。上令范安窮究其事，於是趙解愁等皆決一百，眾皆不知侯氏不掩口鼻而不死也。或言土袋綻裂，故活。是以諸女戲相謂曰，自今後，縫壓堦土袋，當加意夾縫縫之，更勿令開縫也。」《教坊記》頁1307。

活浪漫。而玄宗寵愛的念奴也有「力士傳呼覓念奴，念奴潛伴諸郎宿」之情況〔註88〕。大略可見宮妓之風紀並不佳，教坊在組織管理上有所不足。

第三節　小結

　　唐代的宮妓，本章以教坊妓為介紹重心，以內人階層地位最高，依序為宮人、搊彈家、雜婦女。她們為宮廷直屬的一種官賤民，集居於特定地點，為服務宮廷享樂需求，而和外界隔離。因此也形成一種特殊團體，有獨特的生活內容與習慣。她們是唐代宮廷音樂，最活躍及最有特色者。

　　她們雖是以獻藝為主，有較高的待遇，但終不改玩物的命運，僅屬工具性的價值。玄宗以「雜婦女」為取樂對象（參黃幡綽之戲謔語）；玄宗之弟申王因冬天冷，讓宮妓們密密圍坐四周以禦寒，呼作「妓圍」；「每醉即使宮妓將錦綵結一兜子，令宮妓輩昇歸寢室」；另一岐王則因手冷，在妓女懷中揣手取暖，人稱「香肌暖手」〔註89〕，可見到頭來她們與民妓的區別也不過是只供皇家玩弄而已。元和 7 年（813）的密旨，取良家士女與家妓人，鬧得「京師囂然」，而貞元 21 年（805）放出妓女，百姓相聚，「叫呼大喜」。這二種態度的強烈對比，可見宮妓所受痛苦，也是當時人所認知的。為了享樂，皇帝把大量妓女徵入，然而當國家財政困難時，卻首先剋扣她們的生活資源。元和 5 年（811）6 月「詔減教坊樂宮衣糧。」〔註90〕而京兆尹劉栖楚上奏，反對教坊收管藝伎們的收入，要求把每一年的收入用來解決教坊人的衣糧問題，「所冀公私永便。」〔註91〕

　　宮妓們幾乎一生都消磨在提供宮廷享受之需求上。雖有成名者，但更多的是境遇的不幸。命運無法操縱在自己手中，隨帝王好尚而決定，一旦年老色衰，出宮後婚配、謀生皆不易，經常面對的是遺憾的一生。

〔註88〕元稹〈連昌宮詞〉，《全唐詩》卷 419，頁 4612。
〔註89〕五代王仁裕撰：《開元天寶遺事》（四庫本），卷二，〈妓圍〉、〈醉輿〉、〈香肌暖手〉，頁 1035～851。
〔註90〕《唐會要》，頁 630。
〔註91〕《唐會要》，頁 631。

第三章　官　妓

第一節　官妓的名稱與定義

　　官妓之稱，唐人記述頗多，如李商隱有詩〈飲席代官妓贈兩從事〉〔註1〕
張祜〈陪范宣城北樓夜讌〉中有「華轉敞碧流，官妓擁諸侯」句〔註2〕羅虯的
〈比紅兒詩並序〉注云「比紅兒者為雕陰官妓杜紅兒作也。」〔註3〕可見確為
當時實際用法。至宋，也仍襲用此一名稱〔註4〕。

　　對於官妓，我們的認識是，「置於州郡藩鎮衙門，供刺史、節度使等地
方首長公私宴會時，擔任侍奉之職。」〔註5〕既是在州郡藩鎮任侍奉之職，
則她們的身分無疑是很低下的官賤民，受地方政府的管轄，如上引之官妓行
雲即是成都之官妓。杜紅兒是雕陰官妓，而雕陰只是個小城市，由此可見官
妓分布之普遍。至於「營妓」之名，最早出現於漢武帝，為軍士們服務。換
句話說，大概類於早期台灣「軍中樂園」之妓女，這種軍妓是「專被軍隊或
軍事機構掌握的妓女，專供武將、軍人滿足性需要而設的。」〔註6〕司空圖
的〈歌〉詩：「處處亭台只壞牆，軍營人學內人妝，太平故事因君唱，馬上
曾聽隔教坊。」〔註7〕此處軍營人似具營妓性質，但並不呼作「營妓」。考諸

〔註1〕《全唐詩》卷539，頁6172。
〔註2〕《全唐詩》卷510，頁5805。
〔註3〕《全唐詩》卷666，頁7625。
〔註4〕如孫光憲撰《北夢瑣言》卷三，云「以官妓行雲等十人侍宴。」（四庫本），頁
　　　　1036～14。
〔註5〕此是日人石田幹之助所說，轉引自岸邊成雄《唐代音樂史的研究》頁369。
〔註6〕劉達臨：《中國古代性文化》頁506。
〔註7〕《全唐詩》卷633，頁7259。

唐人所記，出現「營妓」之稱呼時，並不專用於軍營，而似乎等同於一般官妓。如《北里志》楊汝士尚書條：「楊汝士尚書鎮東川，其子知溫及第。汝士開家宴相賀，營妓咸集。汝士命人與紅綾一匹。」〔註8〕而造成二個名稱並行的原因可能是：

1. 各地方官府或軍鎮往往設有營署或樂營來集居官妓，以便於平時訓練和隨時傳喚，因為屬樂營，也可稱作「樂營子女」、「樂營妓女」、「樂營妓人」等，之後簡稱為「營妓」。而「營妓」之名令人連想到軍營，故造成誤解。

2. 中唐後地方官妓都由藩帥統轄，長官既兼具軍事長官職權，也就使人覺得屬下的官妓可能是為軍隊設置的，因此唐代軍領的官妓時興稱為營妓〔註9〕。

   　另《舊唐書・陸長源傳》云「叔度苛刻，多縱聲色。數至樂營，與諸婦人嬉戲。」〔註10〕及同一人見之於《新唐書》，則記曰「叔度淫縱，數入倡家調笑嬉褻。」〔註11〕其將《舊唐書》的樂營，稱作倡家，則樂營是妓女們所居，不一定指在軍營中，而營妓亦絕非僅指軍營妓女。崔瓘有〈贈營妓〉一詩〔註12〕，所敘並無身分上的特殊處。因此唐代的營妓也就是官妓，專供地方長官差遣，已超出「軍妓」的含義了〔註13〕。宋代歌妓制度多承唐，故相沿也稱地方官妓為營妓，並且絕不是軍營所畜，在軍營中活動的妓女〔註14〕。

〔註8〕《北里志》，頁1301。

〔註9〕這二個說法可參考劉達臨《中國古代的性文化》頁506，及高世瑜《唐代婦女》頁52。

〔註10〕頁3938。

〔註11〕頁4822。

〔註12〕《全唐書》卷315，頁3515。

〔註13〕黃現璠《唐代社會概略》說「唐之營妓實即官妓之別稱。」頁86。

〔註14〕謝挑坊〈唐代歌妓考略〉，《中華文史論叢》1983年第4期，頁184。另外龐德新《宋代兩京市民生活》（香港：龍門出版社，1974年9月，頁150）：「東坡在黃日，每有燕集，醉墨淋漓，不惜與人。至於『營妓』供侍，扇書帶畫，亦時有之。」（何遴《春游紀聞》卷5〈營妓比海棠絕句〉）「東坡在黃岡，每用『官妓』侑觴。群姬持紙乞歌詞，不違其意而予之」（周輝《清波雜志》卷5〈東坡在黃岡〉）同時、同人、同地、同事，而何遴稱『營妓』，周輝作『官妓』；又周密〈齊東野語〉卷20〈台妓嚴蕊〉，稱蕊為『營妓』；而洪邁〈夷堅志〉卷35〈吳淑姬嚴蕊〉，卻稱蕊為『官妓』。則『營妓』、『官妓』，兩者當是二而一的。

第二節　官妓的來源與生活

官妓的來源主要有幾種：

1. 由罪小家人籍沒。如《新唐書·林蘊傳》云「嘗杖殺客陶玄之，投其
   尸江中，籍其妻為倡。」〔註15〕

2. 世代屬「樂籍」的官屬賤民，無法脫籍，只能承襲而下，這是古時一
   種不合理的制度。

3. 良家女子由於種種原因流落的。如蜀妓薛濤隨父宦游，流落蜀中，遂
   入樂籍〔註16〕。

官妓屬地方政府管轄。平日集中居住，由「樂營」管理。《雲谿友議》卷
下，記池州杜少府，亳州韋中丞二人精求釋道，疏於管理，所以「樂營子女，
厚給衣糧，任其外住，若有宴飲，方一召來，柳際間，任為娛樂。」當時有
舉子張魯封就作詩戲謔這個情形說：「樂營卻是閑人管，兩地風情日漸多。」
〔註17〕這段記錄說明了官妓一般是不准外住及自由活動的。她們集中住在樂
營，由官府供給生活，隨時準備承應官差。「官僚往來，必有營妓奉迎」〔註
18〕。官府舉行各種宴會時，她們要獻藝陪席，以助長官送往迎來，逢迎上司
等等。官妓們多半都有一定技藝，或歌，或舞或長於酒令，器樂，有時不免
也要侍夜，聽從長官的要求。而據《雲谿友議》事來看，她們在管理不嚴格
時，往往會私下自行接客，行自由賣淫之事。

第三節　官妓與地方官吏的關係

官妓既為地方所轄，是以與地方官有密切關係。如薛濤歷事十一鎮，尤與
韋臯、元稹事，為人樂道〔註19〕。地方官離職轉任，可以攜官妓歸里，如白居
易離開杭州，攜數妓還洛陽〔註20〕。或雖離職他調，官妓仍對之念念不忘〔註21〕，

〔註15〕頁5720。
〔註16〕《全唐詩》卷803，詩人小序，頁9035。
〔註17〕唐范攄撰：《雲谿友議》（四庫本），頁1035～616。
〔註18〕黃現璠：《唐代社會概略》，頁86。
〔註19〕唐范攄撰：《雲谿友議》（四庫本），頁1035～607。
〔註20〕如白居易〈醉戲諸妓〉詩「席上爭飛使君酒，歌中多唱舍人詩，不知明日休
　　　　官後，逐我東山去是誰？」《全唐詩》卷446，頁5005。
〔註21〕如白居易有〈湖上醉中代諸妓寄嚴郎中〉詩「笙歌杯酒正歡娛，忽憶仙郎望
　　　　京都，借問連宵直南省，何如盡日醉西湖，蛾眉別久心知否，難舌含多口厭
　　　　無，還有些些惆悵事，春來山路見薔薇。」《全唐詩》卷443，頁4965。

相互間仍通音訊〔註22〕。甚至原地官妓可以隨往任地〔註23〕。鄰郡地方官如有需要，可經由官吏同意，邀請他地官妓移駕作陪〔註24〕，官妓也可代官長侍候名士〔註25〕。

官妓既為地方官提供娛樂，於是有不少詩文有所記載，反映他們的活動：元稹曾在浙東，喜女妓劉採春，嘗題詩云，「因循未歸得，不是戀鱸魚」〔註26〕「人謂其戀境湖春色」罷了〔註27〕。而最出名的當屬白居易，一些官妓無疑地在他的一段仕宦生涯中占極大的部分，故作品中也呈現許多其間的生活描述。任杭州刺史時，有〈醉歌──示妓人商玲瓏〉詩〔註28〕；為蘇州刺史，有〈代諸妓贈送周判官〉詩〔註29〕；罷官時，有〈武丘寺路宴留別諸妓〉〔註30〕；為河南尹有〈論妓〉一絕〔註31〕；罷河南尹後，有〈池上送考功崔郎中，兼別房竇二妓〉詩〔註32〕；日後有〈憶杭州因敘舊游〉〔註33〕等。出現在他筆下的官妓，不知凡幾，多顯出快樂愉悅的氣氛。

劉禹錫為蘇州刺史，白居易以詩慶之曰「海內姑蘇太守賢，恩加章綬豈徒然，賀賓喜色欺杯酒，醉妓歡聲遏管絃。」〔註34〕又〈寒食日寄楊東川〉「蜀妓如花合繞身。」〔註35〕可見這些官妓的存在提供了享樂的環境。杜牧任湖

〔註22〕如白居易〈代諸妓贈送周判官〉「妓筵今夜別姑蘇，客棹明朝向鏡湖，莫令扁舟尋范蠡，且隨五馬覓羅敷，蘭亭月破能迴否，娃館秋涼卻別無，好與使君為老伴，歸來休染白髭鬚。」《全唐詩》卷447，頁5021。

〔註23〕如杜牧〈張好好詩序〉「牧太和三年，佐故吏部沈公江西幕，好好年十三，始以善歌來樂籍中，後一歲，公移鎮宣城，復置好好於宣城籍中。」《全唐詩》卷520，頁5940。

〔註24〕如元稹邀玲瓏至越州，月餘始還，並贈之詩：「休遣玲瓏唱我詞，我詞多是別君詩，明朝又向江頭別，月落潮平是去時。」元稹〈重贈〉，《全唐詩》卷417，頁4598。

〔註25〕如《全唐詩》中收蓮花妓一詩，序云「蓮花妓，豫章人也。陳陶隱南昌西山，鎮帥嚴宇嘗遣之侍陶，陶不顧，因求去，獻詩一首。」卷802，頁9033。

〔註26〕元稹〈醉題東武〉，《全唐詩》卷423，頁4651。

〔註27〕王桐齡：〈唐宋妓女考〉，《史學年報》第1期。

〔註28〕《全唐詩》卷435，頁4823。

〔註29〕《全唐詩》卷447，頁5021。

〔註30〕《全唐詩》卷447，頁5034。

〔註31〕《全唐詩》卷451，頁5104。

〔註32〕《全唐詩》卷454，頁5140。

〔註33〕《全唐詩》卷446，頁5013。

〔註34〕〈同諸客嘲雪中馬上妓〉，《全唐詩》卷454，頁5142。

〔註35〕《全唐詩》卷457，頁5187。

州刺史，有〈不飲贈官妓〉作〔註 36〕；李商隱罷東川節度判官，有〈飲席代官妓贈兩從事〉詩〔註 37〕。

　　可見當時官吏狎戲之盛。看在後人眼中，不免驚異，宋人就說「可見當時郡政多暇而吏議甚寬，使在今日，必以罪去矣。」〔註 38〕直到清朝仍有人對白樂天有意見：「風流太守愛魂消，到處春翹有舊游，想見當時疏禁網，尚無官吏宿娼條。」〔註 39〕

　　官妓聽命於官吏，而官吏亦往往私下加以支配：張褐典晉州，外貯所愛營妓，并生一子，這是私自納官妓為外室小老婆〔註 40〕。杜晦過常州，郡守李瞻宴請他，分離時杜依依不捨，掩袂大哭，李瞻說「此風聲婦人，員外如要，但言之，何用形跡！」〔註 41〕于是讓官妓隨杜而去。薛宜僚出使新羅，過青州，看中妓女段東美，節度使便以之相贈〔註 42〕；這些是官妓隨人之意被贈之例。有些官員還會因妓而爭風吃醋：如刺史戎昱與轄下一名妓女有情，但由於上司于頔徵召，不得不送去，後來才又遣送回來〔註 43〕。李晟鎮守劍南，回師時，將成都官妓高氏帶走，成都尹張延賞一氣之下，遣人追回〔註 44〕。

〔註 36〕《全唐詩》卷 522，頁 5970。

〔註 37〕《全唐詩》卷 539，頁 6172。

〔註 38〕宋龔明之撰：《中吳紀聞》（台北：文源書局，1964 年，學海類編本），卷 1，頁 5748。

〔註 39〕清趙甌北〈題白香山集後詩〉。轉引自王書奴《中國娼妓史》頁 90。

〔註 40〕宋錢易撰：《南部新書》（四庫本），卷 4，頁 1036～205。

〔註 41〕南唐劉崇遠撰：《金華子雜編》（四庫本），卷上，頁 1035～833：「杜晦辭……又辟為節度判官，始方應召，狂於女色……路經常州，李瞻給事方為郡守，晦辭于祖席，忽顧樂營朱娘言別，因掩袂大哭，瞻曰『此風聲婦人，員外如要，但言之，何用形跡。』乃以步軍隨而遺之。」

〔註 42〕同註 40，卷 7，頁 1036～231：「薛宜僚，會昌中為左庶子，充新羅冊贈使，從青州泛海……樂籍有段東美者，薛頗屬情，連帥置於驛中。」

〔註 43〕唐孟棨撰：《本事詩・情感第一》（唐代叢書本），頁 516：「韓晉公鎮浙西，戎昱為部內刺史，郡有酒妓善歌，色亦娟妙，昱情屬甚厚。浙西樂將聞其能，白晉公召置籍中，昱不敢留，於湖上，為歌辭以贈之，且曰『至彼令歌，必首唱是詞。』既至，韓為開筵，自持盃，命歌送之，遂唱戎詞。曲既終，韓問曰：『戎使君於汝寄情耶？』愀然起立曰『然』。言隨淚下，韓令更衣待命，席上為之憂危。韓召樂將責之曰：『戎使君名士，留情郡妓，何故不知而召置之，成余之過？』乃答之。命與妓百縑，即時歸之。其詞曰『好去春風湖上亭，柳條藤蔓繫離情，黃鶯久往渾相識，欲別頻啼四五聲。』」

〔註 44〕《舊唐書・張延賞傳》「大曆末，吐蕃寇劍南，李晟領神策軍戍之，及旋師，以成都官妓高氏歸，延賞聞而大怒，即使將吏令追還焉。晟頗銜之，形於辭色。」頁 3608。

韋保衡在獨孤雲幕下任職，帶走一名官妓，副史李甲原本有意於此妓，便要求獨孤雲以飛牒又追回來〔註45〕。最可憐的大概就是羅虬筆下的杜紅兒，徒然犧牲於男人之爭奪中〔註46〕。

地方官妓與長官，雖為從屬的關係，但也有不少產生真情者：如上述之浙西官妓與戎昱，二人勇敢反抗韓晉公，努力爭取愛情〔註47〕。薛宜僚死前仍不忘妓段東美，東美聞訊後，亦為之一慟而絕〔註48〕。油蔚充淮南節度幕僚，奉使塞北，寫了一首感人至深的〈贈別營妓卿卿〉，詩云「憐君無那是多情，枕上相看直到明，日照綠窗人去住，鴉啼紅粉淚縱橫，愁腸只向金閨斷，白髮應從玉塞生，為報花時少惆悵，此生終不負卿卿。」〔註49〕讀來不禁令人動容！

官妓若想從良，都要經由長官同意，乞求落籍成功，不能用金錢贖身，如盧鈺守廬江，郡中曹生想要營妓丹霞，盧鈺不給〔註50〕。故不蒙長官許可，則脫籍無望。

官妓們受到地方官支配的情況如上所述，受差遣、不自由，是她們共同悲哀！而若有服侍的不順當，得罪賓客，還會被長官處罰及嘲笑，張保胤〈示妓榜子〉詩所敘即是〔註51〕。而羅虬雖將紅兒寫得勝過古往今來的美女，但她卻是在無辜被殺後，才受到於事無補的歌頌，令人更同情她的遭遇。入籍多非所願，脫籍又掌握在別人手裏，而其間生活不自主，如奴婢般隨時承應工作，顯示的是她們卑賤無奈的身分。官妓之設，最初很可能只為純粹的表演藝術，為官府提供娛樂服務而已，並不涉及賣身之類事，略同宮妓之性質。但地方官允許像皇室有專門供奉技樂的演藝者，代表著什麼意思呢？反映唐

〔註45〕唐無名氏輯：《玉泉子》（四庫本），頁1035～628：「（韋）保衡初既登第，獨孤雲除四川，辟在幕中，樂籍間有佐酒者，副使李甲屬意時久，以逼於他適，私期迴將納焉。保衡既至，不知所之，祈于獨孤，且將解其籍。李至，意殊不平……保衡不能容，即攜其妓以去，李益怒之，屢言於雲，雲不得已，命飛牒追之而迴。

〔註46〕羅虬〈比紅兒詩並序〉：「……廣明中虬為李孝恭從事，籍中有善歌者杜紅兒。虬令之歌，贈以綵，孝恭以兒為副戎所盼，不令受，虬怒手刃紅兒，既而追其冤作比紅兒詩。」《全唐詩》卷666，頁7625。

〔註47〕同註43。

〔註48〕同註42。

〔註49〕《全唐詩》卷768，頁8719。

〔註50〕同註40，卷8，頁1036～234。

〔註51〕《全唐詩》卷870，頁9868。

代音樂文化之盛？反映唐代開明豪放之一面？抑或是如清人龔自珍所謂的「陰謀論」呢？〔註 52〕有待再探索。總而言之，這樣一種服務性質的女性的存在，無疑是對女性極大的壓迫，顯現唐朝統治者極不人道的一面。

〔註 52〕龔自珍：《龔自珍全集・京師樂籍說》（台北：河洛出版社，1975 年 9 月，頁117）。文云「凡帝王所居曰京師，以其人民眾多，非一類一族也。是故募召女子千餘戶入『樂籍』，『樂籍』既彗布於京師，其中必有資質端麗，桀點辨慧者出焉。目挑心招，捭闔以為術焉。則可以箝塞天下之游士，烏在其可以箝塞也？曰：使之耗其資財，則謀一身且不暇，無謀人國之心矣；使之耗其日力，則無暇日以談二帝三王之書，又不讀史而不知古今矣。使之纏綿歌泣於床第之間，耗其壯年之雄材偉略，則思亂之志見，而議論圖度，上指天下畫地之態益息矣。使之春晨秋夜為奩體詞賦遊戲不急之言，以耗其才華，則議論軍國臧否政事之文章可以毋作矣。如此則民聽壹，國事便，而士類之保全者亦眾……人主之術，或售或不售，人主有苦心奇術，足以牢籠千百中材，而不盡售於一二豪傑，此亦霸者之恨也，吁！」

第四章　家　妓

　　家妓簡單地說，即是蓄養在家中表演技藝的妓女。富者權貴，妻妾以延子嗣，不能盡其風流之興，便廣置家妓以享歌舞聲色之歡。魏晉南北朝時，家妓興起並臻於鼎盛〔註1〕直至唐代，養妓之風，不減前朝。「家妓」之名稱也係當時所用〔註2〕，這在唐代另一女妓階層，是值得介紹的。

第一節　權貴的蓄養

　　在唐朝蓄養家妓是法令許可的：《唐會要‧雜錄》「神龍二年九月敕，三品以上聽有女樂一部，五品以上女樂不過三人，皆不得有鐘磬樂師。」〔註3〕又天寶十年九月二日敕「五品以上正員清官，諸道節度使及太守等，並聽當家畜絲竹，以展歡娛。行樂成師，覃及中外。」〔註4〕傳奇〈枕中記〉記載「盧生……兩竄荒徼，再登臺鉉，出入中外，徊翔臺閣五十餘年，崇盛赫奕。性頗奢蕩，甚好佚樂。後庭聲色皆第一綺麗。」〔註5〕連夢中都不忘蓄養之意，可見私蓄家妓之平常。

〔註1〕王書奴：《中國娼妓史》，第四章第二節。
〔註2〕如唐馮贄撰：《雲仙雜記》（四庫本）卷2，頁1035～650：「李龜年至歧王宅，聞琴聲曰『此秦聲也。』良久又曰『此楚聲也。』主人入問之，則前彈者，隴西沈妓也；後彈者，揚州薛、潘二妓，大服。龜年聞琴聲，即能辨別家妓之籍貫，允稱慣家。」而「家妓」之呼在此。
〔註3〕頁628。
〔註4〕同前註，頁630。
〔註5〕宋李昉撰：《太平廣記》卷82，頁340。原題〈呂翁〉。

家妓之設，為以歌舞技樂供主人娛樂玩賞，許敬宗「營第舍華僭，至迭連樓，使諸妓走馬其上，縱酒奏樂自娛。」〔註6〕或於主人招待賓客時侍奉宴席，斡旋於酒肴之間，以及服侍主人枕席等工作為主，常為社會上交際生活所不能缺乏者〔註7〕。據《容齋隨筆》之〈裴晉公禊事條〉云「唐開成二年三月三日，河南君李待價，將禊於洛濱……，十五人，合宴於舟中，自晨及暮，前水嬉而後妓樂，左筆硯而右壺觴，望之若仙，觀者如堵。」〔註8〕一班家妓，隨人歡笑，應接不暇！

蓄養主家依其個人好尚及財力來從事於此，貴族富豪之家，家妓人數往往有至數十、百人之多。寧王曼有「寵妓數十人」〔註9〕，司徒李愿有「女妓百餘人」〔註10〕，傳奇〈崑崙奴〉中寫一品勛臣家有「十院歌妓」〔註11〕，長安富戶孫逢年家中妓妾曳綺羅者有二百餘人〔註12〕，鄒鳳熾侍者「尤艷麗者至數百人」〔註13〕，王翰「家蓄聲伎，目使頤令，自視王侯。」〔註14〕至於一般文人，最著名者莫過於寫出有感「莫養瘦馬駒，莫教小妓女」的白居易了〔註15〕。「櫻桃樊素口，楊柳小蠻腰」白居易與樊素、小蠻二妓一直是膾炙人口的故事，另外還有「菱角執笙簧，谷兒持琵琶，紅綃信手舞，紫綃隨意歌。」〔註16〕的聲妓享受。劉禹錫〈憶春草〉詩中的春草，亦是家妓的身分〔註17〕，由於蓄妓之風如此盛，家妓成為主人生活的一部分，當時文人雅士也多有接觸，成為他們的一個生活面，李白寫道「西葡酒，金叵羅，吳姬十五細馬馱。」〔註18〕連杜甫也有這類活動，輕鬆地記下了「竹深留客處，荷淨納涼時，公子調冰水，佳人雪藕絲。」〔註19〕而白居易有〈酬思黯戲贈

〔註6〕《新唐書·許敬宗傳》，頁6338。

〔註7〕岸邊成雄：《唐代音樂史的研究》，頁367。

〔註8〕宋洪邁撰：《容齋隨筆》（四庫本），卷1，頁851～280。

〔註9〕唐孟棨撰：《本事詩·情感第一》（唐代叢書本），頁515。

〔註10〕同註5，卷273，頁1053。

〔註11〕同前註，卷194，頁755。

〔註12〕唐馮贄撰：《雲仙雜記》（四庫本），卷8，頁1035～680。

〔註13〕同註11，卷495，頁1898。

〔註14〕《舊唐書·王翰傳》頁5759。

〔註15〕〈有感三首〉，《全唐詩》卷444，頁4977。

〔註16〕〈小庭亦有月〉，詩末自注「菱、谷、紫、紅，皆小臧獲名也。」《全唐詩》卷356，頁5108。

〔註17〕自注「春草，樂天舞妓名。」《全唐詩》卷356，頁4003。

〔註18〕《全唐詩》卷184，頁1881。

〔註19〕杜甫〈陪諸貴公子丈八溝攜妓納涼晚際遇雨二首〉，《全唐詩》卷224，頁2400。

同用狂字）云「鐘乳三千兩，金釵十二行，妒他心似火，欺我鬢如霜。」原注稱「思黯自誇前後服鐘乳三千兩，甚得力，而歌舞之妓頗多，來詩謔予老，故戲答之。」〔註20〕頗有趣味。他們盡情地欣賞她們，也熱情地讚賞，予以肯定。

第二節　家妓的身分地位

　　家妓在主家的身分「界於婢與妾之間，兼帶伶人性質。」〔註21〕具伶人性質，這是因為她的生活以表演歌舞為主，是毫無疑問的。而如何說明其與婢妾地位之分別呢？岸邊成雄認為：「關於家妓身分，雖無明文記載，似與一般賤民不同，因其具有姿色而被主家蓄養，原則上，當不至於與其他奴婢結婚，然其並非妻、妾，僅落籍主家，在州縣無良民戶籍，亦無受田權利，其在刑法上是否與官民有別，未見明文規定，想像其與奴婢間當有若干程度之差別也。」〔註22〕這是說家妓較奴婢地位好一點，而不如妾。另外也可從當時一事看出：柳公綽曾納一女子，同僚們戲弄他，要他給大家看看，他說：「士有一妻一妾，以主中饋，備洒掃。公綽買妾，非妓也。」拒絕了這個要求〔註23〕。可見家妓的地位不如妾，妾還算是主人的配偶，不能讓人隨意輕薄，而家妓卻是主人用來招待賓客，供作娛樂的玩物。在前朝家妓極盛時，據《魏書‧高聰傳》載：「聰有妓十餘人，有子無子，皆注籍為妾，以悅其情。」〔註24〕可見家妓若生了兒子，便能晉升為妾，那麼家妓的地位，顯得是不如妾的。唐代的真實狀況是否為如此，無法確證，但她們有侍奉枕席的義務，卻無配偶的名分，在家庭中和妻妾所受的禮節、待遇是不同的這個情形，是可確認的。

第三節　家妓的生活與工作

一、待遇

　　家妓雖然身為玩物、身分低賤，但一般而言，她們在主家並不從事家務

〔註20〕《全唐詩》卷457，頁5184。
〔註21〕王桐齡：〈唐宋時代妓女考〉，《史學年報》第1期，頁21。
〔註22〕岸邊成雄：《唐代音樂史的研究》，頁368。
〔註23〕唐趙璘撰：《因話錄》（四庫本），卷3，頁1035～483。
〔註24〕頁1523。

勞動。而只是備作主人的歌舞表演者及內寵而已，生活待遇可說是比較優裕且奢侈的。以下則舉數例來看看：例如鄭注妓妾百餘人隨行赴任途中，薰麝香氣幾里外都能聞到〔註25〕；隴西王李博義家中數百名妓妾衣皆綺羅，食必粱肉〔註26〕；周光祿諸妓掠鬢用鬱金油，敷面用龍消粉，染衣用沈香水，月終每人還發金鳳凰一只〔註27〕；郭元振在家中蓄有幾十名歌女，客人來後，他就讓她們拖鴛鴦擷裙衫，為客人演奏，每演奏一曲，就賞給每人一枚糖雞蛋，用以明聲，待整個宴會結束後，又發給她們「丸和握聲」以保養嗓子。〔註28〕可見生活之優渥。她們多半是學習絲竹歌舞，也有的還可以讀書習字，優閒度日，留下「粉痕印書」的故事〔註29〕。

　　然而富裕的生活，卻不能掩蓋她們卑微的地位。她們表面上的光鮮亮麗，只是主人以此來炫耀自己的財富身分而已！用她們的陪席侍宴，來顯示主人的熱情大方〔註30〕，借用她們來展示主人的附庸風雅而已〔註31〕。因此，假若所蓄養的家妓「品質」太差，往往主人也會遭致譏笑〔註32〕。

〔註25〕唐朱揆撰：《釵小志・鄭姬香》（香艷叢書本），頁635。

〔註26〕《新唐書・宗室傳》，頁3536。

〔註27〕唐馮贄撰：《雲仙雜記》（四庫本），卷1，頁1035～647。

〔註28〕同前註，卷1，頁1035～645。

〔註29〕同前註，卷1，頁1035～659：「徐州張尚書妓女多涉獵，人有借其書者，往往粉指痕並印于青編。」

〔註30〕如唐孟棨撰：《本事詩・高逸》（唐代叢書本），頁522。記載李司徒之事：杜牧為御史，「分務洛陽時，李司徒罷鎮閒居，聲妓豪華，為當時第一，洛中名士咸謁見之。李乃大開筵席，當時朝客高流無不臻赴……時會中已飲酒，女奴百餘人，皆絕藝殊色。杜獨坐南行，瞪目注視，引滿三巵，問李云：『聞有紫雲者，孰是？』李指示之。杜凝睇良久曰『名不虛傳，宜以見惠。』李俯而笑，諸妓亦皆迴首破顏。」由此可以想像李司徒之得意。

〔註31〕如《古今圖書集成・博物彙編・藝術典》，卷824，頁8592。記有「揚州太守圃中有杏花數十畦，每至爛開，張大宴，一株令一娼倚其傍，立館曰：爭春。」又唐馮贄撰：《雲仙雜記》（四庫本），卷1，頁1035～645，也有類似記載：「姑臧太守張憲使娼妓戴拂壺中錦仙裳，密粉淡粧，使侍閣下奏書者，號傳芳妓；酌酒者號龍津女；傳食者號仙盤使；代書札者號墨娥；按香者號麝姬；掌詩薰者號雙清子。諸倡曰鳳窠群女，又曰團雲隊曳雲仙。」

〔註32〕如鄭傪妓已年老色衰，還將其遣出表演。連樂工都嘲謔為「相公經文復經武，常侍好今兼好古，昔日曾聞阿武婆，今日親見阿婆舞。」見南唐劉崇遠撰：《金華子雜編》（四庫本），卷上，頁1035～830。

二、表演

家妓們在宴會上，也努力演出，以博取主客的歡心：白居易在裴侍中府夜宴，曾有「九燭台前十二姝，主人留醉任歡娛」之句〔註33〕；李訥命妓盛小叢餞別崔侍御〔註34〕；「寧王……每宴外客，其諸妓女盡在目前。」〔註35〕，以致「歌舞有情凝睇久，舞腰無力轉裙遲。」〔註36〕李商隱〈席上作〉詩注云：「全為桂州從事，故鄭公出家妓，令賦高唐詩。」〔註37〕等等；在〈韓熙載夜宴圖〉中，家妓王屋山，正在舞著〈綠腰〉，「她穿著袖管狹長的舞衣，背對著觀眾，從右肩上側個半個面來，她微微抬起的右足，正要踏下去，雙手正要從後面向下分開，把她窄窄的長袖飄舞起來。」〔註38〕這便是一家妓從事歌舞表演的描述，有助於吾人了解家妓的角色〔註39〕。

三、歸宿

有時這些可人的家妓，也會因被他人覬覦，而遭掠奪或殺害：趙黯出外，浙帥窺見其妓而喜愛，於是奪而據之〔註40〕；武承嗣聽說喬知之有美人碧玉，借以教諸姬，遂留不返。之後，知之並因此被族誅〔註41〕；李逢吉曾奪劉禹錫妓，劉無可奈何，只能擬詩洩恨而已〔註42〕；韋莊之妓被王建所占，妓後

〔註33〕白居易〈夜宴醉後留獻裴侍中〉，《全唐詩》卷455，頁5155。

〔註34〕李訥〈命妓盛小叢餞崔侍御還闕〉，《全唐詩》卷563，頁6536。

〔註35〕五代王仁裕撰：《開元天寶遺事》（四庫本），卷4，頁1035～862。

〔註36〕白居易〈與牛家妓樂雨夜合宴〉，《全唐詩》卷457，頁5191。

〔註37〕《全唐詩》卷539，頁6167。

〔註38〕楊蔭瀏：《中國古代音樂史稿》，頁2～36。

〔註39〕除了由文字記載來認識外，古人的圖畫實物，其實也是很寶貴的材料。五代之制多襲自唐，家妓之蓄養也繼續延續，因此不妨可以五代時人顧閎中所繪〈韓熙載夜宴圖〉來比況之。以下附圖有四，可以很清楚地看出這些家妓在表演的情況；尤其第四幅似顯得較輕佻，大概已不止於表演範疇內了。此圖轉錄自嚴明《中國名妓藝術史》，頁1～4。

〔註40〕宋尤袤撰：《全唐詩話》（台北：新文豐出版社，1986，叢書集成新編第87冊），卷4，頁687。

〔註41〕唐張鷟撰：《朝野僉載》（四庫本），卷3，頁1035～228：「周補闕喬知之，有婢碧玉，姝艷能歌舞，有文華，知之時幸，為之不婚。偽魏王武承嗣，暫借教姬人粧梳，納之更不放還。知之知之，乃作綠珠怨以寄之，其詞曰……。碧玉讀詩飲泣，不食三日，投井而死，承嗣撩出屍，於裙帶上得詩，大怒，乃諷羅織人告之，遂斬知之於南市，破家籍沒。」

〔註42〕宋李昉撰：《太平廣記》卷273，頁1054：「李丞相逢吉性彊愎而沈猜多忌，好危人，略無怍色，既為居守，劉禹錫有妓甚麗，為眾所知，李恃風望，恣

絕食而卒〔註 43〕。一些豪強有時依憑權勢還會奪人之妻以為己之家妓〔註 44〕。可見她們命運之悲慘。

家妓既屬主人專有，也就任憑主人處置，主人可以隨意予以贈人，無視家妓們的感受，今日「司空見慣」及「章台柳」二語，即源於此〔註 45〕。也有的被當作資財用來買賣或作交換。如劉禹錫有詩云「前年曾見兩鬢時，今日驚吟悼妓詩，鳳管學成知有籍，龍媒欲換嘆無期……」〔註 46〕。「龍媒」是駿馬名，原來主人想找機會，特地以家妓來交換這匹名馬。而傳奇〈韋鮑二生傳〉所記，就是文宗開成年間，鮑生在途中用歌妓換得一匹好馬的故事〔註 47〕，南唐僕射嚴續請韓熙載撰父神道碑，以一歌妓為潤筆〔註 48〕，她們的價值就與貨品一樣，甚至連牲畜都不如，真是十分可悲。

行威福，分務朝官，取客不暇，一旦陰以計奪之。約曰『某日皇城中堂前致宴，應朝賢寵嬖，並請早赴境會。』稍可觀矚者，如期雲集，敕閽吏『先放劉家妓從門入』，傾都驚異，無敢言者，劉計無所出，惶惑吞聲，又翌日，與相善數人謀之，但相見如常，從容久之，并不言境會之所以然者，座中默然，相目而已，既罷，一揖而退，劉嘆咤而歸，無可奈何……遂憤懣而作四章，以擬四愁云爾。」

〔註43〕清葉申薌撰：《本事詞》（台北：新文豐出版社，1986 年，唐圭璋編《詞話叢編》三），頁 2301：「韋莊，字端己，以才名寓蜀，王建割據，遂羈留之。莊有寵人，資質艷麗，兼擅詞翰，建聞之，托以教內人為解，強奪去。莊追念悒怏，每寄之吟詠，〈荷葉杯〉、〈小重山〉、〈謁金門〉諸篇，皆為是姬作也。其詞情意悽惋，人相傳誦，姬後聞之，不食而卒。」

〔註44〕唐孟棨撰：《本事詩‧情感》（唐代叢書本），頁 515：「寧王曼貴盛，寵妓數十人，皆絕藝上色，宅左有賣餅者，妻纖白明媚，王一見屬目，厚遺其夫，取之。寵惜逾等，環歲，因問之『汝復憶餅師否？』默然不對。王召餅師使見之，其妻注視，雙淚垂頰，若不勝情。時王座客十餘人，皆當時文士，無不悽異，王命賦詩，王右丞維詩先成：『莫以今時寵，寧忘昔日恩，看花滿目淚，不共楚王言。』」

〔註45〕同前註，頁 518：劉禹錫「罷和州，為主客郎中……李司空罷鎮在京，慕劉名，常邀至第中厚設飲饌。酒酣，令妙妓歌以送之。劉于座上賦詩云『……司空見慣渾閒事，斷盡江南刺史腸。』李因以妓贈之。」後一事仍見本書頁 516，因文繁故省而不錄。

〔註46〕劉禹錫〈夔州竇員外使君見示悼妓詩顧余嘗識之因命同作〉，《全唐詩》卷 359，頁 4056。

〔註47〕另可參見清杜文瀾撰：《古謠諺》（台北：新文豐出版社，1986 年），卷 89，頁 966。

〔註48〕《全唐詩》卷 800，頁 9007。有嚴續姬小序云「南唐僕射嚴（韓）續，請韓熙載撰父神道碑，奉一歌妓潤筆，文成，但敘譜系品秩，續乞改竄，熙載還其所贈。」

　　家妓如逢主人有故，往往會被遣出，白居易的〈不能忘情吟〉即敘述自己六十八歲時，欲賣出愛妓樊素一事〔註49〕，也另外留下許多此類作品〔註50〕。司空曙因老病不得不放妓，還頗有懊惱之意〔註51〕；劉禹錫的〈泰娘歌〉更用真實的筆調記下了劉泰娘失去依靠後流落的不幸〔註52〕，至於年老色衰，被主人嫌棄，自然也會被遣出〔註53〕。而最後出家為尼，了卻一生者，亦可徵見〔註54〕。

　　而一些家妓，因係被買賣轉贈而來，與主人無倫理上的關係，有時更因生活痛苦，受迫不得不從，但渴慕自由之心卻是不減：韓愈的柳枝，即曾乘機逃跑〔註55〕；傳奇〈崑崙奴〉中的紅綃妓，雖死不悔〔註56〕，以致白居易大嘆「莫養瘦馬駒，莫教小妓女，三年五歲間，已聞換一主。」〔註57〕也為

〔註49〕序云「樂天既老，又病風，乃錄家事，會經費，去長物。妓有樊素者，年二十餘，綽綽有歌舞態，善唱柳枝，人多以曲名名之，由是名聞洛下……將放之。」《全唐詩》卷461，頁5250。

〔註50〕如〈別柳枝〉「兩枝楊柳小樓中，嫋娜多年伴醉翁，明日放歸歸去後，世間應不要春風。」《全唐詩》卷458，頁5199。〈春盡日宴罷感事獨吟〉「五年三月今朝盡，客散筵空獨掩扉，病共樂天相伴在，春隨樊素一時歸。」《全唐詩》卷458，頁5203。〈老病幽獨偶吟所懷〉「觴詠罷來賓閣閉，笙歌散後妓房空。世緣俗念消除盡，別是人間清淨翁。」《全唐詩》卷458，頁5203。〈時熱少見客因詠所懷〉「阮靜留僧宿，樓空放妓歸。」《全唐詩》卷458，頁5205。〈夜涼〉「舞腰歌袖抛何處？惟對無絃琴一張。」《全唐詩》卷458，頁5207。等等。

〔註51〕司空曙〈病中嫁妓〉（一作〈病中遣妓〉）：「萬事傷心在目前，一生憔悴對花眼，黃金用盡教歌舞，留予他人樂少年。」《全唐詩》卷292，頁3324。

〔註52〕劉禹錫〈泰娘歌序〉「泰娘本韋尚書家主謳者。初尚書為吳郡得之，命樂工誨之琵琶，使之歌且舞。無幾何，盡得其術，居一、二歲，攜之以歸京師。京師多新聲善工，於是又捐去故技，以新聲度曲，而泰娘名字往往見於貴遊之間。元和初，尚書薨於東京，泰娘出居民間，久之，為蘄州刺史張愻所歸，地荒且遠，無有能知其容與藝者，故日抱樂器而哭，其音焦殺以悲，洛客聞之，為歌其事以續於樂府之。」《全唐詩》卷359，頁3996。

〔註53〕如白居易〈追歡偶作〉「三嫌老醜換蛾眉。」《全唐詩》卷457，頁5195。

〔註54〕例如楊郇伯〈妓人出家〉「盡出花鈿與四鄰，雲鬟剪落厭殘春，暫驚風燭難留世，便是蓮花不染身。見葉私翻迷錦字，梵聲初學誤梁塵，從今艷色歸空後，湘浦應無解珮人。」《全唐詩》卷684，頁7859。

〔註55〕宋王讜撰：《唐語林》（四庫本），卷6，頁1038～157：「韓退之有二妾，一曰絳桃，一曰柳枝，皆能歌舞……柳枝後踰垣遁去。」

〔註56〕同註42，卷194，頁755：妓向情人崔生說「某家本富，居在朔方。主人擁旄，逼為姬僕。不能自死，尚且偷生，臉雖鉛華，心頗鬱結。縱玉筯舉饌，金鑪泛香，雲屏而每進綺羅，繡被而常眠珠翠，皆非所願，如在桎梏。賢爪牙既有神術，何妨為脫狴牢。所願既申，雖死不悔。」

〔註57〕白居易〈有感三首〉之二，《全唐詩》卷444，頁4977。

張僕射死後抱不平〔註58〕。當然這是不合情理的。家妓中也有為主人守節者，最令人讚嘆的莫過於關盼盼：「尚書既沒，歸葬東洛，而彭城有張氏舊第，第中有小樓，名燕子。盼盼念舊愛而不嫁，居是樓十餘年，幽獨塊然，於今尚在。」〔註59〕可惜卻被居易譏諷而死〔註60〕。

　　家妓除了由主人間互相轉讓，也有經由買賣者，如《舊唐書・孝友傳》記「羅讓……甚著仁惠。有以女奴遺讓者，讓問其所因，曰『本某等家人，兄妹九人，皆為官所賣。其留者唯老母耳。』讓慘然，焚其券書。以女奴歸其母。」〔註61〕也有皇帝下賜的女樂，成為臣下家妓；相反地，有的家妓被當作禮物上貢給皇帝〔註62〕。家妓運氣較佳者，能得到主人特別的寵愛：牛僧孺之「真珠」，及楊國忠的「寵姊」〔註63〕，就像寶貝般的被收藏起來。甚者能得主人歡心的，可以被收為妾，白居易〈和楊師皋傷小姬英英〉云「玳瑁床空收枕席，琵琶絃斷倚屏幃。」〔註64〕英英本是師皋的家妓，從「床空」、「弦斷」兩句，可知已收之為妾了〔註65〕。

　　家妓是主人的私有財產，作為主人的玩物，要服從命令，迎合所需，完全沒有自由。而且身分卑微，被買賣、遣送、搶奪、命運悲慘。雖然一般生活待遇不錯，但她們的感情生活是痛苦的，下場多是淒涼的。這種蓄妓之風，使家妓們失去了人的尊嚴，是種極不合理的社會現象。

〔註58〕白居易〈感故張僕射諸妓〉「黃金不惜買蛾眉，揀得如花三四枝，歌舞教成心力盡，一朝身去不相隨。」《全唐詩》卷438，頁4869。

〔註59〕白居易〈燕子樓序〉，《全唐詩》卷438，頁4869。

〔註60〕《全唐詩》卷802，頁9023，關盼盼序云「關盼盼，徐州妓也。張建封納之，張歿，獨居彭城故燕子樓，歷十餘年。白居易贈詩諷其死，盼盼得詩，泣曰，妾非不能死，恐我公有從死之妾，玷清範耳。乃和白詩，旬日不食而卒。」

〔註61〕頁4937。

〔註62〕如《新唐書・韓全義傳》「其子獻女樂八人，帝不納。」頁4660。《舊唐書・昭宗紀上》「鳳翔李茂貞來朝，大陳兵衛，獻妓女三十人，宴之內殿。」頁751。

〔註63〕傳奇〈牛羊日曆〉（王夢鷗・唐人小說校釋）下集，頁238，台北：正中書局，1985年1月，云「愿甚悅，乃以真珠歸於僧孺，漢公遂為狎客，以真珠為賞心之具，雖公卿候謁，四方有急切要一見，而終不可得。」又《開元天寶遺事》（四庫本）卷4，頁1035～862，記寧王有寵妓寵姊，李白請見，寧王笑說「設七寶花障，召寵姊於障後歌之。」李白只好說「雖不許見面，聞其聲亦幸矣。」

〔註64〕《全唐詩》卷449，頁5071。

〔註65〕楊宗瑩：〈買笑黃金莫訴貧──白居易與妓女〉，《中國學術年刊》第6期，頁103。

韓熙載夜宴圖卷　五代　顧閎中

第五章　民　妓

　　民妓之定義已如前述，係指對外開放營業的妓女。在唐代最有名的莫過於長安的北里妓女。由於孫棨留下了一本自傳式的《北里志》，記錄北里中事，於是北里之名，日後就成了狎斜遊的代稱。本章有關唐代民妓的介紹，以《北里志》的記載為主。雖然這不能完全代表長達三百年的李唐王朝各地的民妓狀況，但就在窺探某一特定時期的歷史而言，還是有意義的。這也是限於史料不足，不得不然的方式。然就《北里志》所提供的資訊而言，已是非常寶貴，雖然簡單，但亦有一定價值足資認識。此外，再參酌其他零星資料，冀能儘量揭開唐代民妓的面紗，令今人能一窺究竟。

第一節　長安的風化區——北里

一、北里的意義

　　北里是古傳妓女所住的地方，其詞究竟如何而來已不得而知。最早或見於《史記・殷本紀》：「帝紂……愛妲己，妲己之言是從，于是使師涓作新淫聲，北里之舞，靡靡之樂。」〔註1〕梁元帝〈纂要〉云「古艷曲有〈北里〉、〈靡靡〉、〈激楚〉、〈結風〉、〈陽阿〉之曲。」〔註2〕看來「北里」之稱早有，並且已是與歌舞音樂有關。唐初盧照鄰〈長安古意〉及駱賓王的〈帝京篇〉中，就有「北里」一詞〔註3〕。而詩中所述恰也是狎遊之事。雖然無法確知此「北

〔註1〕頁105。
〔註2〕唐白居易撰：《初學記》，（台北：鼎文書局，1976年）卷15，頁372。
〔註3〕〈長安古意〉：「北堂夜夜人如月，南陌朝朝騎似雲，南陌北堂連北里，五劇三條控三市。」《全唐詩》卷41，頁519。〈帝京篇〉：「王侯貴人多近臣，朝遊北里暮南鄰。」《全唐詩》卷77，頁834。

里」是否就是平康的「北里」，不過以上述之事來看，倒可推測孫棨用《北里志》命名，似有沿襲原「北里」之意。以現在觀點來看，北里就是一個特定的風化區，允許妓女公開自由營業的區域〔註4〕，就如早期台灣「寶斗里」、「新北投」之一類稱呼〔註5〕。

　　唐代「北里」指的是聚集於平康坊三曲妓院的一個風化區，極可能因位於平康坊的北區，所以稱北里〔註6〕。北里的出現，標誌了唐代妓業已經脫離了「散娼」的形式，進而發展出有組織、有規模的營業形態，更明確地指向屬於商業性妓女的性質。這在中國娼妓史上來說，是一個重要的里程碑。

二、平康坊的地理環境

　　娼妓營業接客之處，今稱「妓院」，在唐代也呼作：青樓〔註7〕、倡家〔註8〕娼家〔註9〕妓家〔註10〕倡舍〔註11〕娼樓〔註12〕妓樓〔註13〕倡肆〔註14〕妓館〔註15〕倡樓〔註16〕等。長安城中繁華地帶，酒樓妓館林立，如位於勝業坊古寺曲，（勝業坊位於東市北部，其西側為崇仁坊，西南為平康坊。）為霍小玉所居之所〔註17〕。「靖恭坊有妓，字夜來，稚齒巧笑，歌舞絕倫。」〔註18〕

〔註4〕需先向政府申請，取得合法營業的執照，然後在營業處掛綠燈以作標幟，通稱「綠燈戶」。相當於歐洲和美國廢除公娼以前的「紅燈區」，或巴黎的「玻璃房子」之類；一稱「妓女戶」，即台灣早期的公娼館。參謝康：《賣淫制度與台灣娼妓問題》，頁117。

〔註5〕同前註，第九章〈台灣娼妓制度溯源〉。

〔註6〕里就是坊。張永祿：〈唐都長安城坊里管理制度〉，（《人文雜誌》1981年第3期，頁85）說「隋文帝時名其為坊，煬帝時改稱里，恭帝及至唐朝，又稱為坊。」

〔註7〕如杜牧〈遣懷〉，《全唐詩》卷524，頁5999。但在唐人的用語裏「青樓」也是高門的代稱：如駱賓王〈帝京篇〉「小堂綺帳三千戶，大道青樓十二重。」《全唐詩》卷77，頁834。邵謁〈寒女行〉「青樓富家女，才生便有主。」《全唐詩》卷605，頁6996。

〔註8〕如王勃〈臨高台〉，《全唐詩》卷55，頁672。

〔註9〕如盧照鄰〈行路難〉，《全唐詩》卷41，頁518。

〔註10〕如唐范攄撰：《雲谿友議》（四庫本），頁1035～593。

〔註11〕如李益〈漢宮少年行〉，《全唐詩》卷282，頁3213。

〔註12〕如劉方平〈擬娼樓節怨〉，《全唐詩》卷251，頁2839。

〔註13〕如宋之問〈春日鄭協律山亭陪宴餞鄰卿用樓字〉，《全唐詩》卷53，頁649。

〔註14〕同註10，頁1035～586。

〔註15〕如呂洞賓〈題東都妓館壁〉，《全唐詩》卷858，頁9703。

〔註16〕如杜牧〈倡樓戲贈〉，《全唐詩》卷524，頁5390。

〔註17〕〈霍小玉傳〉，頁1869。

〔註18〕宋李昉撰：《太平廣記》，卷273，頁1052。

（靖恭坊位於東市之東南角）。另外如東西二市與晉昌坊、新昌坊、開化坊、永安坊、光宅坊、延政坊、崇仁坊等，亦參差林立〔註 19〕。但集居最多，最出名者，則是平康坊。造成平康坊成為最具代表性的風化區，可能有種種的因素，而妓業的興盛，必然與人口眾多，商業繁榮有關，因此可循此，來考察平康坊所具的條件，首先就從平康坊所在的地理環境來看。

平康坊位於長安朱雀大街東第三街，街東從北的第五坊，屬萬年縣〔註20〕，東面是「四面立邸，四方珍奇，皆所積集」〔註 21〕，「市內貨財二百二十行」〔註 22〕的「東市」。北面為「崇仁坊」，是「選人京城無第宅者，多停憩於此」的地區，「因是一街輻輳，遂傾兩市，晝夜喧呼，燈火不絕，京中諸坊莫之與比。」〔註 23〕的熱鬧區域。西為「務本坊」，「以西國子監領國子監太學、四門、律書算六學，天寶中國學增置廣文館。」〔註 24〕有大量學子在此出入。南方是宣陽坊，有萬年縣廨、榷鹽院，及其他大臣之邸第〔註 25〕。另外在東市以南一帶，大量地允許「旅邸」出現，這為各種人口的往來增加了機會，也使得圍繞著平康坊的附近區域成為人口雜遝，川流不息的熱鬧地帶。

就整個長安南北地區比較來看，「緣近北諸坊，便於朝謁，百官第宅，布列其中，其間雜以居民，棟宇悉皆連接。」〔註 26〕可知北部地區，人口密集，宅院密布，平康坊中就有許多達官顯宦居住於此〔註27〕。

總之，平康坊位於長安的北區，東方為鬧熱的商業區，吸引許多商賈來作買賣；崇仁坊是各方人士薈雜之處，其北側之光宅坊內的右教坊與長樂坊

〔註19〕 那波利貞〈唐宋時代之酒樓旗亭〉，轉引自岸邊成雄《唐代音樂史的研究》頁375。
〔註20〕 見本節附圖一。
〔註21〕 清徐松撰：《唐兩京城坊考》（台北：新文豐出版社，1986 年，叢書集成新編第 96 冊），卷 3，頁 442。
〔註22〕 同前註。
〔註23〕 同前註，頁 437。
〔註24〕 同前註，卷 2，頁 434。
〔註25〕 張永祿：《唐代長安詞典》（陝西：人民出版社，1990 年 3 月，頁 158），及同前註，頁 438。
〔註26〕 《唐會要·百官家廟》，卷 19，頁 391。
〔註27〕 同註 25，頁 157：「西北隅，有隋太師申國公李穆宅。西南隅，有國子祭酒韋澄宅、太宗第十九女蘭陵長公主宅、太子右庶子銀青光祿大夫國子祭酒孔穎達宅。西門之南有尚書左僕射褚遂良宅。南門之西，有刑部尚書王志愔宅、戶部尚書崔泰之宅、侍中裴光庭宅、左羽林大將臧懷亮宅。東南隅，有尚書左僕射李靖宅，天寶時右相李林甫宅等。」

內的左教坊，為教坊妓集住處，可能與北里妓女有關係；西、南鄰有許多學子及赴京趕考的考生，及政府官吏、使臣。這些官僚商賈及流動人口，便是極有可能涉足北里的顧客。因此，可知平康坊所處的地理位置，和它成為著名的風化區，是有一定的關係的！〔註28〕

〔註28〕以下附圖有三，皆錄自平岡武夫：《唐代研究指南第七──唐代的長安和洛陽（地圖）》（上海：古籍出版社，1991年1月）。原圖4、9、2。

一、長安坊宅圖

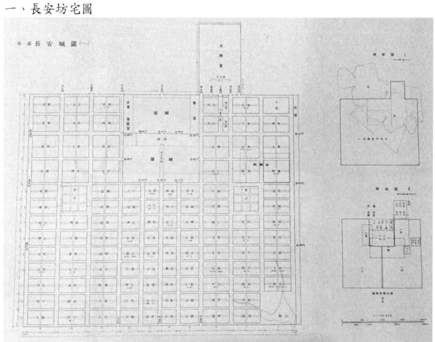

二、長安坊里圖

三、「三曲」的位置

平康的北里,其實是由三曲——三條巷子構成的。而所在的位置及構成情形是:「平康里入北門,東回三曲,即諸妓所居之聚也。妓中有錚錚者,多在南曲、中曲,其循牆一曲,卑屑妓所居,頗為二曲輕視之,其南曲中者,門前通十字街。」〔註29〕由這段文字可以知道:

(1)北里是由南曲、中曲、循牆一曲(北曲)三曲構成的一個風化區。

(2)「循牆」指靠近坊的北牆。由吾人之語言習慣,三曲以「南」、「中」、「北」命名,可見「東回三曲」是三條東西排列的小巷子。又「南曲」也叫「前曲」,如王團兒居「前曲自西第一家也」〔註30〕,楊妙兒「居前曲從東第四五家。」〔註31〕由這二位妓女的所在的敘述方式,亦可確定是東西向的巷子。另依唐人對街巷命名的狀況來看,按其長度稱的有「短曲」、「小曲」、「深巷」、「永巷」;按街樹稱呼的叫「柳巷」,也有按當地大戶族姓命名的「薛曲」;有按不同民族聚居命名的「高麗曲」,也有依坊人職業命名的「氈曲」等〔註32〕。是以按照曲巷的方位來予以排列稱呼,應該也是極其自然的。所以茲定這三曲的位置是:最北為北曲,中間為中曲,最南則是南曲。

(3)三曲在坊中的定位,所謂「入北門,東回三曲」,可知是在坊的東區,但確實的地點卻尚未證知。日人岸邊成雄認為「平康坊之面積,為東西六百五十步,南北三百五十步之正方形,中央有十字街,街端為東南西北四門,北里約佔全坊四分之一面積。」〔註33〕而段浩然則以為「入北門,東迴三曲」是指「北門之東」,用唐人將坊「十六分法」的習慣來解說〔註34〕。並各繪圖如下:

〔註29〕唐孫棨撰:《北里志》(香艷叢書本),頁 1283。
〔註30〕同前註,頁 1291。
〔註31〕同前註,頁 1290。
〔註32〕張永祿:《唐都長安》(陝西:西北大學出版社,1987 年 10 月,頁 126)。
〔註33〕岸邊成雄:《唐代音樂史的研究》,頁 379。
〔註34〕段浩然:〈北里志中的「三曲」〉,《西北大學學報》1981 年第 2 期。

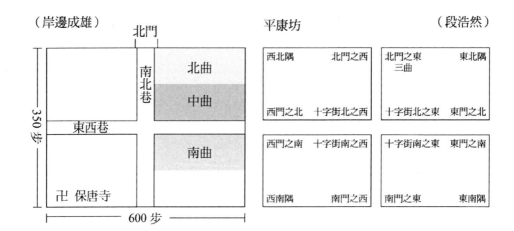

張永祿《唐代長安詞典》的〈北里條〉云「唐長安城平康坊東北處的三條曲巷，因在都城之北和本坊北門之內，故稱北里。」〈三曲條〉則曰「入北門東回的三條曲巷。」〔註35〕與段浩然說法較接近，不過不夠明確。

以上二說並存，有待再進一步研究。而岸邊成雄所認知的三曲，所佔坊中面積似乎過大，因據考古調查，唐曲巷的寬度一般約在二米多〔註36〕，故不太可能三曲就佔了整坊四分之一的地方。

北里中的南曲、中曲，妓女素質較高，而北曲則較差，可見居住地點有關身分等級之區別，北曲中之妓因此為其他二曲所輕斥，如〈劉泰娘條〉記載說「北曲內小家女也。彼曲素無高遠者，人不知之」〔註37〕。她在與諸妓外出時，不敢說出身居北曲事，只支吾地用門前有一棵檽樹來搪塞過去。此即為明證，這大概類於後世將妓女、妓院予以分級的作法吧〔註38〕。

而三曲中究竟有多少妓院，多少人居住在此，則未見記載，岸邊成雄認為「僅北曲一曲，共有二三十軒之多。」〔註39〕如由此再推測，則整個北里區域是個很大的聚居點了。

〔註35〕頁71。

〔註36〕中國科學院考古研究所西安唐城發掘隊：〈唐代長古城考古記略〉，《考古》1963年11期。

〔註37〕同註29，頁1296。

〔註38〕謝康：《賣淫制度與台灣娼妓問題》頁227，記錄民國15年廣州市社會局的調查，將廣州妓院分為三等：「上等寨」、「中等寨」、「下等寨」，妓女所居之地，將會影響她的聲譽及收費等。

〔註39〕岸邊成雄：《唐代音樂史的研究》，頁379。

至於如李娃所居為「自平康東門入」至鳴珂曲〔註 40〕，而「鳴珂曲」是否為三曲之一，或是在三曲之外〔註 41〕，不得而知。又霍小玉住在勝業坊古寺曲，也是位於曲巷中。

可見娼妓所居，多在長安中的狹路小巷，故稱「狹斜遊」，當是其來有自。

四、北里的風氣

從來妓院龍蛇雜處，複雜多事，人盡皆知。唐代北里溫柔鄉的風氣似乎也不例外，因為孫棨說它是「頗為不測之地。」再由他著作《北里志》的動機來看，並非只在吟風弄月，實有告誡警惕之深意。文云「頃年舉子皆不及北里，惟新郎君恣遊於一春。近不知誰何啟迪，嗚呼有危梁峻谷之虞，則回車返策者眾矣。何危禍之惑甚於彼，而不能戒於人哉。則鼓洪波邁覆轍者，其於作俑乎。後之人可以作規者，當力制乎其所志，是不獨為風流之談，亦可垂誡勸之旨也。」〔註 42〕字字發人深省，暗示北里為不祥之地，常發生是非。他並在書中，寫下了三件事：一是記述相國之子王金吾狎遊時，差一點被刺客暗殺〔註 43〕，二是令狐滈在妓院中親眼目睹鴇母妓女一同謀害嫖客，並且險些遭到滅口的經過〔註 44〕。可見北里治安不佳，危險不測，凶殺案大概不少。另外也有類似無賴流氓之輩，專門在此惹事生非的，如胡證尚書就曾在此教訓了一群欺善怕惡的混混〔註 45〕。而且「平康里中，素多輕薄小兒，

〔註40〕〈李娃傳〉，頁 1858。

〔註41〕宋德熹：〈唐代的妓女〉（《中國婦女史論集續集》，台北：稻鄉出版社，1991年 4 月）頁 117，認為鳴珂曲是南曲的小巷。王夢鷗：《唐人小說校釋（上）－李娃傳》（台北：正中書局，1985 年 8 月）頁 176，也說「則鳴珂即南曲歟？」二人都以為李娃也是南曲中的名妓。

〔註42〕同註 37，頁 1302。

〔註43〕同前註：「王金吾，故山南相國起之子，少狂逸。曾昵行此曲。遇有醉而後至者，遂避之床下，俄頃又有後至者，仗劍而來，以醉者為金吾也。因梟其首而擲之曰『來日更呵殿入朝耶。』遂據其床。金吾獲免，遂不入此曲，其首家收瘞之。」

〔註44〕同前註：「令狐博士滈，相君當權日，尚為貢士，多住此曲。有昵熟之地，往訪之。一旦忽告以親戚聚會，乞輟一日，遂去之，滈於鄰舍密窺，見母與女共殺一醉人，而瘞之室後。來日，復再詣之，宿中夜問女，女驚而扼其喉，急呼其母，將共斃之，母勸而止。及旦歸，告大京尹捕之，其家已失所在矣。」

〔註45〕同前註，頁 1300：「胡證尚書質壯魁偉，膂力絕人，與裴晉公度同年。公嘗狎遊，為兩軍力士十許輩凌轢，劫甚危窘。公潛遣一介求救於胡，胡衣皂貂金

遇事輒唱。」〔註46〕這些輕薄小子大概就是不良少年，經常成群結隊，一聽到什麼消息就到處唱歌諷刺，傳佈北里，像譏嘲張住住與陳小鳳〔註47〕，楊萊兒與光遠〔註48〕，小福及盛六曲〔註49〕。輕薄無行，對風氣定有不良的影響。

于鄴的《揚州夢記》也記載了出入妓院的風險，故事主角就是「贏得青樓薄倖名」的杜牧。原來杜牧經常暗中去狎妓，自以為無人知，等到要上任侍御史時，牛僧孺把這事提出來警誡他，杜牧還強自辯解，於是「僧孺笑而不答，即命侍兒取一小書簏，對牧發之，乃街卒之密報也，凡數千百，悉曰『某夕，杜書記過某家無恙，某夕宴某家，亦如之。』」〔註50〕《唐語林》還加上牛僧孺一段話說道「風聲婦人從若有顧盼者，可取置之所居，不可夜中獨遊，或昏夜不虞，奈何。」〔註51〕從「昏夜不虞」、「過某家無恙」、「不可夜中獨遊」這幾句話，都顯示了妓院治安風氣不良。

由此可知，因為認錢不認人的觀念，使鴇母及妓女為求更多錢財而不擇手段，一些出入其間，遊手好閒的無賴、不良少年，都助長了整個道德低落，風俗頹喪的現象，北里成為不測之地，為犯罪溫床，滋生許多社會問題，此概古今如出一徹，不易改變。

第二節 妓女與妓院

一、北里妓女的性質

北里中的妓女，雖是對外向社會開放營業的，但她們究竟是屬於政府管

帶，突門而入。諸力士睨之失色。胡後到，飲酒一舉三鍾，不啻數升，盂盤無餘瀝，逡巡主人上燈，胡起取鐵燈台摘去枝葉，而合其跗，橫置膝上，謂眾人曰『鄙夫請非次改令，凡三鍾，引滿一遍，三台酒須盡，仍不得有滴瀝，犯令者一鐵躋。』胡復一舉三鍾，次及一角觝者，凡三台三遍，酒未能盡，淋漓逮至並坐，胡舉躋將擊之，群惡皆起，設拜，叩頭乞命，呼為神人。胡曰『鼠輩敢爾，乞汝殘命。』叱之令去。」

〔註46〕同前註，頁1298。
〔註47〕同前註。
〔註48〕同前註。
〔註49〕同前註，頁1290。
〔註50〕唐于鄴撰：《揚州夢記》（唐代叢書本），頁609。
〔註51〕宋王讜撰：《唐語林》（四庫本），卷7，頁1038～168。

轄抑是純粹私營的呢？換句話說，她們是公娼或私妓的身分？〔註52〕像李娃、霍小玉，無疑即是私娼，自行開業；但就《北里志》所載，其中妓女有的似乎受到限制，並不那麼自由：首先有「京中飲妓，籍屬散坊」〔註53〕的說法；妓女福娘想要從良，自稱「某幸未繫教坊籍，君子倘有意，一二百金之費爾。」〔註54〕看來妓女是要特別入教坊籍，與一般民戶各有戶籍不同了。並且入了籍就不能出錢贖身，任意從良。既然籍屬教坊，那麼似乎是屬公娼的性質，由政府管理。另外如「凡朝士宴聚，須假諸曹署行牒，然後能致于他處。」〔註55〕這種「帶出場」的要求，必須是經過官府許可才行。見官人進士需行參禮〔註56〕，調動需官家公文；諸妓中有「酒糾」之組織稱呼〔註57〕等。因此據以推測，可能是她們不由政府供給衣糧（如官妓），而是由各妓院鴇母主持控制下自行營業，妓女有公家憑證（指入籍），官府是最後的老闆。至於有否後世徵收「花捐」之事〔註58〕，則不得而知。志中又說在妓女們的牆壁上記著諸帝后生忌之日，或許正是要配合官府的規定作業？而如福娘這類未入籍的私娼，混雜在妓館內，與公娼一起營業，也必定不在少數，這是可想而知的，至於是否違反規定，未能確知。而那些入教坊籍的妓女們，原來應是供奉朝廷，怎麼會流到民間的妓院呢？依高世瑜的看法是：「這大約與教坊制度的演變有關，因為唐玄宗以後，教坊漸衰，雖然仍不時選取藝妓供奉朝廷，但平時已不能全部集中在教坊中了。只是選取一些佳妓名列教坊籍，隨時聽候調遣，承應官差。妓女們平時仍居住于原處或自己家中，也仍然可以過著自由營業的娼妓生活。」〔註59〕如白居易〈琵琶行〉詩中的「琵琶女」

〔註52〕沈美真：《台灣被害娼妓與娼妓政策》（台北：前衛出版社，1990年5月，頁54）。認為公娼是「凡經登記或申請執業之妓女，限定在畫定之風化區域內執業，妓女不得在戶外拉客，不得接待學生，或未成年遊客。」也可參考謝康：《賣淫制度與台灣娼妓問題》頁208所載的〈台灣省管理妓女辦法〉。
〔註53〕唐孫棨撰：《北里志》（香艷叢書本）頁1281。
〔註54〕同前註，頁1293。
〔註55〕同前註，頁1281。
〔註56〕這可能是一般階級身分上的參見之禮。但也可能是妓女用來迎合官人狎客心理，所表現的一種諂媚行為。
〔註57〕岸邊成雄：《唐代音樂史的研究》頁242～244，認為此稱呼原為教坊組織中所用，具有官吏性格及權能。不過我想也有可能是民間妓女模仿教坊互相推重而來的稱呼。故據這二條資料而言，可予以保留。
〔註58〕王書奴：《中國娼妓史》頁198，認為從明代中葉開始徵收此類營業稅。
〔註59〕高世瑜：《唐代婦女》，頁65。

原「名屬教坊第一部」，但後來也是「長安倡女」，過了一段繁華的日子。這樣的一種情況，正反映了唐代宮妓向自由職業娼妓的逐步轉化，也可能是中晚唐以來妓業大盛的原因之一。

因此《北里志》中所記的妓女，應有二類：一類是隸屬教坊的公娼，一類是不入籍的私妓。她們同時向全社會開放，採用商業性的營業型態，故可以「民妓」統稱。

二、來源

妓院中妓女的來源，與官賤民的宮妓與官妓不同，並非因被籍沒而流落。大多是家貧賣身，或被壞人誘拐販賣而來。

在販賣人口方面，「諸女自幼丐有，或傭其下里貧家。」〔註60〕又凡「妓之母，多假母也。」〔註61〕一鴇母旗下往往有養女多人，則出於買賣可知。在唐宣宗大中九年四月（856），曾有一道敕文說道「嶺南諸州，貨賣男女，奸人乘之，倍射其利。今後無問公私土客，一切禁斷。若潛出券書，暗過州縣，所在搜獲，以強盜論。如以男女佣賃與人，貴分口食，任于當年立年限為約，不得將出外界。」〔註62〕這則敕文是政府禁止略賣奴婢，可見當時人口販賣的風氣似頗猖獗，這些被販售的人，極有可能被轉入娼妓市場，成為私娼之來源。

至於誤墮風塵者，如「常有不調之徒潛為漁獵。亦有良家子，為其家聘之，以轉求厚賂，誤陷其中，則無以自脫。」〔註63〕妓女福娘的遭遇就是最典型的例子，她「本解梁人也，家與一樂工鄰，少小常依其家，學針線，誦歌詩，總角為人所誤聘，一過客云『入京赴調選』。乃挈至京，置之於是，客紿而去。」〔註64〕後雖被家人尋獲，但已遭拐騙陷害，不得脫身了。

少數妓女是鴇母的親生女兒，依母意執業，如張住往，「其母之腹女也。」〔註65〕

而可能屬於教坊妓的身分者，大概是以表演為主，如有出賣色相者，出

〔註60〕同註53，頁1283。
〔註61〕同前註。
〔註62〕《唐會要》卷86，頁1573。
〔註63〕同註60。
〔註64〕同前註，頁1295。
〔註65〕同前註，頁1297。

於自願的性質應該較高。但大體來看，多是非出於自由意志者：被賣、被騙、被迫，這是妓女們背後的一段辛酸血淚。

三、生活

（一）居處

前已敘述南曲、中曲的妓女，素質較高，所以妓院居住的環境算十分良好：「皆堂宇寬靜，各有三數廳事，前後植花卉，或有怪石盆池，左右對設，小堂垂簾，茵榻帷幌之類稱是。諸妓皆私有指占，廳事皆彩版，以記諸帝后忌日。」〔註66〕王蘇蘇是南曲的妓女「屋室寬博，厄饌有序。」〔註67〕看來頗具規模，十分講究。

妓院中有多間房間，分別為妓女所居，前後並種植花草，掘水池，設怪石，以美化庭園。臥室內有垂簾、床榻等，壁上掛有彩色板，載帝后忌日，可能另有其他安排。看來室內、外的佈置，都頗宜人，大概欲令人有賓至如歸之感。另外像霍小玉的住處是：「庭間有四櫻桃樹，西北懸一鸚鵡籠，見生人來，即語曰：『有人入來，急下簾者』」西院「閒庭邃宇，簾幕甚華。」〔註68〕環境十分雅緻。李娃則是「館宇甚麗」，西堂「帷幙簾榻，煥然奪目，粧奩衾枕，亦皆侈麗。」〔註69〕富麗豪華，勝於一般人家。

住所可以顯示出一個人的好尚及身分地位。狀況較佳的妓女或名妓，大都廳院幽靜，舖設舒適，甚至豪侈；下等妓女就反而所居卑陋了。如劉泰娘恥於居在北曲，不敢明言住所。甚至有窮措不振，無以維持門面，如張住住雖居南曲，但「所居卑陋，有二女兄不振，是以門甚寂寞，為小舖席，貨草劉薑果之類。」〔註70〕以兼賣雜貨蔬果補貼生活，則此妓院之卑陋可知，當不有華麗的建築裝飾。

李娃所居的鳴珂曲，是因王公貴族常騎馬鳴珂經過而命名〔註71〕。可見來此的狎客，身分尊貴，為應狎客身分，李娃的居室布置豪奢侈麗，自然也是情理之中的。

〔註66〕同前註，頁1283。
〔註67〕同前註，頁1296。
〔註68〕〈霍小玉傳〉，頁1870。
〔註69〕〈李娃傳〉頁1859。
〔註70〕同註67，頁1297。
〔註71〕張永祿：《唐都長安》頁126。

（二）行動

妓女為妓院鴇母的搖錢樹，所以鴇母常實施非常嚴厲的監督，以防逃脫，諸妓的行動也因此受到極大的限制。根據志中所載「諸妓以出里艱難，每南街保唐寺有講席，多以月之八日相率聽焉。皆納其假母一緡，然後能出於里。其於他處，必因人而遊，或約人與同行，則為下婢，而納資於假母。故保唐寺每三八日士子極多，蓋有期於諸妓也。」〔註72〕看來只有在每月初八、十八、二八三天，保唐寺行定期的聚會才可外出，並且禁止單獨外出，外出時還需先繳納一緡（一千文錢）錢，這大概是作為保證金用吧！另外在三月上巳日，諸妓陪同鴇母，一起外出踏青。如張住住就是利用「上巳日，我家踏青去」〔註73〕的機會，才能裝病留下，祕密與男友相會。而此類出遊是否為強制外出，則不清楚。

妓女們可應賓客之請，應遊外出陪侍，「亂離之春，忽於慈恩寺前，見曲中諸妓同赴曲江宴，至寺側，下車而行年齒甚妙，粗有容色。」〔註74〕但其間的條件或手續不明。而若屬教坊籍的妓女，則需經官廳允許才可外出〔註75〕，可見拘束更多，更不自由〔註76〕。

妓女平時不能外出，縱被允許，也被禁止單獨行動，故其在鴇母的監視下，全無自由可言，真可謂「籠中之鳥」。而另一方面卻能應狎客之邀外出陪宴，此乃因為商業賺錢所需，其中區別，不可混淆。

（三）感情世界

妓女過著送往迎來的日子，基本上是不允許擁有私人愛情。但他們也是人，也會有一般人的需要，所以在《北里志》的零星記錄下，留下了一些線索。當然以某種角度來看，會令人懷疑這是不是真實的情感，也因為她們對男女關係比較隨便，不免令人聯想到較不道德，水性楊花的負面印象。但深入去思索她們的生活及處境，或許會有較寬容的態度。以下是四則有關記載：

〔註72〕同註70，頁1284。
〔註73〕同前註，頁1298。
〔註74〕同前註，頁1297。
〔註75〕同前註，頁1281。「京中飲妓籍屬教坊，凡朝士宴聚，須假諸曹署行牒，然後能致於他處。」
〔註76〕另外如福娘請求孫棨為他贖身，訴之云「某幸未繫教坊籍，君子倘有意，一二百金之費爾。」慶幸自己未入籍，亦可見拘限之多。同前註，頁1293。

1. 「小福為鄭九郎主之，而私於曲中盛六子者，及誕一子，滎陽撫之甚厚。」〔註77〕此為妓女小福雖已被鄭九郎獨佔包辦，但仍與情夫盛六子私通，並生下私生子。

2. 顏令賓「其鄰有喜羌竹、劉馳馳、聰爽，能為曲子詞，或云嘗私於令賓……或詢馳馳曰，宋玉在西，莫是你否。馳馳哂曰，大有宋玉在。諸子皆知私於樂工及鄰里之人。極以為恥，遞相掩覆。」〔註78〕可見顏令賓私通樂工劉馳馳，並為人輕視。

3. 張住住與鄰人龐佛奴為青梅竹馬，相互傾心，私訂終身。住住與佛奴相通，之後被人所知，成為公開祕密，並被迫於放棄。但住住終捨不得佛奴，並自誓努力堅持到底，終於成功〔註79〕。

4. 王福娘乞求孫棨為之落籍，但為所拒，迨至曲江之宴，仍難忘舊情，只能慨嘆自己命運，賦詩云「久賦恩情欲托身，已將心事再三陳。泥蓮既沒移栽分，今日分離莫恨人。」〔註80〕

　　另外，尚有所謂的「廟客」這種男人——「多有遊惰者，於三曲中而為諸倡所眷養，必號為廟客，不知何謂。」〔註81〕孫棨不知道的「廟客」，以今天的語言來說，應當就是所謂的「皮條客」或「色情販子」。那麼養廟客就是俗語所謂的「倒貼」、「養小白臉」之類。妓女用自己的收入，自願的來供養靠她生活的男人。他是妓女的寄生蟲，是「吃軟飯」的，妓女心甘情願供他揮霍，不是因為他是她的顧客或老闆，二者之間的主要聯繫，在於感情，而不是金錢。妓女們需要溫情及親密關係，有男人作她們的情夫，將會感到更安全，更有依賴感。她們雖日迎張三李四，但其實內心非常寂寞，需要慰藉，也經由此途來洗刷自己卑賤的恥辱〔註82〕。

〔註77〕同前註，頁1298。
〔註78〕同前註，頁1289。
〔註79〕同前註，頁1297。
〔註80〕同前註，頁1294。
〔註81〕同前註，頁1283。
〔註82〕哈洛德‧葛林華德撰，張佑光譯《高貴的娼妓——應召女郎的社會背景與心理分析》（台北：文皇出版社，1974年9月，第四章〈妓女生活中的男人〉）。

四、組織

此處「組織」是指在妓院鴇母監督之外，妓女們所形成的自發性生活管理方式。可述者有二點，一為妓女們在院中的排列次序，一為「席糾」的稱呼。

關於妓院內的妓女人數，孫棨並無記載，只略云「有女數人」〔註83〕。如「長妓曰萊兒……次妓曰永兒，次妓曰迎兒……次妓曰桂兒……」〔註84〕等。妓女們「皆冒假母姓，呼以女弟女兄，為之行第，率不在三旬之內。」〔註85〕則妓女都是假母的養女。每一館內的假母與妓女，形同家庭，妓女間互相以兄弟稱呼，而其長幼序列編排的決定，需費時三十天以上。此處可疑者即是若以妓女們年齡大小或入館先後來排名，何必需花費這些時間呢？原來妓女在順序編排時，她們本身才能優劣為主要條件，故不得不做長時間的觀察〔註86〕，仍以楊妙兒家為例，「長妓曰萊兒，貌不甚揚，齒不卑矣，但利口巧言，詼諧臻妙，陳設居止處，如好事士流之家。……以敏妙誘引賓客，倍於諸妓，權利甚厚。……次妓曰永兒……婉約於萊兒，無他能。……次妓曰迎兒，既乏豐姿，又拙戲謔，多勁詞，以忤賓客。次妓曰桂兒，最少，亦窘於貌，但慕萊兒之為人，雅於逢迎。」〔註87〕大約可證能力愈佳者，排行在前，而年齡與能力成正比，也是合乎常情的。

妓女間互相以兄弟稱呼，而不稱姊妹，此與教坊宮妓意氣相投者，相互結拜為「香火兄弟」的情形相同。或許這是仿自教坊的習慣？也可能是妓女們「長期共處之自然情感表現，但亦為在假母冷酷暴虐下，相互援助之環境下之結合體。」〔註88〕再以今日的心理分析研究來推測，「同性戀」的可能性也是很大的〔註89〕。

另外「席糾」亦稱酒糾，簡稱「糾」，也叫「錄事」。主導酒席的指揮進行。如「鄭舉舉居曲中，亦善令章，嘗與絳真，互為席糾。而充博非貌者，但負流品，巧詠諧。」〔註90〕「天水僊哥，字絳真，住於南曲中，善談諧，

〔註83〕同註81，頁1291。
〔註84〕同前註，頁1290。
〔註85〕同前註，頁1283。
〔註86〕岸邊成雄：《唐代音樂史的研究》，頁384、468。
〔註87〕同註85，頁1290。
〔註88〕同註86，頁384。
〔註89〕同註82，第二章〈心理分析之研究〉，第三章〈社會心理研究〉）。
〔註90〕同註87，頁1286。

能歌令。常為席糾，寬猛得所。其姿容亦常常，但蘊藉不惡，時賢雅尚之，因鼓其聲價耳。」〔註91〕「俞洛真，有風貌，且辯慧……洛真雖有風情，而淫冶任酒，殊無雅裁，亦時為席糾，頗善章程。」〔註92〕可知酒糾為善於談吐及酒席應對，並不以姿容取勝，但也可因此擅場而成名妓。鄭舉舉的伶俐稱職，還曾讓進士們宴飲時，覺得不能缺乏她這個角色〔註93〕，更可知她們的重要性了。

　　綜而言之，同院的妓女們如同生活在一家庭內，互相以兄弟稱呼，而排行的依據是妓女們的能力優劣。最優秀的能得到「席糾」的頭銜，主控宴席的進行〔註94〕，這大概是她們最簡單的一個組織形式。

五、營業

　　北里的經營方式，當屬公開的商業性質，向外界開放。既供應酒食，兼出賣姿色與才藝，但以後者為重心，所謂醉翁之意不在酒，酒只是個點綴氣氛的催化劑而已，這是在妓院中等待來客的最普遍方式。另外也有會被人召出侍奉者。而有的名妓被花客看上，也會被專寵獨占，叫做「買斷」。之後，除了包主外，不能再接見其他客人。但是，由於受到官方管轄的緣故，仍得要承應官府命令。這正是孫棨所說的：「曲中諸子多為富豪輩，日輸一緡於母，謂之買斷，但未免官使，不復祇接於客。」〔註95〕

　　孫棨自述舊識福娘「果為豪者主之，不復可見。」〔註96〕故曲水之宴，僅能假婢女之手方得以傳話；隔日親赴妓院，亦只能在門外，才能從手中受取福娘所贈之紅巾，不得見面接觸。可見這種包斷制似乎很嚴格，而妓女仍住在院內，如同情婦一般。

　　「買斷」的費用多少，不得而知。諒必不少，才能得到鴇母的同意，否則無法彌補普通的一次收入，鴇母必不答應。而「日輸一緡於母」的作

〔註91〕同前註，頁1284。
〔註92〕同前註，頁1295。
〔註93〕同前註，頁1287：「今左史劉郊文崇，及第年入亦惑於舉舉，同年宴而舉舉有疾不來，其年酒糾多非舉舉，遂令同年李深之邀為酒糾，坐久覺狀元微曬良久，乃吟一篇曰『南行忽見李深之，手無如蜚令不疑，任爾風流兼蘊藉，天生不似鄭都知。』」
〔註94〕另外還有一「都知」稱呼，「曲內妓之頭角者，為都知，分管諸妓，俾追召勻齊。舉舉絳真皆都知也。」也是在負責主持宴席和負責管理工作。同前註。
〔註95〕同前註，頁1293。
〔註96〕同前註。

法，此「一緡」之價格，是在討取鴇母歡心，以保持能與所要的妓女接觸，避免多生是非，應該不是買斷的價格，而其價當另有所計，只可惜沒有記錄在內。

至於散娼式的，要靠艷名容色，吸引男客上門，如少未經事的滎陽鄭生，就是由於見到「闐一扉有娃方凭，一雙鬟青衣立，妖姿要妙，絕代未有……娃回眸凝睇，情甚相慕。」〔註 97〕由這段文字看來，此非色誘何也？史鳳則設立重重名目關卡，利用男性們好奇獵艷的心理來吸引顧客〔註 98〕，這也是一種營業方式。

六、價格

在《北里志》中，提到營業價格的有二處：「曲中常價，一席四鐶，見燭即倍，新郎君更倍其數。」〔註 99〕應指酒菜一桌再加上妓女的費用，但不知道有幾個妓女陪侍。另外有一老嫗的索價是「每飲率以三鍰，繼燭即倍之。」〔註 100〕指每次宴飲陪侍大概要三鍰，晚上則加倍。而據加滕繁的考證，「鐶」就是「鍰」〔註 101〕，故二者所說價格差不多。大約白天一席需 9600 文，夜晚則加倍為 19200 文，新郎君夜宴更昂貴，需 38400 文錢〔註 102〕。

此外據《唐摭言》記載：「大凡謝後便往期集院。院內供帳宴饌甲於薦轂。其日狀元與同年……放榜後，大科頭兩人（第一部）小科頭一人（第二部）常詰旦至期集院。常宴則小科頭主張，大宴則大科頭。縱無宴席，科頭亦逐日請給茶錢。（平日不以數，後每人日五百文。）第一部樂官科地每日一千，第二部五百。見燭即倍，科頭皆重分。」〔註 103〕此為考試放榜後，狀元等及第人，集於期集院大張宴席，召妓隨侍的記錄。可做邀約妓女出外陪侍的價格參考，依所記則妓女每人所得為：

〔註 97〕〈李娃傳〉頁 1858。
〔註 98〕唐馮贄撰：《雲仙雜記》（四庫本）「史鳳宣城妓也。待客有等差，其異者，有迷香洞，神雞枕、鎖蓮燈。次則交紅被，傳香枕，八分羹，下列不相見，以閉門羹待之，使人致語曰『諸公夢中來。』」卷 1，頁 1035～646。
〔註 99〕同註 96，頁 1287。
〔註 100〕同前註，頁 1284。
〔註 101〕加滕繁：〈鍰爰考〉，《中國經濟史考證》（台北：稻鄉出版社，1991 年 2 月），頁 15～24。
〔註 102〕同前註，頁 14～19。加滕繁認為唐代「一鐶」為銀六兩，唐末一兩約四百文。依此推算則可得到這些數字。
〔註 103〕五代王定保撰：《唐摭言》（四庫本）卷 3，頁 1035～711。

第一部科頭——畫二〇〇〇文，夜四〇〇〇文。

第一部科地——畫一〇〇〇文，夜二〇〇〇文。

第二部科頭——畫一〇〇〇文，夜二〇〇〇文。

第二部科地——畫五〇〇文，夜一〇〇〇文。

茶錢（祝儀）——每妓日付五〇〇文。〔註104〕

　　這樣的狎費，和當時其他各種費用比較來看，並不算便宜：皇甫枚《三水小牘》卷上記洛陽一帶因歉收，致使穀桑價格騰貴。致「葉一斤直一鍰。」有村民王公直「乘貴貨葉，可獲數千（或十）萬。」〔註105〕可見「一鍰」之值平日甚高。遊妓院一次至少要三鍰，真不算便宜。宣宗時，一斗米約四十文〔註106〕，大中六年時，宋亳州較好的絹帛每匹要九百文〔註107〕。唐代校書郎之類的九品官，官俸是一萬六千文〔註108〕，並不算豐裕。

　　所以就遊費來看，費用是不低的。當然，位高官大，收入富厚者，就不把這些數目看在眼裏了。

　　其他有關之記載，妓女的價格多因人因時因地而異。而若有較高的素質，自然會有較好的索價。有一妓就因能「誦得白學士〈長恨歌〉自認不凡，由是增價。」〔註109〕而有名氣的名妓，價格往往不低。時人對李娃的認識是「李氏頗贍，前與通之者，多貴戚豪族，所得甚廣，非累百萬不能動其志也。」〔註110〕王琚〈美女篇〉云「東鄰美女實名倡……惜無媒氏為傳音。可憐盈盈直千金，誰家君子為蒿砧。」〔註111〕儲光羲〈長安道〉也說「鳴鞭過酒肆，袨服遊倡門，百萬一時盡，含情無片言。」〔註112〕「百萬」、「千

〔註104〕岸邊成雄：《唐代音樂史的研究》頁394。

〔註105〕唐皇甫枚撰：《三水小牘》（台北：新文豐出版社，1986年，叢書集成新編第82冊），卷上，頁154。

〔註106〕全漢昇：〈唐代物價的變動〉，《中國經濟史研究》上冊（台北：稻鄉出版社，1991年1月），頁187。

〔註107〕同前註，及梁仲勛：〈唐代物價與物價管理〉，《西北大學學報》1988年第3期。

〔註108〕《新唐書·食貨志》「祕書省、崇文、弘文館校書郎等一萬六千。」頁1404。另外其他品官的俸祿，可參陳寅恪：〈元白詩中的俸料錢問題〉，《陳寅恪先生論文集》（台北：九思出版社1977年12月）。閻守誠：〈唐代官吏的俸料錢〉，《晉陽學刊》1982年第2期。

〔註109〕白居易〈與元稹書〉，《全唐文》卷675，頁8739。

〔註110〕〈李娃傳〉頁1858。

〔註111〕《全唐詩》卷98，頁1061。

〔註112〕《全唐詩》卷139，頁1418。

金」雖屬誇張說法，然價格高昂是不容置疑的。《義山雜纂》云「窮措大喚妓女——必不來」〔註113〕，以俏皮的口吻表達了同樣意思。劉覃曾被詐財達百餘金之多〔註114〕，弄得人財兩失；〈楊娼傳〉中形容名妓楊娼是「長安諸兒，一造其室，殆至亡生破產而不悔。」〔註115〕狎客馮垂「罄囊有銅錢三十萬，盡納」，才得至史鳳的「迷香洞」〔註116〕。這些記載雖缺乏實際的數字，但也很明顯的表示出她們營業價格的「高檔」。無怪乎惑於李娃的鄭生，一旦花費殆盡，馬上就被踢出門了！

此外，附帶一提的是，妓女們也可得到花客的小費，鄭生初見李娃時，拿兩匹縑給她「請以備一宵之饌。」〔註117〕霍小玉「往往私令侍婢，潛賣篋中服玩之物。」〔註118〕周皓送給靖恭坊妓女夜來的生日禮物，價值十萬文〔註119〕。朝士聚宴於鄭舉舉處，盡興之餘，便各以彩繒為酬答〔註120〕，禮物小費的多少全憑各人的意願，而這些應該是屬於妓人們私財，不必歸繳鴇母的。至於妓女的營業時間、接客次數、如何與鴇母分賬〔註121〕，能有多少平均收入等問題，因資料不足，無法了解。

七、特色

妓女既以色相謀生，照理來說容貌身材會是很重要的條件，但在唐代的北里妓身上，倒是不這麼明顯。且看看孫棨《北里志》序云「其中諸妓，多能談吐，頗有知書言語者……比常聞蜀妓薛濤之才辯，必謂人過言，及睹北里二三子之徒，則薛濤遠有慚德矣。」〔註122〕可知孫棨極推重當時妓女的多

〔註113〕唐李商隱撰：《義山雜纂》（唐代叢書本），頁275。
〔註114〕同註99，頁1284。
〔註115〕〈楊娼傳〉，頁1883。
〔註116〕同註98。
〔註117〕同註110，頁1859。
〔註118〕〈霍小玉傳〉頁1871。
〔註119〕宋李昉撰：《太平廣記》，卷273，頁1052。
〔註120〕同註114，頁1287。
〔註121〕如一席三鑱的費用，是全歸母鴇，或者是二者間有約定的分帳方式？謝康《賣淫制度與台灣娼妓問題》頁366，記錄了一則早期台灣依〈台灣各縣市（局）管理娼妓辦法〉（56年5月26日修訂）第十五條的規定：「凡妓女戶供給妓女膳宿者，其接客費得按妓女七成，妓女戶三成之比例分配之；無供膳宿者從其約定，但妓女戶主分成所得不得超過十分之二。」可做參考。
〔註122〕同註120，頁1282。

才辯慧，而不及一語於容貌顏色的品評，這正是當時北里妓女的特色。以下茲分別錄出有關者，以明其大較：

姓　　名	特　　色
天水僊哥（絳真）	善談謔，能歌令，常為席糾，寬猛得所。其姿容亦常常，但蘊藉不惡。
楚兒	素為三曲之尤，而辯慧，往往有詩句可稱。
鄭舉舉	亦善令章，嘗與絳真互為席糾，而充博非貌者，但負流品，巧詼諧。
牙娘	亦流輩翹舉者。
顏令賓	舉止風流，好尚甚雅。事筆硯有詞句。
楊萊兒	貌不甚揚，齒不卑矣。但利口巧言，談諧臻妙，陳設居止處，如好事士流之家，由是見者多惑之。又善令章。
楊永兒	婉約於萊兒。
楊桂兒	亦窘於貌，但慕萊兒之為人，雅於逢迎。
王少潤	少時頗藉藉者。
王福娘	甚明白，豐約合度，談論風雅，具有體裁。
王小福	雖乏風姿，亦甚慧黠。
俞洛真	有風貌，且辯慧。亦時為席糾，頗善章程。
王蘇蘇	女昆仲數人，亦頗善諧謔。
張住住	少而慧敏，能辯音律。

以上表列諸妓，是《北里志》中有特色者〔註123〕。歸納起來，約有幾項特質：

（1）善章程，能為席糾

絳真、鄭舉舉、俞洛真等，皆頗善章程，且能「寬猛得所」。主持酒宴活動的人，必須有敏捷的口才，察言觀色的能力，豐富的文學修養，才能使一些文人學士心服口服，盡情歡樂。而由妓女來完成這項任務，是很不容易的。

〔註123〕在岸邊成雄：《唐代音樂史的研究》頁399～400作了這個整理，並共記有妓女17人。但我在此表中卻只列14人，刪除了3人。因為我覺得這3人並不符合我所謂的有特色者，以下分別錄出：「楊迎兒：既乏豐姿，又拙戲謔，多勁詞以忤賓客」「王蓮蓮：微有風貌。」「劉泰娘：年齡甚妙，粗有容色。」這些敘述是看不出她們有何聰慧或能力的。

舉舉曾因病無法出席,致令進士劉崇遺憾的說道「任爾(指李深之)風流兼蘊藉,天生不似鄭都知。」〔註124〕可見她的名聲及影響。

(2)能言善道,反應敏捷,善於諧謔

如有進士李標題詩不慎,惱怒了王蘇蘇,她「不甘其題,因謂之曰『阿誰留郎君,莫亂道。』」結果弄得李標下不了台,「頭面通赤,命駕先歸。」〔註125〕楊萊兒在放榜當日,等待趙光遠的好消息,而小子輩已知趙落第,於是嘲弄萊兒,萊兒不知,隨聲作詩斥責小子弟輩胡言亂語〔註126〕。這種隨機應變的機敏性,連孫棨輩也不得不稱讚說「其敏捷皆此類也。」而在善於戲謔方面,孫棨標舉出好幾個人,不過倒並未記敘內容。

(3)聰慧伶俐

可稱者如以鄭舉舉之一事為例。有一次「左諫王致君,右貂鄭禮臣,夕拜孫文府,小天趙為山皆在席,時禮臣初入內庭,矜誇不已,致君以下,倦不能對,甚減歡情。舉舉知之,乃下籌指禮臣曰『學士語太多,翰林學士雖甚貴甚美,亦在人耳。至如李隙劉允承雍章亦嘗為之,又豈能增其聲價耶?』致君已下皆躍起拜之,喜不自勝,致禮臣因引滿自飲,更不復有言,於是極歡,至暮而罷。致君已下各取彩繒遺酬。」〔註127〕可見其善於察言觀色,練達應事,實是不易!另外張住住以聰明機巧為自己贏得愛情,摒斥長花客陳小鳳,為自己尋得最佳的歸宿,也不容易〔註128〕。

(4)雅好文學

如顏令賓「見舉人盡禮祇奉,多乞歌詩,以為留贈,五彩箋常滿箱篋。」〔註129〕福娘請孫棨在其室內新壁上題詩〔註130〕,也有自己會作詩句的,如在全唐詩卷八○二收趙鸞鸞七絕五首,可證妓女之能詩,只可惜流傳下來的太少了。

〔註124〕同註122,頁1287。
〔註125〕同前註,頁1296。
〔註126〕小子輩嘲曰「盡道萊兒口可憑,一冬誇壻好聲名,適來安遠門前見,光遠何曾解一鳴。」萊兒應聲回道「黃口小兒口沒憑,逡巡看取第三名。孝廉持水添瓶子,莫向街頭亂椀鳴。」同前註,頁1290。
〔註127〕同前註,頁1286。
〔註128〕同前註,頁1298~1299。
〔註129〕同前註,頁1288。
〔註130〕同前註,頁1292。

　　孫棨在《北里志》中介紹妓女時，常重視是否有機智才華，而不太重美貌，是以妓女在有能力卻貌不甚佳的情況下，仍然倍受喜愛，可見這是中晚唐來妓女的特色，和後世純以出賣色相比較下，不可同日而語。

　　妓女們的表現型態，自然是為因應狎客的需求。她們的機敏善言，詼諧有趣，使男人在享受她們的技藝和肉體時，也能開懷歡笑，獲得一種他處無求的刺激，因此總以聰敏風趣的妓女為上。而妓女們以自己的才色降服男人時，她們有時也需狂言瘋語，頤指氣使，以彌補身居下賤的那種自卑感，所謂牙娘「性輕率，惟以傷人肌膚為事」〔註131〕；迎兒「多勁詞以忤賓客」等〔註132〕，皆有可能是這種自嘲又不免逞強的心理吧！

八、惡行

　　妓院為求獲利，妓女們有的也會使出手段來詐騙狎客，不明究理者往往會落得人財兩失的下場，如妓女天水偓哥（絳真）曾與惡人謀畫串通，詐取劉覃達百餘金〔註133〕，又有記王蓮蓮院中的情況是「諸妓皆攫金特甚，詣其門者，或酬酢稍不至，多被盡留車服，賃衛而返。」〔註134〕作風大膽，令人不齒。〈李娃傳〉中記述鄭生金盡被棄的情狀，更是妓院中妓女與鴇母貪財的典型寫照。自古以來，妓女嗜錢如命的作風，恐怕是其最大的一個負面形象。

　　更有謀害人命者，如令狐滈在曲中，因不小心看到妓女與鴇母「共殺一醉人而瘞之室後」。日後向妓女問起這件事，竟然差點就慘遭毒手〔註135〕，可見心狠手辣。

　　至於牙娘「性輕率，惟以傷人肌膚為事」〔註136〕的原因可能如上之解說。但無故出手傷人，總非好事，不足稱道。

　　這些零星的資料，皆非正面行為，故列入惡行一項。

〔註131〕同前註，頁 1287。

〔註132〕同前註，頁 1291。

〔註133〕同前註，頁 1284：「劉覃登第……極嗜欲於長安中……但聞眾譽天水，亦不知其妍醜，所由輩與天水計議，每令辭以他事，重難其來。覃則連增所購，終無難色。會他日天水實有所苦，不赴召，覃殊不知信，增縑不已，所由輩又利其所乞，且不忠告而終不至。時有戶部府吏李全者，居其里中，能制諸妓，覃聞立使召之……徑入曲追天水入兜輿中，相與至宴所，至則蓬頭垢面，涕泗交下。褰簾一睹，亟使舁回，而所費已百餘金矣。」

〔註134〕同前註，頁 1296。

〔註135〕同前註，頁 1031。

〔註136〕同前註，頁 1287。

九、歸宿

妓女們通常在年老色衰，魅力不再後，就無法再操此業，必須另謀他途以安置自己。她們未來的歸宿大致有以下幾種：

1. 從妓女轉變搖身變作老鴇，開店營業，所謂鴇母「亦妓之衰退者為之。」〔註137〕王團兒〔註138〕楊妙兒〔註139〕皆是。

2. 贖身從良，為人妻妾。如「楚兒……近以退暮，為萬年捕賊官郭鍜所納。置於他所。」〔註140〕「萊兒離亂前，有闐闐豪家，以金帛聘之，置於他所。」〔註141〕「俞洛真……值故左揆于公貴主，許納別室。」〔註142〕這三妓均為脫籍從良者，但卻只能為別人的側室，甚至「置於他所」，如充當情婦而已。《唐語林》記載「有名娼曰嬌陳者……竟如約入柳氏之家執僕媵之禮。」〔註143〕白居易筆下的琵琶女，因老大色衰，只得嫁作商人婦，守著空船寂寞度日〔註144〕，對妓女們來說，重拾正常人的身分與生活，是她最大的心願。但從良後，卻也不見得從此幸福快樂。此點容後再敘。

3. 脫離之後，卻又重操舊業。如俞洛真被出後，嫁一胥吏，不久因生活困苦，洛真不堪忍受，仍返北里〔註145〕。吳融〈還俗尼〉詩所記之尼，先為歌妓，後出家，又還俗執舊業〔註146〕。

4. 出家入道，了卻繁華的一生。楊巨源〈觀妓人入道二首〉之一詩「荀令歌鍾北里亭，翠娥紅粉敞雲屏，舞衣施盡餘香在，今日花前學誦經」。〔註147〕霍小玉自表如得願「便捨棄人事，剪髮披緇。」〔註148〕另外

〔註137〕同前註，頁1283。
〔註138〕同前註，頁1291：「王團兒，前曲自西第一家也。已為假母。」
〔註139〕同前註，頁1290：「楊妙兒者，居前曲東從第四五家，本亦為名輩，後老退為假母。」
〔註140〕同前註，頁1285。
〔註141〕同前註，頁1291。
〔註142〕同前註，頁1294。
〔註143〕宋王讜撰：《唐語林》（四庫本）卷4，頁1038～107。
〔註144〕白居易〈琵琶行〉，《全唐詩》卷435，頁4821。
〔註145〕同註142，頁1295。
〔註146〕《全唐詩》卷684，頁7859。
〔註147〕《全唐詩》卷333，頁3739。
〔註148〕〈霍小玉傳〉頁1870。

楊郇伯〈妓人出家〉詩〔註149〕，劉長卿〈戲贈干越尼子歌〉〔註150〕，何扶〈送閬州妓人歸老〉〔註151〕等作品，都是表達同一意念。

5. 不能從其所愛，以身殉情。如霍小玉飲恨而死，太原妓殉歐陽詹〔註152〕。

6. 在歡樂場中病故，孑然一生。如頗負盛名的顏令賓，就是落得這種下場〔註153〕。

　　總之，妓女的下場幾乎盡是不佳的，顯示出她們悲哀的一面。茲再錄呂巖二詩來看「嬤母西施共此身，可憐老少隔千春，他年鶴髮雞皮媼，今日玉顏花貌人。」又「花開花落兩悲歡，花與人還事一般，開在枝間妨客折，落來地上請誰看。」〔註154〕，令人讀來唏噓動容。

　　在此附帶說明一下，妓女贖身的費用。據孫棨記福娘求他為之贖身時，說道「某幸未繫教坊，君子倘有意，一二百金之費爾。」〔註155〕則贖身費一二百金，當是北里那時的一般行情。據加滕博士解釋，「一二百金」是金一至二百兩之意。而唐末金價為每兩五到七千文，若以每兩五千文計算，則金一二百金，相當於五百緡至一千緡的巨款〔註156〕，京師名妓嬌陳以「錦帳三十重」的價格從良〔註157〕，而李娃以自己的私蓄為自己贖身，能得到鴇母的同意〔註158〕，這個數字必定是不小的。是以大致來看，妓女的贖身費用是不低的，這更使她們不易脫離此業，尋求合理的歸宿。

〔註149〕《全唐詩》卷272，頁3060。

〔註150〕《全唐詩》卷151，頁1580。

〔註151〕《全唐詩》卷516，頁5900。

〔註152〕〈霍小玉傳〉頁1872，及《全唐詩》卷802，頁9024，詩前序云「歐陽詹遊太原，悅一妓，約至都相迎，別後，妓思之，疾甚，乃刃髻作詩寄詹，絕筆而逝。」

〔註153〕同註145，頁1288：「後疾病且甚，值春暮，景色晴和，命侍女扶坐於砌前，顧落花而長嘆再四。因索筆題詩云：氣餘三五喘，花剩兩三枝，話別一樽酒，相邀無後期。因教小童曰『為我持此出宣陽親仁已來，逢見新第郎君及舉人即呈之。』云曲顏家中娘子，將來扶病奉候郎君，因令其家設酒果以待，逡巡至者數人，遂張樂歡飲，至暮，涕泗交下曰，『我不久矣，幸各製哀挽以送我。』」

〔註154〕呂巖〈題廣陵妓屏二首〉，《全唐詩》卷858，頁9703。

〔註155〕同註153，頁1293。

〔註156〕岸邊成雄：《唐代音樂史的研究》，頁396。

〔註157〕同註143。

〔註158〕〈李娃傳〉頁1861。

十、其他

另外還有二則和妓女密切相關的問題，雖然資料不多，但也是很寶貴的。

（一）初夜權

妓女首次接客營業，叫做「破身」、「梳頭」〔註159〕，通常是要尋得肯出大錢的嫖客來進行，在唐代也有這個習慣。富商陳小鳳出高價對張住住「求其元」，而住住早已失身，於是設計騙了小鳳，陳還以為如願以償，高興的又給了三緡給鴇母。事情經過如下：「曲中素有蓄鬥雞者，佛奴常與之狎，至五日，因髡其冠，取丹物，託宋媼致于住住。既而小鳳以為獲元，甚喜，又獻三緡于張氏，遂往來不絕……曲中唱曰『舍下雄雞傷一德，南頭小鳳納三千』。」〔註160〕看來嫖客嗜好處女的心理，倒是古今一體，沒什麼改變。

（二）懷孕及私生子

「小福，為鄭九郎主之，而私於曲中盛六子者。及誕一子，滎陽撫之甚厚。曲中唱曰『張公吃酒李公顛，盛六生兒鄭九憐。』」〔註161〕可見小福私底下與情夫私通而生子。唐代因為對外開放，有許多外國人至唐，妓女們也接待外客，崔涯就曾嘲一妓「雖得蘇方木，猶貪玳瑁皮，懷胎十個月，生下崑崙兒。」〔註162〕看來這個妓女太不小心，結果生下了一個混血的小黑人〔註163〕。

第三節　鴇母

在妓院中，除了以妓女為主體外，鴇母也是一重要成員。一般說來，他們是妓院的老板，妓女的管理者，除了呼作「鴇母」、「老鴇」外，在唐代又特稱為「爆炭」。孫棨說「俗呼為爆炭，不知其因，應以難姑息之故也。」〔註164〕大概因為嚴厲凶惡，動輒對妓女鞭撻叱責，猶如爆竹，是故有此稱。

〔註159〕曹保明：《東北妓院史》（台北：祺齡出版社，1994年8月，頁90）。
〔註160〕同註155，頁1298。
〔註161〕同前註。
〔註162〕崔涯〈嘲妓〉，《全唐詩》卷870，頁9858。
〔註163〕日本中村久四郎著，朱耀廷譯：〈唐代的廣東（下）〉，《嶺南文史》1983年第2期：「昆崙就是黑奴。舊唐書卷197南蠻傳『林邑以南皆拳髮黑身，通號為昆崙。』」
〔註164〕唐孫棨撰：《北里志》（香艷叢書本），頁1283。

又〈王團兒〉條有「雲鬢慵邀阿母梳。」〔註165〕一語,可知妓女們也暱稱老鴇作「阿母」如親生母之稱呼。但其實妓女多是養女的身分,「妓之母多假母也。」〔註166〕假母即是義母。但也有例外,如張住住便是其鴇母的親生女〔註167〕。

鴇母多是退休之老妓女轉業而來的,所謂「亦妓之衰退者為之。」〔註168〕如王團兒「前曲自西第一家也,已為假母,有女數人。」〔註169〕及楊妙兒是「居前曲,從東第四、五家,本亦為名輩,後老退為假母。」〔註170〕所以楊妙兒和王團兒都是自己轉變,晉升為老鴇的〔註171〕。這些老鴇,雖已退休,不再行接客生活,但也未從良。憑著自己的交際手腕或原有的人際關係經營妓院。根據孫棨所說:「諸母亦無夫,其未甚衰者,悉為諸邸將輩主之,或私蓄侍寢者,亦不以夫禮待。」〔註172〕指出了鴇母原則上未嫁人,並且其中不少是高官將領的情婦,或私底下蓄養情夫〔註173〕,大概是今天所說「姘頭」或是「靠家」〔註174〕姘夫之類。此舉除了說明鴇母們風月不減外,也可能是為實際的需要,包括情感上的慰藉及現實的生意經營。經營妓院,雖有可能已承官府同意保護,但仍必須仰賴有力人士支持,如在經濟上可由高官姘夫身上得到援助;而煙花之地難免多是非糾紛,也可借其力予以護衛「地盤」,發揮影響效果,頗是一舉數得!

鴇母的生計,完全依賴其手下的妓女,妓女辛苦的賺錢謀利,大半都由鴇母所得,剝削甚苛。妓女素質的好壞會影響到營業狀況,為達營收目的,鴇母多施予嚴厲的管教訓練:「初教之歌令,而責之其賦甚急,微涉退怠,則鞭扑備至。」〔註175〕再想想鴇母「爆炭」一名之由來,可以證知。而另一方

〔註165〕同前註,頁 1292。
〔註166〕同前註,頁 1283。
〔註167〕同前註,頁 1297。
〔註168〕同註 166。
〔註169〕同前註,頁 1291。
〔註170〕同前註,頁 1290。
〔註171〕在這一節中,有許多資料,都在先前和妓女有關者介紹過了,但為了更求明白,所以不嫌厭煩,再將之轉為以鴇母為中心,予以歸納敘述。
〔註172〕同註 170,頁 1283。
〔註173〕同前註,頁 1296「王蓮蓮……但假母有郭氏之癖,假父無王衍之嫌……。」所謂「假父」之稱與「假母」相對,那麼「假父」應該指的是鴇母的丈夫,不過也有可能是諸妓對鴇母姘夫之敬稱,因其身分似與「丈夫」無別。
〔註174〕尚秉和:《歷代社會風俗事物考》(台北:台灣商務,1975 年 4 月,頁 518)。
〔註175〕同註 172。

面，鴇母也頗有手段，如宜之剛被誘賣時，「初是家以親情接待甚至，累月後，乃逼令學歌令。」〔註176〕先用溫情主義來馴服，再予以壓迫。為防止妓女們脫逃，鴇母也實施嚴格的監控，限制她們的平時行動，只准在某些特殊時日，才讓她們有機會呼吸一下自由的空氣〔註177〕。就因為把妓女視為「搖錢樹」，可作為營利工具，所以更有利欲薰心的婦人，為謀萬利，而作起鴇母的，如「有一嫗，汴州人也，盛有財貨。亦育數妓，多蓄衣服器用，傭賃於三曲中……每飲率以三鍰，繼燭即倍之。」〔註178〕令人討厭。

　　鴇母的眼中只有「錢」，既以營利為目的，必會多方謀歛：除了一個月三次外出的保證金，每日宴飲費用，宿夜費用，及為數龐大的贖身費，還有些零星收入，如從被「買斷」的妓女身上，每天可得一緡錢；而陳小鳳欲聘張住住，首先得預付薄幣，約定落籍，付了落籍費用，還每天送三緡討其歡心，以保有張住住，直至迎接回家〔註179〕。此等眾多之收入，均為鴇母個人所得。福娘自述被騙入後「尋為計巡邊所娶，韋宙相國子及衛增常侍子所娶，輸此家不啻千金矣。」〔註180〕可見福娘一人為鴇母所賺的錢前後達千金之多。小說裏李娃和霍小玉的鴇母，為「釣上大魚」，總和妓女事先謀畫設計，然後殷勤勸誘，等到魚兒上釣，「搜括殆盡」後，就開始顯現出她的真面目，如張生在「歲餘，資財僕馬蕩然」下，「爾來姥意漸怠。」繼而演出一幕設計精良的拋棄戲碼，最後還收了李娃「餘有百金」的贖身費。〔註181〕在整個事件中，她是一個完完全全的贏家，沒有任何的損失。只要不損及個人利益，管他什麼愛情呢！在《北里志》中有一處記錄妓女萊兒因不滿鴇母的苛刻，於是和她鬧翻離去〔註182〕，也反映出鴇母聚斂無度的性格。

　　鴇母既以妓女為搖錢樹，故少有真情對待，如顏令賓死後「將瘞之日，得書數篇，其母拆視之，皆哀挽詞也。母怒擲之於街中，曰『此豈救我朝夕也！』」〔註183〕可見無情無義！總之，妓女實際上已是一種商品，身體使用權已折價賣給了老鴇，所以她們是鴇母的私有財產及謀利的工具。妓女的生活

〔註176〕同前註，頁 1294。
〔註177〕見本章第 2 節第 3 項的「行動」部分。
〔註178〕同註 176，頁 1284。
〔註179〕同前註，頁 1298。
〔註180〕同前註，頁 1294。
〔註181〕〈李娃傳〉，頁 1861。
〔註182〕同註 180，頁 1291。至於萊兒如何能離去，之間曲折無從得悉。
〔註183〕同前註，頁 1289。

所需及賣淫場所、設施都由老鴇提供，因而她們的收入也多由鴇母占有。妓女即使有機會從良，也要繳一大筆贖身費用，象徵性地來彌補鴇母的損失。由此可見妓女和鴇母的關係，完全是由金錢所締造和維繫，妓女只是個「物」而已，鴇母任意的拿妓女的身體為其謀利。只要有利可圖，她會好好對待妓女，反之若不順從，擋她財路，則往往心狠手辣，手下不留情，真是種扭曲變形的可怕關係。

尋歡狎遊的醜惡、不道德，有很大部分是由鴇母造成的。

第四節　狎客

由於妓院對外開放，凡是有錢的人，皆能來尋歡作樂，這些遊客就稱作「狎客」或「花客」，即今日的「嫖客」。狎客身分複雜，三教九流皆有，是自然的現象。

一、身分

在《北里志》中所述有關狎客，約有 47 人，表列如下〔註184〕：

姓　名	身　分	分　類
1. 鄭休範（仁表）	右史	官吏
2. 劉覃	登第，相國鄩之子	進士、豪家子
3. 鄭賓	「同年」	進士
4. 李全	戶部府吏，戶部練子也。	官吏、豪家子
5. 郭鍜	萬年（縣）捕賊官，親仁諸裔孫。	官吏、豪家子
6. 鄭光業	捕袞道	官吏
7. 王致君（調）	左諫	官吏
8. 鄭禮臣（彀）	右貂，翰林學士	官吏
9. 孫文府（儲）	夕拜	官吏
10. 趙為山（崇）	小天	官吏

〔註184〕在岸邊成雄：《唐代音樂史的研究》頁 473～475，就列了一個《志》中狎客的表格，但只有 40 人，不夠完整，所以再予以增補，而表中的姓名、及身分資料全依據《志》中的文字，最末的「分類」則是依其身分予以大致歸類，分官吏、進士、豪家子、富商四種，有重疊處則一起列出，但若身分資料未說明，則不再另找補充資料，如一些進士很可能就是當時或以後的官吏，但仍只歸進士而已。

11. 李隔	翰林學士	官吏
12. 劉允承	翰林學士	官吏
13. 雍章	翰林學士	官吏
14. 孫龍光	狀元	進士
15. 侯彰臣（潛）	「同年」	進士
16. 杜寧臣（彥珠）	「同年」	進士
17. 崔勛美	「同年」	進士
18. 趙延吉（光逢）	「同年」	進士
19. 盧文舉（擇）	「同年」	進士
20. 李茂勳	「同年」	進士
21. 盧嗣業	「同年」	進士
22. 劉郊	及第，左史	進士·官吏
23. 文崇	及第，左史	進士·官吏
24. 李深之	「同年」	進士
25. 夏表中（澤）	及第中甲科，硤州刺史，相國之子	進士，官吏·豪家子
26. 天水（光遠）	進士，故北山（沈侍郎）之子	進士·豪家子
27. 蕭司徒	相國	官吏
28. 崔垂休	及第，小天	進士·官吏
29. 崔知之（澹）	侍郎	官吏
30. 張言	宣陽綵纈舖主	富商
31. 令坤	街使	官吏
32. 計巡遼		
33. 韋宙相國子		豪家子
34. 衛增常侍子		豪家子
35. 于琮	左揆	官吏
36. 李文遠	進士	進士
37. 李標	進士，李英公勣之後。	進士·豪家子
38. 陳小鳳	富家	富商
39. 鄭九郎	滎陽令	官吏
40. 裴晉公度		官吏·進士〔註185〕
41. 胡證尚書	與裴晉公度同年	官吏·進士

〔註185〕雖資料上無「進士」之述，但就下一條胡證尚書「與裴晉公度同年」可推知。

42. 裴思謙	狀元	進士
43. 鄭光業	及第	進士
44. 鄭合敬	及第	進士
45. 令狐滈	博士·貢士	官吏·進士
46. 王金吾	金吾，故山南相國起之子	官吏·豪家子
47. 孫棨		進士·官吏

在這 47 人，重複計算下，官吏 24 人，進士 25 人，略超過全部的五成。豪家子 9 人，約占 1/5。富商 2 人。可見以進士和官吏二種身分為最多。當然任何的記載都可能因為作者的角度而受影響，孫棨本是進士、官吏，故所見所聞所記載的，極有可能是就自己常接觸、熟稔者，其餘如「卑瑣妓」及一般市井小民的情形，或不知，或不記，也是合乎常理的。不過，他所提供的文獻仍是至為寶貴的。

二、心態

進士等人大部分是一起前往妓院，如「孫龍光為狀元……與同年侯彰君潛、杜寧臣、崔勛美、趙延吉、盧文舉、李茂勳等數人」〔註186〕一起赴宴。「今左史劉郊文崇及第年……同年宴。」〔註187〕一大票同年上榜的人呼嘯光臨，看來是把妓院當作是消遣娛樂場所，與妓女調笑、行令、高談闊論，求色之意倒不是重點，屬於較高等些的嫖客，不在欲望的發洩。

豪家富貴子弟者，往往憑藉權勢財力雄厚，表現得極為潤綽浪蕩，如《志》中的劉覃就因此而被詐騙。另外在詩文中也有描述：崔萱的〈豪家子〉云：「年少家藏累代金，紅樓盡日醉沈沈。」〔註188〕張籍〈少年行〉則說「日日鬥雞都市裏……平明還在娼樓醉。」〔註189〕，經常過的都是「青樓無晝夜，歌舞歇時稀。」〔註190〕的「愜意」生活。在《開元天寶遺事》中還載「長安富家子劉逸、李閒、衛曠，家世巨豪……每至暑伏中……召長安名妓閒坐，遞相延請，為避暑之會。」〔註191〕這些少年紈褲子弟，似無所事事，對妓女是抱

〔註186〕唐孫棨撰：《北里志》頁 1287。
〔註187〕同前註。
〔註188〕《全唐詩》卷 801，頁 9011。
〔註189〕《全唐詩》卷 382，頁 4286。
〔註190〕李廓〈長安少年行〉，《全唐詩》卷 479，頁 5455。
〔註191〕《開元天寶遺事》（四庫本），頁 1035～857。

著純粹狎遊玩賞的態度，一擲千金，毫不在意，只為了尋求一點刺激，一些變化，炫耀一下自己的身分財富，擺擺場面。他們該算是妓女的重要衣食父母吧！

《北里志》中對官吏的行徑，著墨不多。他們上妓館，大概是去紓解情緒和尋求刺激，或者展現權勢，去作些談判交易也有可能。至於商人狎妓，一方面由於他們有錢，加之離家在外，情感寂寞，找妓女成為一種發洩及安慰；但也有大部分的人是以為金錢萬能，財大氣粗，尋求紙醉金迷的享受心態。揚州是商業繁華的城市，也是妓業蓬勃發展的地方。而陳小鳳也因其家富，才有機會來攫取張住住的〔註 192〕。

總之狎客的心理，除了自然的原始需求外，更多是在好奇刺激，附庸風雅，玩玩而已。否則以官吏、豪家子、富商等的身分，家中妻妾必不缺少，顯示妓女並不是一種「必要的罪惡」。進士李益的心態是「每自矜風調，思得佳偶。」〔註 193〕故博求名妓，最後才碰上霍小玉的。這種尋歡獵艷的心態，大概是最普遍的吧！

在當時社會上，三妻四妾不算什麼，出入妓院也不是什麼了不起的事。這種價值觀和今日以嫖妓為恥，見不得人的看法是不同的，一個政治人物很可能因此而大鬧醜聞，因為人們認為這有關個人的道德操守。去年英國影星休葛蘭在六月二十七日凌晨，在好萊鳴日落大道召妓而被逮捕，他不得不公開承認自己做了一件壞事，以低姿態要求諒解〔註 194〕。透過這種小小的比較，大概會使我們有個概念，古今嫖客的心態可能會大同小異，但所受的差別待遇是不同的，我想應該是現在的比較合理吧！

附：女道士與胡姬

一、女道士

道教是唐代的國教，崇道當然是為了崇李，「唐室帝王一面和道教始祖老子李耳攀親，一面獎掖民間道教徒子，以謀求政教雙方的默契。」〔註 195〕於是產生了一群女冠士，成為社會上一個特殊階層。這些女冠是怎麼走上這一

〔註 192〕同註 187，頁 1297。
〔註 193〕〈霍小玉傳〉，頁 1869。
〔註 194〕《中國時報》84 年 7 月 12 日 21 版。
〔註 195〕霍然：《唐代美學思潮》（高雄：麗文文化，1993 年 10 月，頁 172。）

條路的呢？第一當然是由於自己有強烈信仰，想更進一步地潛心向道，自願性地出家。第二，被境遇所迫，以入道求得一歸宿的，如寡婦不願再出嫁，或一些宮人、妓女、婢妾，在無依無靠後，以道觀為棲身之處。第三，妃嬪公主們出家則是較特殊的現象，「入道原因其實不十分清楚，可能其中有相當一部分以祈福禳災為名目入道，而事實上是自願去過女道士的生活的」〔註196〕。至於楊貴妃作女道士，則是玄宗掩天下人耳目的把戲而已。

　　這些女冠和另外一出家階層的女尼，在時人心目中的形象不太一樣，《義山雜纂》說「尼姑似鼠入深處，燕似尼姑，有伴方行。」〔註197〕可見比丘尼交遊不多，行跡較隱密；柳氏為「阻絕凶寇」，故「依止名尼」〔註198〕霍小玉告訴李益在心願達成後「便捨棄人事，剪髮披緇。」〔註199〕比較起來似乎女冠就沒有這類記載，反映出女尼形象較為正面，和貞節有關，所以「唐代有妓女著道士服，但其行徑卻如妓女一樣，但卻不見妓女以比丘尼為掩飾以持此業」〔註200〕。就此可知女道士的生活比女尼開放自由多了。這個現象和道教本身性質有關〔註201〕，也因在教義上對眾多的女神和女仙的崇拜，而對女性採取了較為寬鬆的態度〔註202〕。至於入道的動機及目的，自然也是影響日後行為的重要因素，除了為篤信教法而出家外，那些被迫或所謂有目的的自願者，「她們擺脫了家庭、丈夫的羈絆，脫離了世俗綱常倫理的管束，再加上教門清規戒律又不甚嚴格，所以社交、出遊、生活都較自由。」〔註203〕

　　一些女冠風流自在〔註204〕，有和男道士傳出戀情的〔註205〕，可以四處遊歷名山大川，李白就曾寫詩送他的女道士朋友褚三清出遊南岳，詩云「吳江

〔註196〕高世瑜：《唐代婦女》，頁91。
〔註197〕唐李商隱撰：《義山雜纂》（唐代叢書本），頁275。
〔註198〕〈柳氏傳〉，頁1864。
〔註199〕〈霍小玉傳〉，頁1870。
〔註200〕李玉珍：《唐代的比丘尼》（台北：學生書局，1989年2月，頁90）。
〔註201〕詹石窗：《道教與女性》（台北：世界文化出版社，1992年9月，頁152）云「道教作為一個總體，其實是很複雜的，除了有講究無欲無邪念的清修道派之外，還有符籙，金丹等道派。與清修派不同，符籙等許多道派並不要求信仰者出家，相反，允許他們仍過著家庭婚姻生活。」這和一般人的印象並不相同，且和佛教比起來也有差別。
〔註202〕王宜峨：〈論道教的婦女觀〉，《中國道教》1995年第1期。
〔註203〕同註196，頁92。
〔註204〕其實不僅女冠，男道士也不例外，使得朝廷不得不下詔禁止。如《全唐文》卷856，頁11317，就收有一篇蘇德潛〈禁道士攜妻孥奏〉。
〔註205〕如駱賓王〈代女道士五雲妃贈道士李榮〉詩，《全唐詩》卷77，頁838。

女道士，頭戴蓮花巾……足下遠遊履，凌波生素塵。」〔註206〕多麼自在逍遙！她們也一樣追求美麗，梳妝打扮毫不含糊，「兩臉酒醺紅杏姤，半胸酥嫩二雲饒」〔註207〕一付妖嬈貌；濃妝艷抹，「皆草髻黃衫，端麗無比。」〔註208〕以致招惹了一斑紈褲子弟爭相觀看，韓愈就曾記道：「華山女兒家奉道……洗妝拭面著冠帔，白咽紅頰長眉青，遂來升座講真經……觀中人滿坐觀外，後至無地無由聽，豪家少年豈知道，來繞百匝腳不停……仙梯難攀俗緣垂，浪凭青鳥通叮嚀。」〔註209〕由於女道士的吸引，造成觀者如堵的盛況。這般妖豔勁兒，還曾使得皇帝看不過去，氣得把她們趕出道觀！〔註210〕

她們和文人名士無拘無束的交往，詩詞酬酢，同席共歡，戲謔談笑，談情說愛，似乎都為人視作習慣中事，李季蘭與諸文士聚會，席上巧妙地借用「山氣日夕佳」的詩句，來戲弄劉長卿的隱疾，惹得舉座盡歡〔註211〕；季蘭並與閻伯均、朱放等相交至深。魚玄機與溫庭筠，李郢也交往甚密。宋華陽與李商隱也有段繾綣之情。白居易作〈贈韋鍊師〉云「潯陽遷客為居士，身似浮雲心似灰。上界女仙無嗜欲，何因相遇兩徘徊。共疑過去人間劫，當作誰家夫婦來。」自喻與女道士是前世夫妻，情誼可謂非同小可。韋渠牟〈步虛詞〉十九首，張繼〈上清詞〉等，也是暗寓女道士風流生活。足見女冠開放的一面！在一般作品裏，女道士的形象也都多是濃麗香艷：「霞帔雲髮，鈿鏡仙容似雪。」〔註212〕「金似衣裳玉似身，眼如秋水鬢如雲。」〔註213〕「霧捲黃羅帔，雲彫白玉冠。」〔註214〕「翠鬟冠玉葉，霓袖捧瑤琴。」〔註215〕「正遇劉郎使，啓瑤緘。」〔註216〕「青鳥傳心事，寄劉郎」〔註217〕「桃花洞，瑤台夢，一片春愁誰與共。」〔註218〕「解烹水銀，鍊玉燒金，別盡歌

〔註206〕李白〈江上送女道士褚三清游南岳〉，《全唐詩》卷177，頁1805。

〔註207〕李洞〈贈龐鍊師〉，《全唐詩》卷723，頁8296。

〔註208〕唐康駢撰：《劇談錄》（唐代叢書本），頁182。

〔註209〕韓愈〈華山女〉，《全唐詩》卷341，頁3823。

〔註210〕唐裴庭裕撰：《東觀奏記》（四庫本），卷上，頁407～614。

〔註211〕元辛文房撰，周本淳校正：《唐才子傳校正》（台北：文津出版社，1988年3月，頁45）。

〔註212〕溫庭筠〈女冠子〉，《花間集》（台北：學生書局，1977年1月），頁60。

〔註213〕韋莊〈天仙子〉，同前註，頁132。

〔註214〕薛昭蘊〈女冠子〉，同前註，頁169。

〔註215〕毛熙震〈女冠子〉，同前註，頁486。

〔註216〕同註214，頁170。

〔註217〕牛嶠〈女冠子〉，同前註，頁183。

〔註218〕和凝〈天仙子〉，同前註，頁324。

篇。」〔註219〕「兩眼如刀，渾身似玉，風流第一佳人。及時衣著，梳頭京樣，素質艷麗青春」〔註220〕這些美麗的容顏姿態，高雅又綺麗的裝飾打扮，清麗而又不失馨香的宮觀居室環境，清寂而又浪漫熱烈的情感生活，在用語設色方面幾乎和一般的艷情語句難以分判，這種種的一切，均與青樓女子的形象及其生活相近似〔註221〕，而在當時社會中，能與男性有這樣親近無拘的關係，使「風流之士，爭修飾以求狎，或載酒詣之者，必鳴琴賦詩，閒以謔浪，憕學輩自視缺然。」〔註222〕除了妓女外，恐怕找不出那個階層的女性能如此不拘禮法了。以致先輩學者認為唐代女冠近于妓女，是變相的娼妓〔註223〕，是有理由的。尤其魚玄機雖名為女道，但早有人目之為「妓」了〔註224〕。因此在本章論敘民妓部分，也包括了女道士在內，這是需要先聲明的。

二、胡姬

「胡姬」之「胡」，並非專指某個民族或地區而言，而是泛指非漢族的一切外國人，這是要注意的。唐代因國勢強盛，對外採取開放政策，長安成為當時國際上的大都會，四方人士叢聚於此，其中自夾雜有不少異族女性在內。又唐人甚好胡樂胡舞，在表演場合中，也常能見到外國女子的蹤跡，形諸於時人的記載不少：如李端〈胡騰兒〉「胡騰身是涼州兒，肌膚如玉鼻如錐，桐布輕衫前後卷，葡萄長帶一邊垂。帳前跪作本音語，拾襟攬袖為君舞……。」〔註225〕既有相貌特徵又有外語記錄，知此必是胡姬無疑。《雲谿友議》卷中〈澧陽讌〉條載復州陸巖夢〈桂州筵上贈胡予女〉一詩：「自道風流不可攀，那堪蹙額更顰顏。眼睛深卻湘江水，鼻孔高於華岳山，舞態固

〔註219〕〈內家嬌〉，任二北：《敦煌曲校錄》（上海：文藝聯合出版社，1955 年 5 月）頁 22。
〔註220〕〈御製林鍾商內家嬌〉，同前註，頁 24。
〔註221〕劉尊明：《唐五代詞的文化觀照》（台北：文津出版社。1994 年 12 月，頁 530 ～531）。
〔註222〕唐皇甫枚撰：《三水小牘》（台北：新文豐出版社，1986 年，叢書集成新編第 82 冊），頁 158。
〔註223〕如謝無量：《中國婦女文學史》（台北：台灣中華書局，1979 年 8 月，頁 201）云「唐之女冠恆與士人往來酬答，失之流蕩，蓋異於娼優者鮮矣。」劉達臨：《中國古代的性文化》頁 520，則說魚玄機實是一變相的高等妓女。
〔註224〕如宋孫光憲撰：《北夢瑣言》（四庫本）卷 9，頁 1036～63，說魚玄機「自是縱懷，乃娼婦也。」已用「娼婦」之詞來看待了。
〔註225〕《全唐詩》卷 284，頁 3238。

難居掌上,歌聲應不遠梁間,孟陽死後欲千載,猶有佳人覓往還。」〔註226〕
演出結果雖不為詩人所欣賞,但據其描述的深眼、高鼻、健碩,可知是胡女
從事一般歌舞之業。當然宮庭中有不少的胡女為樂人〔註227〕,但因不屬此
範圍,故略而不述。

在其他作品中,一般胡姬似乎多涉及「酒店」,當壚賣酒,招攬顧客,又
被稱作「酒家胡」。

李白〈少年行二首〉之二「五陵年少金市東,銀鞍白馬度春風,落花踏
盡遊何處?笑入胡姬酒肆中。」〔註228〕〈送裴十八圖南歸嵩山二首〉之一「何
處可為別,長安青綺門,胡姬招素手,延客醉金樽。」〔註229〕又〈前有一樽
酒行二首〉之二:「琴奏龍門之綠桐,玉壺美酒清若空,催弦拂柱與君飲,看
朱成碧顏始紅。胡姬貌若花,當壚笑春風。笑春風,舞羅衣。君今不醉將安
歸?」〔註230〕又〈醉後贈王歷陽〉「……雙歌二胡姬,更奏遠清朝。」〔註231〕
李白這些詩句,都表現出極愉悅的氣氛。

岑參〈送宇文南金放後歸太原寓居,因呈太原郝主簿〉:「送君繫馬青門
口,胡姬壚頭勸君酒。」〔註232〕楊巨源〈胡姬詞〉:「妍豐照江頭,春風好容
留,當壚知妾慣,送酒為郎羞。香渡傳蕉扇,妝成上竹樓,數錢憐皓腕,非
是不能留。」〔註233〕賀朝〈贈酒店胡姬〉「胡姬春酒店,弦管夜鏘鏘,紅毾鋪
新月,貂裘坐薄霜……聽歌樂世娘。」〔註234〕等等。

在酒店除了開懷暢飲,又有風姿綽約的胡姬作樂娛客,不免使詩人們沈
醉其中,尤其「酒食音樂與香氣,可引動那些在酒館裏的人們的性欲。」〔註235〕
所以酒色總是容易連在一起的。胡姬兼營妓業,也是有的,如施肩吾嘲戲鄭
申府說「年少鄭郎那解愁,春來閒臥酒家樓,胡姬若擬邀他宿,排卻金鞭繫

〔註226〕《雲谿友議》(四庫本)頁1035~595。
〔註227〕可參第二章宮妓來源及特殊用語部分。陳寅恪:〈狐臭與胡臭〉一文,《陳寅
　　　　恪先生全集》,頁1207。
〔註228〕《全唐詩》卷165,頁1708。
〔註229〕《全唐詩》卷176,頁1797。
〔註230〕《全唐詩》卷162,頁1686。
〔註231〕《全唐詩》卷171,頁1759。
〔註232〕《全唐詩》卷199,頁2060。
〔註233〕《全唐詩》卷333,頁3718。
〔註234〕《全唐詩》卷117,頁1181。
〔註235〕馬爾鏗撰張任章譯:《西洋娼妓史話》(台北:仙人掌出版社,1971年3月,
　　　　頁40)。

紫騮。」(〈戲鄭申府〉)〔註236〕至於這些胡姬的民族、來源及生活,可惜因資料不足,無法得到進一步了解,有學者認為她們原本是各地奴隸市場中的女奴,而後輾轉經由商人販賣,而操此業,可供作參考。〔註237〕

　　因為這些胡姬們,既表演、侍酒,又薦客枕席的生活,頗類妓女,所以在本論文中亦同女道士一般列入民妓範圍。

〔註236〕《全唐詩》卷494,頁5608。

〔註237〕程越:〈入華粟特人在唐代的商業及政治活動〉,(《中國古代史》(1994年11月)云:「粟特商人販賣的奴隸主要有二個來源,一是來自粟特本土的女奴,如吐魯番文書(〈唐李賀子上阿郎、阿婆書〉)記李賀子在六四六年以七千五百文買得胡婢一人。一是來自碎葉等處的突厥人,如〈唐垂拱元年(六八五)康尾義施羅等請過所案卷〉所載奴突密等人在龜茲、于闐、高昌等地都設有奴隸市場,并有大量粟特少女被賣到洛陽、長安,唐詩中稱之為『酒家胡』、『胡姬』。」可見因被賣而被迫從此業,和部分私妓出身相同,亦是可悲。

第六章　妓女與進士

　　進士是唐代的一新興階級，對於唐代的政治、社會，都帶來了極大的影響。尤其士人與妓女間的關係，在唐代開始有了連繫，之後這種關係，對於中國文學、社會等方面產生了影響。故對於首開風氣之先的唐代，值得吾人先予以認識。

第一節　唐代的進士

一、進士的性質

　　唐代設科取士，一般說來，種類極多〔註1〕而進士科只是其中一科而已。據王定保《唐摭言》說，進士「通稱謂之秀才。投刺謂之鄉貢。得第謂之前進士。」〔註2〕所以「唐代所謂進士就是進士科候選人，即具有應考進士科試的候選人」〔註3〕，當然，試畢放榜，合格通過的考生，也就沿此而稱進士了。所以本章所用「進士」一詞，是包括了正為準備考試努力的考生，以及考上的及第者，這是必須先說明的。

　　進士科雖然只是唐代科目考試之一，但卻獨占鰲頭，成為當時最受重視的一科。唐人自己說「國家取士，遠法前代，進士之科，得人最盛。」〔註4〕

〔註1〕傅璇琮：《唐代科舉與文學》（台北：文史哲出版社，1994年8月，第二章）。
〔註2〕五代王定保撰：《唐摭言》（四庫本），頁1035～698。
〔註3〕羅聯添：〈唐代文學史兩個問題探討〉，《唐代文學論集》（台北。學生書局，1989年5月），頁262。清顧炎武撰：《日知錄》（台北：明倫出版社，1970年），卷19，頁468，也有類似的解釋。
〔註4〕闕名〈請更定三考奏改並及第人數奏〉，《全唐文》卷966，頁12682。

可見進士在當時人們心中的地位〔註5〕。

進士科的應考者，是由各州縣選拔推薦的「鄉貢」和國子監及郡縣學館的生徒。各地每年薦送的鄉貢為上郡三人，中郡二人，下郡一人。如確有文才和德行，則不受此數字之限制〔註6〕。經過州縣兩級考試合格的鄉貢，于每年十月以前隨貢物一起送到京都〔註7〕。於是他們和國子監生徒相匯合，出現在長安城的街坊，形成「麻衣如雪，紛然滿于九衢」〔註8〕的景象。進士考試的內容，曾經幾次變易，唐初只試時務策，調露二年（680）加試帖經；到高宗後期，則變為試帖經、雜文、策文。其中詩賦對是否能登科起著很大作用。杜佑《通典》卷十七載趙匡〈選舉議〉云「進士者，時共羨之，主司褒貶，實在詩賦，務求工麗，以此為賢。」〔註9〕故舉子如「有犯韻及諸雜違格，不得放及第」〔註10〕，可知詩賦是決定等第高下的關鍵，因而進士科後來即稱作詞科。

這些舉子每年辛苦的奔波於京城，但有幸金榜題名的只是極少數人。一般而言錄取率不過百分之一、二。德宗貞元十八年（802）五月敕「自今以後，每年考試所收之人，明經不得過一百人，進士不得過二十人。如無其人，不必要滿此數。」據統計，整個唐代進士考試共二百六十次，其中登第人數在三十五人以上者，僅二十六次；在三十人以上者，也僅五十三次。最少的是永徽五年（654）、調露二年（680）和永隆二年（681）各一人〔註11〕。即使有幸列榜，一帆風順者固有，但也有不少是困於場屋，歷盡艱辛，久舉始得一第。而且，在進士及第以後，也還不算入仕，必須要再經過吏部考試合格，才算正式進入仕途，稱為「釋褐」〔註12〕。故歐陽詹進士及第後，雖然親友紛紛致賀，他仍有「猶著褐衣何足羨」之嘆〔註13〕，而韓愈三試於吏部都未通過，故多年仍未得官。

〔註5〕另外也有其他記載，如《新唐書·選舉志上》：「大抵眾科之目，進士尤為貴。」又進士出身「為國名臣者，不可勝數。」頁1166。

〔註6〕《通典》卷15，頁83。

〔註7〕同前註，卷130，頁679。《新唐書·選舉志上》，頁1163。

〔註8〕牛希濟〈薦士論〉，《全唐文》卷846，頁11204。

〔註9〕《通典》卷17，頁96。

〔註10〕《冊府元龜》（香港：中華書局，1960年）卷642，頁7694。

〔註11〕以上資料見李志慧：《唐代文苑風尚》（台北：文津出版社，1989年7月，頁75）。

〔註12〕意指脫去一般平民所穿的粗布，換上官服。

〔註13〕歐陽詹〈及第後酬故園親故〉，《全唐文》卷349，頁3907。

　　參加進士考試，是當時讀書人進入仕途的一條重要途徑，這為廣大的讀書人提供了一處出路。圍繞著進士試，產生了許多的社會情狀，舉子躁進淺薄，時人推崇進士，在多種因素的激盪下，使唐代的社會充滿功利的色彩。

二、時人推崇進士

　　進士及第既是那麼不易，故及第後即成為社會上人人欽羨的對象，上至皇帝大臣，下及一般小民，莫不表現了此種心理。即使未參加考試前，他們就已受到重視，如在考前朝廷就已安排一連串活動，如見皇帝，拜謁孔子像，聽學官講經問難等，並且要求「宰輔以下皆會而觀焉。」〔註14〕這正表示朝廷對舉子們的看重。《唐摭言》卷七，載元年十一年世詠該年登第者云「元和天子丙申年，三十三人同得仙，袍似爛銀文似錦，相將白日上青天。」〔註15〕進士及第被看作如升天得仙，則時人之艷羨可知。唐宣宗愛慕進士，每接見朝臣，都要問「登第否？」如是進士及第者，就再高興地詢問當時的考題及主考官之姓名。有的朝臣才能出眾，卻不是進士科出身，宣宗總是嘆息再三；他還曾於禁中自題為「鄉貢進士李道龍。」〔註16〕可見這個皇帝對進士的著迷。在上位者既然如此看重進士出身，便產生了以進士為貴的觀念，富貴過人的薛元超，自述平生三大憾事之一，即是「始不以進士擢第。」〔註17〕當社會將全部關注力投注在進士身上時，所謂「三十老明經，五十少進士」〔註18〕之說出現了。出身明經科成了低下無用之人〔註19〕。如元積初因舉明經，被瞧不起，在拜訪李賀時就給人轟了出來〔註20〕。因此是否擁有進士的資格，成為品評一個人身價的標準。趙琮為鍾陵大將女婿，因久舉不第，「妻族益相薄，雖妻父母不能不然也。」某日聚會，趙氏夫婦還被摒絕於外；忽然有人來報「趙郎及第矣」，於是大將家族們才又趕緊撤去帷幕，邀其夫婦同

〔註14〕《通典》卷 15，頁 84。

〔註15〕同註 2，卷 7，頁 1035～744。

〔註16〕宋王讜撰：《唐語林》，（四庫本），卷 4，頁 1038～98。

〔註17〕同前註，頁 1038～101。

〔註18〕同註 15，〈散序進士〉，卷 1，頁 1035～698。

〔註19〕其實要考明經也不很容易，如楊瑒〈諫限約明經進士疏〉云「承前以來，制舉遁跡邱園，孝弟力田者，或試時務策第一道，或通一經。粗明文義，即放出身，亦有與官者，此國家恐其遺才。至於明經進士，服道日久，請益無倦，經策既廣，文辭極難。」《全唐文》卷 298，頁 3828。

〔註20〕同註 17，卷 6，頁 1038～158。

席，並「競以簪服而慶遺焉。」〔註21〕代宗時的元載，也因未及第而受岳家親屬的輕視，他深感「年來雖不厭龍鍾，雖在侯門似不容，看取海山寒翠樹，苦遭霜霰到秦封。」〔註22〕後來考中了進士，過去那些看不起他的人，紛紛找上門來，連他的妻子都看不過去，於是作詩嘲諷回敬〔註23〕。可知雖然你身為富貴人家的女婿，但進士及第與否，才是在別人心中是否有地位的標準。宜春人彭伉及第後，親戚都來祝賀，但彭的連襟湛賁卻因無資格而獨自飯於後閣。湛賁的妻子告訴丈夫說「男子不能自勵，窘辱如此，復何顏？」後來終於力學得第〔註24〕。這一番過程，正顯示社會輿論在要求進士身分上的冷酷壓力。

正是由於社會的價值判斷如此，甚而出現了「迷信」行為，所謂無所不用，不擇手段也。如舉子們在投獻新的行卷時，為了討吉利，就去求取及第進士當初曾穿過的白麻衣，以預祝自己再次考試時榜上有名。張籍在〈送李餘及第後歸蜀〉詩中即寫道「十年人詠好詩章，今日成名出舉場，歸去惟將新誥牒，後來爭取舊衣裳。」〔註25〕總之，在社會的重視下，進士之地位崇高無比，是人人注目的焦點。

三、進士及第的榮耀

在社會值價觀的影響下，進士放榜不只是考生所關心，更成為整個社會的大事，這時「喧喧車馬欲朝天，人探東堂榜已懸。萬里使隨金鸑鷟，三台仍藉玉蓮錢。花浮酒影彤霞爛，日照衫光瑞色鮮。十二街前樓閣上，卷簾誰不看神仙。」〔註26〕大家都爭著想要知道新科進士是誰。而能榜上有名，更是考生們感到最榮耀、最光彩、最滿足的時刻，自然感覺到「禁漏初停蘭省開，列仙名目上清來。飛鳴曉日鶯聲遠，變化春風鶴影回。廣陌萬人生喜色，曲江千樹發寒梅。青雲已是酬恩處，莫惜芳時醉酒杯。」〔註27〕一切的辛苦都已不足道，只覺得飄飄然，慶幸自己的幸運。尤其曾歷經長期坎坷，生活潦倒的人，就更有分深刻的體驗，如袁皓道出心中驚喜交集之心情為「金榜

〔註21〕唐無名氏撰：《玉泉子》（四庫本），頁 1035～625。
〔註22〕元載〈別妻王韞秀〉，《全唐詩》卷 121，頁 1214。
〔註23〕王韞秀〈夫入相寄姨妹〉「相國已隨麟閣貴，家風第一右丞詩，笄年解笑鳴機婦，恥見蘇秦富貴時。」《全唐詩》卷 799，頁 8985。
〔註24〕宋計有功撰：《唐詩紀事》（台北：鼎文書局，1971 年），卷 35，頁 569。
〔註25〕《全唐詩》卷 385，頁 4332。
〔註26〕徐夤〈放榜日〉，《全唐詩》卷 709，頁 8162。
〔註27〕劉滄〈看榜日〉，《全唐詩》卷 586，頁 6804。

高懸姓字真，分明折得一枝春，蓬瀛乍接神仙侶，江海回思耕釣人。九萬搏
扶排羽翼，十年辛苦涉風塵，昇平時節逢公道，不覺龍門是險津。」〔註28〕
孟郊在四十六歲那年考上，也是喜不自禁：「昔日齷齪不足誇，今朝放蕩思無
涯，春風得意馬蹄疾，一日看盡長安花。」〔註29〕

　　對及第進士而言，從此就是他們的一個生命的轉捩點，所以心態之喜悅，
是可想而知的。

　　進士放榜後，還有一系列的慶祝儀式，來獎勵這些辛苦的考生，就像是
個大型的嘉年華會一樣，整個社會也都投入進去。此部分待下節繼續說明。
以上便是唐代受人推重的進士之概況，科考的性質及時人的態度，無疑會對
這一大批的考生造成影響。這也就與吾人所欲探討的士與妓的關係，發生了
連繫，是以需先予以介紹。

第二節　進士的遊宴活動

　　在進士放榜後，通常需參加一系列活動，來拜謝座主及宰相。《唐語林》
說「是日，自狀元以下，同詣座主宅。座主立於庭，一一而進曰：『某外氏某
家』，或曰甥，或曰弟。又曰『某大外氏某家』又曰『外大外氏某家。』或曰
重表弟，或曰表甥孫。又有同宗座主宜為侄，而反為叔，言敘既畢，拜禮得
申。」〔註30〕對於其中繁文縟節，及攀附門第，炫示身價的描述，頗為傳神。

　　拜謁座主及宰相以後，接著就是許多次的宴集，名目極多，包括大相識、
次相識、小相識、聞喜、櫻桃、月燈、打毬、牡丹、看佛牙、關宴等等〔註31〕。
而有些只存其名，實際內容已不清楚了。其中最重要，最富盛名的是曲江宴。
曲江，本就是一遊覽勝地，起自中宗以後，至玄宗時大盛。直至中晚唐，仍
維持遊賞之盛況。在唐人的許多名篇佳作中，有很多便是以曲江為吟詠的對象
〔註32〕。但說實在的，曲江能受到如此歡迎，的確和新及第進士的宴會有關。

　　進士既為時所尚，因此環繞著這一新發跡的階層士人，就極盡奢華。然
據《唐摭言》卷三引李肇《國史補》所說，曲江宴會原來是為安慰下第舉人

〔註28〕袁皓〈及第後作〉，《全唐詩》卷600，頁6942。
〔註29〕孟郊〈登科後〉，《全唐詩》卷374，頁4005。
〔註30〕宋王讜撰：《唐語林》（四庫本），卷8，頁1038～198。
〔註31〕五代王定保撰：《唐摭言》（四庫本），卷3，頁1035～712。
〔註32〕如歐陽詹在德宗貞元五年（789）作〈曲江池記〉，王棨在懿宗咸通三年（860）
　　　　作〈曲江池賦〉。分見《全唐文》卷597頁7663，卷770頁10142。

而設的，因此極為簡單，到後來卻逐漸被及第進士所占，「向之下第舉人，不復預矣。」〔註33〕而曲江大會的詳細內容是這樣的：

「其日，狀元與同年相見後，便請一人為錄事（原注：舊例率以狀元為錄事），其餘主宴、主酒、主樂、探花、主茶之類，咸以其日辟之。主樂二人，一人主飲妓。放榜後，大科頭兩人（原注：第一部）常詰旦至期集院。常宴則小科頭主張，大宴則大科頭。縱無宴席，科頭亦逐日請給茶錢（原注：平時不以數，後每人五百文。）第一部樂官科地每日一千，第二部五百，見燭皆倍，科頭皆重分。逼曲江大會，則先牒教坊請奏，上御紫雲樓，垂簾觀焉，時或擬作樂，則為之移日。……敕下後，人置被袋，例以圖障、酒器、錢絹實其中，逢花即飲。……其被袋、狀元、錄事同檢點，闕一則罰金。曲江之宴，行市羅列，長安幾於半空。公卿家率以其日揀選東床，車馬填塞，莫可殫述。洎巢寇之亂，不復舊態矣。」〔註34〕又

「曲江亭子，安史未亂前，諸司皆列於岸滸……進士關宴，常寄其間。既撤饌，則移樂泛舟，率為常例。宴前數月，行市駢闐於江頭。其日，公卿家傾城縱觀於此，有若中東床之選者，十八九鈿車珠鞅，櫛比而至。」〔註35〕

「長安遊手之民，自相鳴集，目之為進士團。初則至寡，洎大中、咸通已來，人數頗眾。其有何士參者為之酉師，尤善主張筵席。凡今年才過關宴，士參已備來年遊賞之費，由是四海之內，水陸之珍，靡不必備。」〔註36〕

看來這場原只為進士慶賀的聚會，竟然使整個長安城都為之騷動起來，飲酒作樂、挾妓縱遊。值得注意的是主持者，就中一名專門負責召妓侍飲之事，可見有不少的妓女參與其中。「傾國妖姬雲鬢重，薄徒公子雪衫輕。」「柳絮杏花留不得，隨風處處逐歌聲。」〔註37〕「花低羞豔妓，鶯散讓清歌。」〔註38〕鶯鶯燕燕，穿梭其中，極盡歡娛，致有樂極生悲之事發生〔註39〕。

〔註33〕同註31，頁1035～710。
〔註34〕同前註，卷3，頁1035～715。
〔註35〕同前註。
〔註36〕同前註，頁1035～711。
〔註37〕林寬〈曲江〉，《全唐詩》卷606，頁7003。
〔註38〕白居易〈上巳日恩賜曲江宴會即事〉，《全唐詩》卷437，頁4848。
〔註39〕據唐張鷟撰：《朝野僉載》（四庫本），卷1，卷1035～223：玄宗開元五年，進士三十多人與妓女一同泛舟遊賞，結果船破，全部溺死。

在曲江大會之後，還有杏園宴，主要活動是「探花」。所謂「探花」，《北里志》云「以同年俊少者為兩街探花使」〔註 40〕。是指在同科進士中選擇二位年紀較輕的俊少，使之騎馬遍遊曲江附近或長安各處的名園，去採摘名花。如果有別的人先折得名花如牡丹來的，就要受罰。像翁承贊於乾寧二年（895）登進士第，他所作的〈擢探花使三首〉其三云「探花時節日偏長，恬淡春風稱意忙，每到黃昏醉歸去，紵衣惹得牡丹香」〔註 41〕，將探花使的得意心情與恬淡的春風，牡丹的香氣，寫得氣氛濃鬱和諧。另外韓偓有〈余作探使以繚綾手帛子寄賀因而有詩〉云「解寄繚綾小字封，探花筵上映春叢，黛眉印在微微綠，檀口消來薄薄紅。縱處直應心共緊，砑時兼恐汗先融，帝台春盡還未去，卻係裙腰伴雪胸。」〔註 42〕詩中的「採花宴上映春叢」、「以繚綾手帛子寄賀」，應該是指一名與之有舊的歌妓〔註 43〕。可見包括杏園在內的當時新進士宴集，必定也有不少妓女們參與。她們與少年進士共度及第的歡樂。

杏園探花宴之後，還有慈恩雁塔題名等〔註 44〕活動，《唐摭言》卷一記「既捷，列名於慈恩寺塔，謂之題名。」〔註 45〕貞元十九年（800），二十九歲的白居易考取了第四名，在同科十七名中年齡最小，他高興地寫道「慈恩塔下題名處，十七人中最少年。」〔註 46〕詳實地留下了這個活動記錄。到了晚上，進士們也必興宿於平康里，《開元天寶遺事》云「長安有平康坊，妓女所居之地，京都俠少萃集於此，兼每年新進士以紅牋名紙遊謁其中，時人謂此坊為風流藪澤。」〔註 47〕可見這已成為盛唐以來的一個習尚。進士鄭合敬有詩道「春來無處不閒行，楚潤相看別有情，好是五更殘酒醒，時時聞喚狀頭聲。」〔註 48〕一聲聲甜絲絲的「狀元」稱呼，滿足了新及第進士的虛榮心，喚得人飄飄然的。裴思謙及第後詣妓家留宿，詰旦，賦詩一首：「銀釭斜背解明璫，小語低聲喚玉郎，從此不知蘭麝貴，夜來新惹桂枝香。」〔註 49〕風格輕佻，

〔註 40〕唐孫棨撰：《北里志》，（香艷叢書本），頁 1281。
〔註 41〕《全唐詩》卷 743，頁 8091。
〔註 42〕《全唐詩》卷 682，頁 7825。
〔註 43〕傅璇琮：《唐代科舉與文學》，頁 320、321。
〔註 44〕慈恩寺的詳細狀況，可參曾一民：〈唐慈恩寺塔院之建築與文化習尚〉，《中國歷史學會史學集刊》第 8 期。
〔註 45〕同註 36，頁 1035～698。
〔註 46〕同前註，卷 3，頁 1035～723。
〔註 47〕五代王仁裕撰：《開元天寶遺事》（四庫本），卷 2，頁 1035～851。
〔註 48〕同註 46，卷 3，頁 1035～721。
〔註 49〕同前註。

洋洋自得。「長安此去無多地，鬱鬱蔥蔥佳氣浮，良人得意正年少，今夜醉眠何處樓。」〔註50〕這是一位及第進士之妻所寫，為憂心其夫必將夜宿於娼樓而感不安，含蓄而深刻。

進士去狎妓，不僅不受指責，還有特別的優待。據《北里志》所記，籍屬教坊的妓女，若是要應邀前往宴聚，「須假諸曹署行牒，然後能致於他處。」〔註51〕而新進士設宴，就可免去先請示之步驟，勢必會更助長其狂妄之風。同時「其所贈資則倍於常數。」〔註52〕妓女們由進士身上能得到更多的利潤，進士自然大受妓女的歡迎。

這些風氣的形成，因于全社會對舉子的尊崇，進士是萬人仰慕的社會菁英。這樣的社會氛圍是足以使一大批涉世未深的年輕進士，飄飄然忘乎所以，更加狂妄。於是縱酒狎妓，一擲千金就成了他們競相誇尚的生活方式〔註53〕，使妓女與士人產生緊密的關係。

第三節　妓女與進士的關係

進士們離鄉背井，出門在外，到娼家尋求慰藉是可能的，這是最基本的生理需求問題，也是一般因素之一。但就進士而言，除了這層需要外，我們還可以再發掘出他們有另外三種性格，促使二者的關係更加密切，即是：與科舉考試結果有關的干謁問題；補償心理；及輕浮奢華的士風。以下分述之。

一、干謁

所謂干謁，就是今天所稱的「走後門」、「攀關係」，通常是在以正常途徑無法達成目的或表現一種更激切企圖心時，所採用的一種請託方式。

武后之後，社會不復重視明經，均以進士科為主，而讀書人的觀念及社會的風氣，也因之轉變。唐人沈既濟就曾說過：「至於開元天寶之中……太平君子，唯門調戶選，徵文射策，以取祿位，此行己立身之美者也。父教其子，兄教其弟，無所易業……五尺童子恥不言文墨焉。其以進士為士林

〔註50〕趙氏〈聞夫杜羔登第〉，《全唐詩》卷799，頁8988。
〔註51〕同註40，頁1281。
〔註52〕同前註。
〔註53〕陶慕寧：《青樓文學與中國文化》（北京：東方出版社，1993年7月，頁11）。

華選，四方觀聽，希其風采，每歲得第之人不浹辰而周聞天下……。」〔註54〕這種盛況，在名額有限，人人熱衷仕進，功利之心特重下，常為達目的而不擇手段。「故爭名常切，而為俗亦弊」〔註55〕，所以考生常常要找後援、攀關係，用干謁方式來幫忙達成目的。王泠然即曾指出「今之得舉者，不以親，則以勢；不以賄，則以交；未必能鳴鼓四科，而裹糧三道。其不得舉者，無媒無黨，有行有才，處卑位之間，仄陋之下，吞聲飲氣，何足算哉！」〔註56〕可知關係之締結與中第之密切。此中最主要原因是和唐代科考的方式有關。

　　「唐世科舉之柄，顓付之主司，仍不糊名。又有交朋之厚者為之助。」，因而「未引試之前，其去取高下，固已定於胸中矣。」〔註57〕由於試卷上不彌封考生姓名，所以有誰參加考試，寫得如何，都是公開的。這就使得主考官除了批改試卷之外，還不免參考舉子們平日的表現及聲譽來決定取捨，所以主官「亦有脅於權勢，或撓或親故，或累於子弟」的情況出現〔註58〕，這和前引王泠然的說法是一致的。而應試者平日也多極力找機會表現自己和找人推薦。據《集異記》上所寫，開元九年（721），二十歲的王維準備參加考試，想要一舉成名。可是當時已有張九皐走了後門，被內定為解元，王維就請歧王幫忙，在公主面前展開表演遊說，頗得主意，於是讓人以頭名錄取王維，這年王維果然如願〔註59〕。這就是王維能找到有權勢的後台，而後成功的原因。唐代舉子不能私下向主考官直接投獻行卷，必須通過顯人的推薦。元和七年（813），許孟容主試，有人教李固言向許投獻行卷，許孟容密招李固言，告訴他說「舉人不合相見，必有嫉才者。」〔註60〕

　　因此這種制度發展到只重應舉者聲名的大小，只看推薦者地位的高低，而漸忽視一個人的實際才能。即使有傑出的才華，經過了種種努力，卻不一定可以如願，考生與主考官的私人關係和靠山權勢的大小，所起的重要作用，是難以估量的，白居易就說「袖裏新詩十餘首，吟看句句是瓊琚。如何持此

〔註54〕《通典》，卷15，頁84。
〔註55〕唐李肇撰：《唐國史補》（四庫本），卷下，頁1035～444。
〔註56〕王泠然〈論薦書〉，《全唐文》卷294，頁3772。
〔註57〕宋洪邁撰：《容齋四筆》（四庫本），卷5，頁851～701。
〔註58〕同前註。
〔註59〕唐薛用弱撰：《集異記》（四庫本），頁1042～580。
〔註60〕宋李昉撰：《太平廣記》，卷155，頁608。

將干謁，不及公卿一字書」〔註61〕，這不是一語道破嗎！〔註62〕

　　一般而言，對於這些考生來說，大多出身貧寒，缺乏政治背景，故需結交一些權貴之士，而唐官吏，自宰相節度使下至地方官吏，都可狎妓，進士們想有政治前途，在結交權貴最理想的場合便是妓院〔註63〕。妓館的無拘束，妓女的色藝，無形中營造成一種最佳的氣氛，既可娛情又可多見世面，進士舉子為其前途攀交權貴，這裏是最快樂方便的場所。而妓院內的妓女，因常與這些人相處，多為舊識，於是無形中她們便成為理想的媒介，能為進士們做穿針引線的工作。在妓席中，她們也往往可恣意表達對人物的看法，《北里志》載「其中諸妓，多能談吐，頗有知書言語者，自公卿以降，皆以表德呼之，其分別品流，衡尺人物，應對非次，良不可及。」〔註64〕所以進士藉結交妓女而為之提挈，要求他們能趁機進言提攜。如「天水未應舉時，已相昵狎矣。及應舉，自以俊才，期於一戰而取。萊兒亦謂之萬全，是歲冬大誇於賓客，指光遠為一鳴先輩。」〔註65〕因此在妓院，變成了一「色情與功利沆瀣一氣的地方。」〔註66〕

　　進士在社會上享有崇高聲名，妓女們加以愛慕而結納之，與之往來，乃事之必然。一方面代表了民間的禮賢愛士，另一方面進士既是社會名流，與之交往，也增加了自己的知名度。進士在妓院除了享受之外，也有藉妓女干謁的實際上目的。這是在唐代特定的環境下，所產生的一種士與妓的新關係。

〔註61〕白居易〈見尹公亮新詩偶贈絕句〉，《全唐詩》卷436，頁4385。

〔註62〕關於唐士子的投卷有許多專文探討，可參傅璇琮：《唐代科舉與文學》第十章；李志慧：《唐代文苑風尚》頁45～57；梅爾（Victor H. Mair）著，賴瑞和譯：〈唐代的投卷〉，《中國古典小說研究專集2》（台北：聯經出版事業公司，1981年8月）；薛天緯：《干謁與唐代詩人心態》，《西北大學學報》1994年第1期等等。

〔註63〕馮明惠：〈唐代傳奇中娼妓的悲劇性〉，《中國古典小說中的愛情》（台北：時報文化，1985年11月），頁39。傅錫壬：〈唐朝門第制度下的愛情悲劇〉，《中國古典小說賞析與研究上編》（台北：中華文化復興運動總會文藝研究促進委員會，1993年8月），頁128。

〔註64〕唐孫棨撰：《北里志》（香艷叢書本）頁1281。

〔註65〕同前註，頁1290。

〔註66〕宋德熹：〈唐代的妓女〉，頁97。

二、補償心理〔註 67〕

另外我們也可從補償心理的角度來看待進士的狎妓行為。

科考極低的錄取率，對大多數應試者來說是落第的悲嘆和奔波於道途的辛酸，正顯示出進士及第的不容易。

為了能求一舉中第，舉子通常要歷經許多辛苦：有花了幾十年頭困於科場的〔註 68〕，有無財行賄，又無路攀援者〔註 69〕。而干謁權貴，並非人人皆可如願，其中不乏歷經艱辛者，如「周瞻舉進士，謁李衛公，月餘未得見。」〔註 70〕歐陽澥曾干謁韋貫之，十餘年而未嘗一見，卻仍然不死心〔註 71〕。甚至有干謁受辱者，《全唐詩》中有何承裕〈戲為舉子對句〉云：「承裕……知商州，一舉人投卷，有『日暮猿啼花思樓』之句，遽曰『足下此句甚佳，但上句對屬未稱，奉為改之。』因云『曉來犬吠張三婦，日暮猿啼呂四妻。』舉人大慚而去。」〔註 72〕舉人為求一第，忍辱負重，心境之苦，難以言述，有詩云「螢燭不為苦，求名始辛酸，上國無交親，請謁多少難，九月風割面，羞汗成冰片，求名俟公道，名與公道遠。」〔註 73〕

在生活方面，有一記載，說白居易年輕時至長安應進士試，拜謁名士顧況，顧一見白居易的名字，就開玩笑說「米價方貴，居亦不易！」〔註 74〕此說不一定可靠，但卻道出一般讀書人在長安生活的艱辛。長安是首都，為全國政治、經濟、文化中心，集居著皇室貴戚、大官、巨賈，生活的奢侈是不用說的了，這也使得生活費用要比其他地方為高，故一般舉子來到京城應試，在長時間的居留下，生活費用是不低的〔註 75〕。就以幾個當事人的心聲

〔註 67〕此名詞及用法，可參宋德熹：〈唐代的妓女〉，頁 103、104。

〔註 68〕如五代王定保撰：《唐摭言》（四庫本）卷 8，頁 1035～755，記公乘億考了三十次才登第。宋李昉撰：《太平廣記》卷 74，頁 309，載陳季卿辭家十年舉進士，但仍不達，只能「鬻書判給衣食」。宋計有功撰：《唐詩紀事》卷 67，頁 1037，寫歐陽澥娶妻不過十來天，即赴考，久不返家，「出入場中僅二十年。」等等。

〔註 69〕如李翱〈送馮定序〉「馮生自負其氣而中立，上無援，下無交，名聲未大耀於京師……是以再舉進士皆不如。」《全唐文》卷 636，頁 8157。

〔註 70〕宋王讜撰：《唐語林》（四庫本），卷 7，頁 1038～166。

〔註 71〕同註 68，卷 10，頁 1035～768。

〔註 72〕《全唐詩》卷 871，頁 9881。

〔註 73〕費冠卿〈久居京師感懷詩〉，《全唐詩》卷 495，頁 5612。

〔註 74〕同註 70，卷 3，頁 1038～75。

〔註 75〕甘懷真：〈唐代官人的宦遊生活——以經濟生活為中心〉，《第二屆唐代文化研討會論文集》（台北：中國唐代學會，1995 年 9 月）。

來看，如晚唐曹鄴自云「舉頭望青天，白日頭上沒，歸來通濟里，開戶山鼠出，中庭廣寂寥，但見薇與蕨。無慮數尺軀，委作泉下骨。唯愁攬清鏡，不見昨日髮。」〔註76〕在及第後，他還曾心有餘悸沈痛地回憶前此的境遇說「僻居城南隅，顏子須泣血。沈理若九泉，誰肯開口說。」〔註77〕大部分沒有考取，困居長安，抒寫落魄，抑鬱的感嘆作品更多，豆盧復〈落第歸鄉留別長安主人〉「容衰愁多不見春，聞鶯始嘆柳條新，年年下第東歸去，羞見長安舊主人。」〔註78〕羅隱〈西京崇德里居〉：「進乏梯媒退又難，強隨豪貴滯長安，風從昨夜吹銀漢，淚擬何門落玉盤。拋擲紅塵應有恨，思量仙桂也無端，錦鱗頳尾平生事，卻被閑人把釣竿。」〔註79〕可見一斑。在競爭激烈的考試下，舉子們多少也要有才學，讀書之苦，自不在話下。再以白居易為例，為求及第，力學苦讀，歷經艱難，自述為苦節讀書，「二十已來，晝課賦，夜課書，間又課詩，不遑寢息矣。以至于口舌成瘡，手肘成胝，既壯而膚革不豐盈，未老而齒髮早衰白，瞀然如飛蠅垂珠在眸子中者，動以萬數，蓋以苦學力文之所致。」〔註80〕韓愈亦自稱「吾年未四十，而視茫茫，而髮蒼蒼，而齒牙動搖。」〔註81〕可見辛苦。

綜觀以上簡述，舉子們為了求得登第，所受的各種精神和物質的壓力，是何等的沈重，無怪乎可以字字血淚來稱呼了。

而在長期的失意與壓抑下，一旦得意，精神上的振奮和衝動會給人以異常的刺激〔註82〕，進而會去求取他在前一時期內所失去的，我們稱之為補償心理。以宰相段文昌為例，「文昌少孤，寓居廣陵之瓜洲，家貧力學……在中書廳事，地衣皆錦繡，諸公多撤去，而文昌每令整飭，方踐履，同列或勸之，文昌曰『吾非不知，常恨少貧太甚，聊以自慰耳。』」更說「人生幾何，要酬平生不足也」！〔註83〕便是最佳之典型心理。進士們既然所受之「磨難」如此多，這種心理往往也更可見：據《金華子雜編》卷下載「許棠常言於人曰

〔註76〕曹鄴〈下第寄知己〉，《全唐詩》卷592，頁6868。
〔註77〕〈成名後獻恩門〉，《全唐詩》卷592，頁6869，另外如杜荀鶴〈長安冬日〉，《全唐詩》卷691，頁7950，亦有類似苦境之敘述。
〔註78〕《全唐詩》卷203，頁2123。
〔註79〕《全唐詩》卷655，頁7532。
〔註80〕《舊唐書·白居易傳》，頁4347。
〔註81〕韓愈〈祭十二郎文〉，《全唐文》卷568，頁7296。
〔註82〕傅璇琮《唐代科舉與文學》，頁452。
〔註83〕同註74，卷6，頁1038～153。

『往者年漸衰暮，行卷達官門下，身疲且重，上馬極難。自喜一第以來，筋骨輕健，攬轡升降，猶愈於少年時，則知一名能療身心之疾，其人世孤進之還丹也。』〔註84〕姚合還表現出喜極而疑，難以置信的精神世界：「夜睡常驚起，春光屬野人。新銜添一字，舊友遜前途，喜極還疑夢，狂來不似儒……」〔註85〕而韓偓則以高昂的精神寫及第進士的喜悅灑脫：「輕寒著背雨淒淒，九陌無塵未有泥。還是平時舊滋味，漫垂鞭袖過街西」〔註86〕這種解放後的心情可想而知。

因此凡得及第者，必有各種慶宴，且頗具規模，目的不外同情這些舉子的辛勞及為他們喝采。中唐時沈亞之在〈送同年任畹歸蜀序〉說元和十年，「新及第進士將去都，乃大宴，朝賢卿士與來會樂，而都中樂工倡優女子皆坐，優人前讚，舞者著袖出席，於是堂上下匏吹弦簧大奏。」〔註87〕一切的喜慶席宴活動，聲色娛樂享受，總脫離不了歌兒舞女，於是妓女們就和進士有了密切關係。她是他們放鬆後嬉鬧的對象，是他們得第後炫耀的讀者。崔鶯鶯與張生信中說「長安行樂之地，觸緒牽情」〔註88〕，可見長安是個充滿刺激的地方，特別是從外地來到長安的書生，當他一夜春風得意，當了新進士，與同年徵逐歌舞，到平康中尋歡時，他會覺得這樣的生活非常甜蜜。遠離家鄉〔註89〕，又在社會的縱容下，補償心理有時是表現得極為明顯。

三、輕浮的士氣

進士科舉有它進步的意義，但不免也產生弊病。進士浮薄，為世所詬。雖然原因複雜，交綜而成，而在此則只檢討一項，即是所謂因科考重詩文，而致輕德行的結果。

德宗時，柳冕〈與權侍郎書〉云「進士以詩賦取人，不先理道……選人以書判殿最，不尊人物，故吏道之理天下，天下奔競而無廉恥者，以教之者末也。」〔註90〕又《通典》卷17，〈選舉〉五載刺史趙匡有言「進士者時共貴

〔註84〕南唐劉崇遠撰：《金華子雜編》（四庫本），頁1035～838。
〔註85〕〈及第後中夜書事〉，《全唐詩》卷498，頁5663。
〔註86〕〈初赴期集〉，《全唐詩》卷681，頁7810。
〔註87〕《全唐文》卷735，頁9615。
〔註88〕〈鶯鶯傳〉，頁1874。
〔註89〕一般說來，人們在離開自己所在居地，通常較不受道德的約束，更容易有不軌的行為出現。
〔註90〕《全唐文》卷527，頁6787。

之，主司褒貶，實在詩賦，務求巧麗，以此為賢，不唯無益於用，實亦妨其正習；不唯撓其淳和，實又長其洮薄……故士林鮮體國之論。」〔註 91〕可見在當時就已看出進士這一毛病。

能詩賦者，貴在有才華，有創作力，非才智之士，不易為之，顧炎武曾說「唐宋國詩賦，雖雕蟲小技，而非通古知今之人，不能作。」〔註 92〕錢穆也說「對策多可抄襲，帖經惟資記誦，別高下定優劣，以詩賦文律為最宜。」〔註 93〕可見詩賦之試，也有實際上的作用，只是學者多因此而不重修身敦品，再加上干謁之風特盛，競求馳騖，造成士風卑弱又輕浮儉佻，影響不小。

以下就來看看幾個例子：史載張鷟「聰警絕倫，書無不覽。……初登進士第，對策尤工，……然性褊躁不恃士行，尤為端士所惡。」〔註 94〕或許正因這派格局，才會有《遊仙窟》這本有大膽色情描寫的小說出現〔註 95〕。另外「王澣……少豪蕩不羈，登進士第，日以蒲酒為事……櫪多名馬，家有妓樂，澣發言自比王侯，頤使儕類。……改仙州別駕，至郡，日聚英豪，從禽擊鼓，恣為歡賞。」〔註 96〕崔顥「登進士第，有俊才，無士行，好蒲博飲酒。及遊京師，娶妻擇有貌者，稍有不愜意即去之，前後數四。」〔註 97〕「李嶠及第……俯逼起居宴，霖雨不止，遣貰油幕以張去之。嶠先人舊廬升平里，凡用錢七百緡，自所居連亘通衢，殆及一里餘。參馭輩不啻千餘人，韀馬車輿，闐咽門巷，來往無有沾溼者，而金碧照耀，頗有嘉致。」〔註 98〕看來這些及第進士，所表現的倒有些像「暴發戶」的心理，極盡炫耀，唯恐人所不知。又有些進士標新立異，成為社會上的「異類」〔註 99〕；進士郭昭述和名

〔註 91〕頁 97。
〔註 92〕清顧炎武撰：《日知錄》，卷 19，頁 473。
〔註 93〕錢穆：《國史大綱》（台北：台灣商務印書館，1958 年 10 月，頁 311）。
〔註 94〕《舊唐書·張鷟傳》，頁 4023。
〔註 95〕何滿子：《中國愛情與兩性關係》（台北：台灣商務印書館，1995 年 1 月，第 2 章第 2 節）。
〔註 96〕《舊唐書·王澣傳》，頁 5039。
〔註 97〕《舊唐書·崔顥傳》，頁 5049。
〔註 98〕同註 74，卷 3，頁 1035～722。
〔註 99〕如五代王仁裕撰：《開元天寶遺事》（四庫本），卷 2，頁 1035～852：「長安進士鄭愚、劉參、郭保衡、王仲、張道隱等十數輩，不拘禮節，旁若無人，每春時選妖妓三五人，乘小犢車指名園曲沼，藉草裸形，去其巾帽，叫笑喧呼，自謂之顛飲。」

妓劉國容「雞聲斷愛」之一事，亦轟動當時〔註100〕。至於侈奢浮靡也可以想見了〔註101〕。

　　上述的這些進士行徑，驕傲、奢華、放縱、虛浮是共同的特色，是當時士風的一個側面反映。因此李德裕極力反對這些進士〔註102〕，雖有過激之處，然尤可見「進士科當唐之晚節，尤為浮薄，世所共患也。」〔註103〕

　　士風既如此，縱情詩賦酒色，求聲色之娛，自不在話下，大部分人也僅把妓女作為玩物，陪襯應對而已。

第四節　愛情功名兩難全

一、唐人門第觀念

　　唐人猶承襲六朝以來，以門第為重的觀念〔註104〕，甚至連皇帝都比不上一些世族的地位，故太宗時就特命修《氏族志》，無非是要打擊這些名族的聲譽。前引薛元超以不登第為憾，除此之外，他還因未娶到五姓女引為第二恨〔註105〕。所謂五姓，是指：隴西李氏、太原王氏、滎陽鄭氏、范陽盧氏及博陵崔氏，是當時勢力最大的望族。這種仰慕名族的心態，一直流行著，即使是用政治力量也無法扭轉時人及世族根深蒂固的觀念。《資治通鑑》高宗顯慶四年（659）冬十月記載：「初，太宗疾山東士人自矜門第，婚姻多責資財，命脩氏族志例降一等；王妃，主婿皆取勳臣家。不議山東之族。而魏徵、房玄齡、

〔註100〕同前註，卷3，頁1035～857。「長安名妓劉國容，有姿色，能吟詩，與進士郭昭述相愛，他人莫敢窺也。後昭述釋褐，受天長簿，遂與國容相別，詰日赴任，行至咸陽，國容有一女僕，馳矮駒賫短書云『歡寢方濃，恨雞聲之斷愛，恩憐未洽，歎馬足以無情。使我勞心，因君減食，再期後會，以結齊眉。』長安子弟多諷誦焉。」

〔註101〕除了前頁所舉數人外，五代王定保撰：《唐摭言》（四庫本）卷3，頁1035～715 也說「咸通中，進士及第，過堂後，便以騶從，車服侈靡之極，稍不中式，則重加罰金。」

〔註102〕如其有〈停進士宴會題名疏〉，《全唐文》卷701，頁9115。並反對寒士應舉，須公卿子弟為之，見《新唐書‧選舉志上》頁1168。

〔註103〕《新唐書‧選舉志上》頁1169。

〔註104〕如《晉書‧楊佺期傳》「自云門戶承籍，江表莫比。有以其門第比王珣者，猶志恨。而時人以其晚過江，婚宦失類，每排抑之。恆慷慨切齒，欲以事際以逞其志。」頁2200。

〔註105〕宋王讜撰：《唐語林》（四庫本）卷4，頁1038～101。

李勣家皆盛與為婚，常左右之，由是舊望不滅；壬戌，詔後魏隴西李寶、太原王瓊、滎陽鄭溫、范陽盧子遷、盧渾、盧輔、清河崔元伯、崔元孫、前燕博陵崔懿，晉趙邵李楷等子孫，不得自為婚姻。仍定天下嫁女受財之數，毋得受陪門財。然望族為時所尚，終不能禁，或載女竊送夫家，或女老不嫁，終不與異性為婚。」〔註106〕

　　到了睿宗時，皇帝也不得不從俗，開始招名族為駙馬，到後來更不得不向門閥舊族屈服，如宣帝一心要使愛女萬壽公主嫁給門第高的士人，宰相白敏中推薦出自山東望族的新進士鄭顥，宣宗非常滿意，並且在公主出嫁後連下了二次屈從世族的詔書。但鄭顥卻不領情，因為他本已聘定了同屬山東名族的盧氏女，由於白敏中的推薦，他只好改娶，由此並對敏中怨恨不已，連連上書攻擊敏中〔註107〕。可見一位當今皇帝的公主，仍舊比不上世族門閥的名族地位。從而反映出雖到了中晚唐，世族仍有勢力，依舊是一般人欽羨的對象。

二、士子的人生態度

　　唐以科舉取士，能躍龍門位列品秩，則身分地位立即不同，可享受到許多特權：為官者「撞鐘鼓、樹台榭以極其歡。」為民者則「鞭臂背，役筋力以奉其養。」「得仕者如升仙，不仕者如沈泉，歡娛憂苦，若天地之相遠也。」〔註108〕這種實際的價值觀，使社會各階層莫不有汲汲趨利之意，無怪乎《唐摭言》稱「太宗皇帝真長策，賺得英雄盡白頭。」〔註109〕

　　當時士人的人生態度，我們先以一首詩來做側面的反映：杜甫〈佳人〉「絕代有佳人，幽居在空谷，自云良家子，零落依草木。關中昔喪亂，兄弟遭殺戮。官高何足論，不得收骨肉，世情惡衰歇，萬事隨轉燭。夫婿輕薄兒，新人美如玉，合昏尚知時，鴛鴦不獨宿。但見新人笑，那聞舊人哭。在山泉水清，出山泉水濁，侍婢賣珠回，牽蘿補茅屋。摘花不插髮，採柏動盈掬。天寒翠袖薄，日暮依修竹。」〔註110〕詩中女主角，是因為曾是高官的兄弟在安史亂中被殺，家族零落，失去了家族的勢力的依託，才被輕薄的丈夫拋棄的。

〔註106〕頁6318。
〔註107〕《新唐書‧白敏中傳》，頁4306。
〔註108〕沈既濟〈選舉論〉，《全唐文》卷476，頁6158。
〔註109〕五代王定保撰：《唐摭言》（四庫本），卷1，頁1035～698。
〔註110〕《全唐詩》卷218，頁2287。

換句話說，當時丈夫娶她這樣的「良家子」，並且好待她，其實只是由於當時她的家族勢力尚顯赫，為了政治前途和社會地位，值得他去討好，所以一旦家破衰敗，便自然棄之如敝屣〔註111〕。再從大量的傳奇作品來看，這種觀念隨處可見。如《呂翁》的盧生對道士呂翁說，士之生世，「當建功樹名，出將入相，列鼎而食，選聲而聽，施族益茂而家用肥，然後可以言其適吾志于學而游於藝，自惟當年朱紫可拾，今已過壯室，猶勤田畝，非困而何？」〔註112〕可見對盧生而言，人生最大的幸福，就是出將入相。可以享受美食，以聲色自娛，又能使家族富盛，光耀門庭。他的奇遇，正是唐代士子夢寐以求的人生──娶高門女子、登進士第、做宰相、子孫滿堂，生活奢華，享有高壽，這些是他們在現實世界的夢，也成為他們追求的主要目標。《定婚店》的主角韋固，碰見月下老人，知道自己將娶一賣菜婆之醜女，氣得派人去暗殺她，以除去未來的障礙，可知他所關心的是門第、美色。最後結局是娶了相州刺史之女，「容色華麗，固稱愜之極。」〔註113〕證明作者有意反映當時一般士子的思想態度。另有一篇李林甫的故事，記述他二十歲時，一位道士對他說「某行世間五百年，見郎君一人已列仙籍，合白日昇天；如不欲，則二十年宰相，重權在己，郎君且歸，熟思之。後三日五更，復會於此。」李林甫思考的結果是「我是宗室，少豪俠。二十年宰相，重權在己，安可以白日昇天易之乎？計已決矣！」〔註114〕這個故事說明士子們在面對人間富貴垂手可得時，寧可放棄仙路，也要攫取現實利益，可知他們權勢利欲心很重〔註115〕。在其他人物身上，也可得到相當的印證。如「李白的第一任夫人許氏為唐高宗宰相許圉師的孫女，而第四任夫人宗氏也是相門之女；權德輿夫人崔氏之父崔造為唐德宗宰相；元稹的元配韋叢為太子少保韋夏卿之女，而繼配裴淑也是名門之後，白居易娶當代的望族弘農楊氏，而李商隱則娶涇原節度使王茂元最小的女兒。」〔註116〕

〔註111〕黃仕忠：《落絮望天──負心婚姻與古典文學》（陝西：人民出版社，1991年9月，頁88）。

〔註112〕宋李昉撰：《太平廣記》，卷82，頁340。

〔註113〕同前註，卷159，頁622。

〔註114〕同前註，卷19，頁142。

〔註115〕另外可參考方介：《從唐人小說看唐代士子的人生態度》，《中華文化復興月刊》1990年1月，第23卷1期、2期。

〔註116〕杜麗香：《唐代夫妻懷贈詩與悼亡詩》（台北：台灣師範大學國文研究所碩士論文，1991年），頁40。

　　綜合以上來看，士子所嚮往的人生，大約包括三個要素——娶一個有才有貌，又有權勢的女子；為將為相，貴極人臣；長生不死，永享榮華富貴。而這一切的願望，都是以先結一門好親事為基礎。因為既娶名門之女，就有岳家的援助提攜，不僅資財無虞，便於交游請託，又有機會與貴族來往，因此入了仕途，便能一帆風順，官運亨通。

　　財富、功名、門第、美色，是很多士子追求的目標，但當妓女們在他們的愛情生活中帶來漣漪，而又與現實理想相衝突時，他們是如何取捨呢？

三、悲劇性結局

　　由於士子多是寒素之士，是憑考試而不是權勢的力量而獲得入仕機會的，他們向無依托，要進一步飛黃騰達，必須尋找新的靠山，於是就想要通過聯姻加入勢力集團。另一方面，權貴們也需通過聯姻，從新進中選擇人物來擴大勢力，如在曲江宴的盛會中藉機選婿，這種雙向的選擇和欲望，使得進士們的婚姻異常重要。事實上，唐代的這些書生們也的確並不草率地處理他們的婚姻，如果真的娶了十分貧賤而且又毫無社會聲譽的女兒，在唐代的門第觀念及仕進條件下，某種意義上意味著他們自動放棄了仕進資格，後輩子翻不了身。近人陳寅恪說「唐代社會承南北朝舊俗，通以二事評量人品之高下。此二事，一曰婚，二曰宦。凡婚不娶名家女，與仕不由清望官，俱為社會所不齒。」〔註117〕所以他們並不輕易與其他女子結婚，即使產生了真正的愛情，前程與名聲也仍然高于一切，足以使他們「懸崖勒馬」。婚姻並不是為了愛情，而是為仕進鋪路。在他們的生活當中，只有功名利祿，聲色犬馬，至於真誠的情愛，恐怕是少有的。福娘請孫棨為之落籍，孫棨回答是「但非舉子所宜」，有詩為「韶妙如何有遠圖，未能相為信非夫，泥中蓮子雖無染，移入字園未得無。」〔註118〕正道出在他們的心中，情愛是次要的，甚至是一種負擔。所以同樣地，霍小玉與鶯鶯的愛情悲劇實際上都是因為仕途前程壓倒了個體的情感的結果，其表現都是為男子攀援望族而負心。總之，為了達成另一功名目標，他們是寧可犧牲情感，可知當時士子在功名與愛情間，作了如何的取捨。同時妓女們也有自覺，李娃、小玉都曾表退讓之意；如李娃為鄭生一切準備就緒後說「今之復子本軀，某不相負也。願以殘

〔註117〕陳寅恪：〈讀鶯鶯傳〉，《陳寅恪先生論文集》，頁796。
〔註118〕唐孫棨撰：《北里志》（香艷叢書本）頁1293。

年，歸養老姥，君當結媛鼎族，以奉蒸嘗，中外婚媾，無自黷也。勉思自愛，某從此去矣。」〔註119〕當李益「拔萃登科，授鄭縣主簿」後，他的地位和家庭壓力，使小玉也警覺地說「以君才地名聲，人多景慕，願結婚媾，固亦眾矣。」〔註120〕

士子他們終究是放棄愛情，誠實地做一個社會上的「善補過者」，陳寅恪論述說「以仕例婚，則委棄寒女，締姻高門。雖繾綣故歡，形諸吟詠，然卒不能不始亂終棄者，社會環境，實有以助成之。是亦人性與社會之衝突也。惟微之於仕則言性與人忤，而於婚則不語及者，蓋棄寒女婚高門，乃當時社會道德輿論之所容許，而視為當然之事，遂不見其性與人之衝突故也。」〔註121〕又認為從白居易〈和夢遊春詩一百韻序〉的文字，可以看到士人真心的一面，序云「微之既到江陵，又以夢遊春七十韻寄予。且題其序也，斯言也不可使不知吾者知，知吾者亦不可使不知。樂天知吾（者）也，不敢不使吾子知。故廣足下七十韻為一百韻，重為足下陳夢遊之中，所以甚感者，敘婚仕之際，所以至感者。微之微之，予斯文也，尤不可使不知吾者知，幸藏之云爾。」〔註122〕由這婚仕之際的矛盾告白，更知其悲劇的必然性的結果。

從同情女性角度來說，張生、李益是負心漢，但從根本上說，這是科舉取士的（唐代）必然結果，是社會的錯誤罪過。士子也無非是一較輕的受害者。黃璧端及馮明惠二位，各作了一段分析：

「元稹之所以背棄鶯鶯，恐怕是一番內心衝突衡量的結果，而非另有需要讀者自加臆測的隱情……作者又假張生之口自許為『非忘情者』，讀者難免又對張生的深情以終產生另外一個預期，然而這些預期終究都落了空……讀者的這些預期之所以落空，癥結在於張生的性格裏正有他自以模稜游移的矛盾，矛盾的一面是對愛情的追求，另一面對功名的嚮往。」〔註123〕

「從張生的矛盾及其最終的選擇，不難發現這些男主人公處於功利與門第色彩濃厚的社會下，想突破階級限制且放棄聯姻所帶來的利益，而娶寒門

〔註119〕〈李娃傳〉，《太平廣記》卷484，頁1861。
〔註120〕〈霍小玉傳〉，《太平廣記》卷487，頁1870。
〔註121〕陳寅恪：〈元微之艷詩及悼亡詩〉，《陳寅恪先生論文集》。
〔註122〕《全唐詩》卷437，頁4856。
〔註123〕黃璧端：〈張生的抉擇：談唐人小說裏的功利色彩〉，《中外文學》第4卷第5期，頁79。

女子，是需要有很大的勇氣與膽力，隨波逐流，順水推舟總比逆水而上來得容易。全然能任性適意而生活的人，古來有幾？李益與張生其實只不過是群眾情緒下的凡夫而已。」〔註124〕其實，簡單地說，用今天俗話所謂「娶一個有錢太太，可以少奮鬥二十年」來看，能抵拒誘惑者有之，但願意少奮鬥那二十年的，恐怕也是大有人在吧！

另外，舉子及第即有較尊的地位，而律法嚴格規定，士族與非士族若違反規定而通婚，足可招致刑罰，如《新唐書·李紳傳》就記載「會昌時……部人訟（吳）湘受贓狼籍，身娶民顏悅女。紳使觀察判官魏鉶鞫湘，罪明白，論報殺之。時，議者謂：吳氏世與宰相有嫌，疑紳內顧望，織成其罪。諫官屢論列，詔遣御史崔元藻覆按。元藻言湘盜用程糧錢有狀，娶部人女不實。……德裕惡元藻持兩端，奏貶崖州司方參軍。」〔註125〕雖然此一事件的根本導因在「牛李」朋黨權力之爭的政治事件，但可證唐代士族娶部人平民是有罪的〔註126〕。「杜佑晚年以妾為夫人，有所蔽云。」〔註127〕妾都不得晉升為夫人的地位，何況是妓女呢？

所以李娃傳中的結局竟是安排滎陽公親自出面，以六禮迎娶娼妓，實在是荒唐。這純粹只是作為一種反諷的手法，士族與妓女是不可能論及婚姻的。

無論從法律角度，唐人的價值觀、及在禮法觀念上，此違反了「父母之命，媒妁之言」的婚姻制度，更就西方所流行愛情論而言，也背反了「靈」與「性」結合的愛情理論〔註128〕，這些因素，使進士與妓女必然是落入一個悲劇性的結果。雖然士子們曾面臨了矛盾抉擇，但他們總是先以極大的熱情，狎玩的態度來看待她們，而後一旦面臨婚姻門第問題，就講出一大篇堂皇的理由，來為自己的始亂終棄辯解，然後理直氣壯地辜負了女人的深情。這樣不算是種感情的欺騙嗎？妓女們「遂在進士制度及門第觀念牽引下滋盛，又復成為上述兩者的犧牲品。」〔註129〕她們的結局是悲慘的！

〔註124〕馮明惠：〈唐代傳奇中娼妓的悲劇性〉，《中國古典小說中的愛情》頁43。

〔註125〕頁5349。

〔註126〕傅錫壬：〈試探李娃傳的寫作動機及時代〉，《淡江學報》20期，頁1。

〔註127〕《新唐書·杜佑傳》頁5090。

〔註128〕葉慶炳：《中國古典小說中的愛情》（台北：時報文化，1985年11月，頁18）。

〔註129〕宋德熹：〈唐代的妓女〉，頁91。

第七章　妓女與文人

　　在上章，談到了進士這一新興階級與唐代妓女的關係。此章則仍要繼續探討，在當時社會上另一個特殊的男性階層──文人和妓女的關係。《唐摭言》卷一說：「由此（進士）而出者，終身為文人。」〔註1〕實際上，唐代文人的範圍要更為廣泛，「及第後之進士，一般的詩人、畫家、書法家、音樂家等，都屬文人；就是那些出將入相的政治家、軍事家，也常帶有濃鬱的文人色彩」〔註2〕。是以本章之「文人」，乃採最廣泛的意義，凡是能文之士，皆可稱作文人。唐代是一個文學鼎盛的時期，並形成一個文學社會，也因此文人階層與文學思想，是頗複雜的，不僅具體影響著文學活動本身，也影響知識階層的作為，妓女也在這種社會風氣裏，產生文士化傾向〔註3〕。曹丕曾說「觀古今文人，類不護細行。」〔註4〕可見可能因為創作活動的原因，使他們更曠達，不受拘束。表現在唐代文人身上亦可印證。就以文人作品來說，大量涉及音樂歌舞內容，和歌妓間關係極為密切。僅就《全唐詩》中在詩題上即可判斷為此類詩篇的約近千首，至於詩題上未得到反映，而在詩篇中涉及者更是不計其數〔註5〕。這大量的作品指出文人們已把遊賞伎樂，當作他們生活的重要

〔註1〕五代王定保撰：《唐摭言》（四庫本），頁1035～698。
〔註2〕李志慧：《唐代文苑風尚》，頁1。
〔註3〕龔鵬程〈論唐代的文學崇拜與文學社會〉，《晚唐的社會與文化》（台北：台灣學生書局，1990年9月）。本文對唐代的文學化社會狀況，有極深刻的考察，可作參考。
〔註4〕曹丕〈又與吳質書〉，《全上古三代秦漢三國六朝文》（日本京都：中文出版社，1972年7月，頁1089）。
〔註5〕劉尊明。《唐五代詞的文化觀照》，（台北：文津，1994年12月，頁188）。

部分。另外妓女們的生計少不了這批文人雅士的光顧，而他們間的合作，對
於當時文學的創作及播揚，也起很大作用。以下分別述之。

第一節　文人的歌舞遊宴

　　唐代上層社會盛行宴會，貴族、官吏們常邀請友朋、文士一起同樂，此
時歌妓舞女常於其間表演，以娛賓客，是整個宴會中不可缺少的角色。文人
也因此寫了很多此類欣賞的作品；另外他們也經常出入歌樓妓館，逢場作戲，
尋歡作樂，呈現出他們浪漫生活的一部分。在南朝，宮體詩人雖然用輕艷的
詩句詠宮廷中的麗人，甚而把自己的妻妾當「倡家」一樣調笑，但從未用詩
歌寫自己的浪漫事跡。妖艷的「大堤女」服務的對象是商旅，貴族文人尚未
放誕到甘與市井娼妓為伍的程度〔註6〕。只是到了唐代，文人們競於逐歡的生
活，妓女成為不可或缺的角色。

　　錢起〈陪郭常侍同公東亭宴集〉：「美景池台色，佳期宴賞情。詞人載筆
至，仙妓出花迎。舞衫招戲蝶，歌扇隔啼鶯，飲德心皆碎，披雲興轉清，不
愁歡樂盡，積慶在和羹。」〔註7〕有美景佳餚，有美女表演，這當然是場歡樂
之宴；王建在席上曾見一妓精彩的演出為「整頓舞衣呈玉腕，動搖謌扇露金
鈿。青蛾側座調雙管，彩鳳斜飛入五弦。」〔註8〕在歌舞的感染下，叫人覺得
心滿意足。「蠻箋象管休凝思，且放春心入醉鄉。」〔註9〕「莫情今朝同酩酊，
任他龜鶴與蜉蝣。」〔註10〕再也無復所求了。就連一向被認為嚴謹的杜甫，
也不免有此類之作〔註11〕，可見文人之作風及社會的風習。

　　狎妓作為文人的一種生活，他們不在意的留下許多記錄。儲光羲〈長安
道〉寫著「鳴鞭過酒肆，袨服遊倡門。百萬一時盡，含情無片言。」〔註12〕
孟浩然寫妓女之美與藝為「艷色本傾城，分香更有情。鬌鬖垂欲解，眉黛

〔註6〕康正果：《風騷與艷情》（台北：雲龍出版社，1991年2月，頁241）。
〔註7〕《全唐詩》卷238，頁2664。
〔註8〕王建〈田侍中宴席〉，《全唐詩》卷300，頁3415。
〔註9〕劉兼〈春宴河亭〉，《全唐詩》卷766，頁8695。
〔註10〕陸弘休〈和訾家洲宴遊〉，《全唐詩》卷768，頁8719。
〔註11〕如〈陪王侍御同登東山最高頂宴姚通泉晚攜酒泛江〉、〈數陪李梓州泛江有女
　　　樂在諸舫戲為艷曲二首贈李〉、〈陪諸貴公子丈八溝攜妓納涼晚際遇雨二首〉
　　　等。分見《全唐詩》卷220，頁2318；卷227，頁2462；卷224，頁2400。
〔註12〕《全唐詩》卷139，頁1418。

拂能輕，舞學平陽態，歌翻子夜聲。」且在「春風狹邪道，含笑待逢迎。」
〔註13〕孫棨的《北里志》是自己親身經歷的記載，及「十年一覺揚州夢」的
杜牧等等，無法一一枚舉。

在中晚唐的詩人中，與妓女過從最密，酬唱最繁的無過於白居易、元稹、
杜牧及溫庭筠，並在他們的作品中大量反映出。本節就以這四人為文人代表，
略述其事，並更將重點放在白居易身上，作為一個更典型的例子。

白居易的一生幾乎是充滿聲色之娛，從青年登科始，至日後的官宦生涯，
在他的詩作中至少留下了數十位妓女之名（見後）。另外居易也蓄有多位家
妓，此在家妓章已述。隨著他宦遊地點的更遷，他也結識了許多的官妓及青
樓女子，並飽含熱情地來欣賞贊美他們的歌舞，享受歡樂。在長安，因年少
得志，流連狎遊，故詩作濃艷綺麗：

> 徵伶皆絕藝，選妓悉名姬。粉黛凝春態，金鈿耀水嬉，風流誇墮髻，
> 時世鬥啼眉。密坐隨歡促，華尊逐勝移，香飄歌袂動，翠落舞釵移，
> 籌插紅螺椀，觥飛白玉卮，打嫌調笑易，飲訝卷波遲。〔註14〕

這些經歷還時常引起詩人愉快的回憶，「見君新贈只君詩，憶得同無行樂時。」
〔註15〕另外其〈江南喜逢蕭九徹因話長安舊游戲贈五十韻〉詩中所敘，實為
當時文人與青樓妓女宴樂的典型生活描寫：

> 憶昔嬉遊伴，多陪歡宴場，寓居同永樂，幽會共平康，師子尋前曲，
> 聲兒出內坊。花深態奴宅，竹錯得憐堂。庭晚開紅藥，門間陰綠楊。
> 經過悉同巷，居處盡連牆，時世高梳髻，風流淡作妝。戴花紅石竹，
> 帔暈紫檳榔，鬢動懸蟬翼，釵垂小鳳行。拂胸輕粉絮，暖手小香囊。
> 選勝移銀燭，邀歡舉玉觴。爐煙凝麝氣，酒色注鵝黃，急管停還奏，
> 繁弦慢更張，雪飛迴舞袖，塵起繞歌梁。舊曲翻調笑，新聲打義揚。
> 名情推阿軌，巧語許秋娘。風暖春將暮，星迴夜未央。宴餘添粉黛，
> 坐久換衣裳。結伴歸深院，分頭入洞房。彩帷開翡翠，羅荐拂鴛鴦。
> 留宿爭牽袖，貪眠各占床。綠窗籠水影，紅壁背燈光，索鏡收花鈿，
> 邀人解袷襠。暗嬌妝靨笑，私語口脂香，怕聽鐘聲坐，羞明映縵藏。
> 眉殘蛾翠淺，鬢解綠雲長。〔註16〕

〔註13〕孟浩然〈美人分香〉，《全唐詩》卷160，頁1656。
〔註14〕白居易〈代書詩一百韻寄微之〉，《全唐詩》卷436，頁4824。
〔註15〕白居易〈和元九與呂二同宿話舊感贈〉，《全唐詩》卷437，頁4851。
〔註16〕《全唐詩》卷462，頁5253。

　　白居易彷彿帶領讀者參觀平康中的妓院一樣，津津有味地再現了他與朋友嫖妓的一系列場景，熟悉地列舉了幾家妓院的名妓之名，描繪了這個著名的妓院區中樓館毗連，花木繁茂的環境，接著寫妓女出迎，描述諸妓的服飾、時妝，然後寫為接待嫖客而辦的宴會，奏樂、起舞、唱曲，一直鬧到深夜，最後寫酒闌席散，妓女們帶著留宿的客人分頭回到陳設華麗的房間中，卸妝後親昵之情景〔註17〕。

　　在杭州，妓樂是他的排遣之道：「移鎮錢塘第二年，始有心情問絲竹。玲瓏箜篌謝好箏，陳寵觱栗沈平笙。」〔註18〕而景色怡人再加上南國佳麗之美，令詩人不覺陶醉，「望海樓明照曙霞，護江堤白蹋晴紗，濤聲夜入伍員廟，柳色春藏蘇小家，紅袖織綾夸柿蒂，青旗沽酒趁梨花，誰開湖寺西南路，草綠裙腰一道斜。」〔註19〕在夜晚仍是歡飲宴樂的好時光：「鞭馬夜紛紛，香街起暗塵。回鞭招飲妓，分火送歸人。風月應堪惜，懷觴莫厭頻。」〔註20〕在蘇州任上，他一慣吟風弄月，恣意歡樂：

　　　菱角執笙簧，谷兒抹琵琶，紅綃紫綃隨意歌。〔註21〕

　　　萍醅箬溪醑，水鱠松江鱗。侑食樂懸動，佐歡妓席陳，風流吳中客，佳麗江南人。歌節立隨袂，舞香遺在茵，清奏凝未闋，酡顏氣已春。

　　　眾賓勿遽起，群僚且逡巡。無輕一日醉，用犒九日勤。〔註22〕

　　直至晚年，白居易依然是與歌舞為伴，〈楊柳枝二十韻〉寫道：

　　　小妓攜桃葉，新聲蹋柳枝。妝成剪燭後，醉起拂衫時。繡履嬌行緩，花筵笑上遲，身輕委迴雪，羅薄透凝脂。笙引簧頻暖，箏催柱數移，樂童翻怨調，才子與妍詞，便想人如樹，先將髮比絲。風條搖兩帶，煙葉貼雙眉，口動櫻桃破，鬟低翡翠垂。枝柔腰嫋娜，荑嫩手葳蕤，喉鶴晴呼紹，衰猨夜將幾。玉敲音歷歷，珠貫字累累，袖為收聲點，釵因赴節遺，重重遍頭別，一一拍心知。〔註23〕

〔註17〕康正果：《風騷與艷情》，頁245。
〔註18〕〈霓裳羽衣歌〉，《全唐詩》卷444，頁4970。
〔註19〕〈杭州春望〉，《全唐詩》卷443，頁4959。
〔註20〕〈飲散夜歸贈諸客〉，同前註。
〔註21〕〈小夜亦有月〉，《全唐詩》卷452，頁5108。
〔註22〕〈郡齋旬日假始命宴呈座客示郡僚〉，《全唐詩》卷444，頁4967。
〔註23〕《全唐詩》卷455，頁5156。

詩把歌妓的美與技藝，嬌態寫得動人。前也記敘過居易在晚年仍蓄有家妓樊素、小蠻，因老病才不得已將之「放歸」，亦見妓女在他生活上的角色。〔註24〕

　　有關白居易與妓女之關係，已分別零星地在前幾章略述，今在此作一整理，以作為文人之代表。下面根據白居易的詩作，將其在詩中出現或其交往的妓女，列舉如下〔註25〕，包括妓女之名稱及出處。

　　（1）商玲瓏：〈醉歌〉〔註26〕

　　（2）陳寵、沈平：〈霓裳羽衣歌〉〔註27〕

　　（3）李馬二妓：〈醉後題李馬二妓〉〔註28〕

　　（4）謝好：〈代謝好答崔員外〉〔註29〕

　　（5）李娟、張態：〈霓裳羽衣歌〉、〈憶舊遊〉〔註30〕

　　（6）心奴：〈寄李蘇州兼示楊瓊〉、〈長洲曲新詞〉〔註31〕

　　（7）英、倩：〈舒員外遊香山寺，數日不歸，兼辱尺書，大誇勝事。時正值坐衙慮囚之際，走筆題長句以贈之〉〔註32〕

　　（8）容、滿、蟬、態：〈夜遊西武丘寺八韻〉、〈長洲曲新詞〉〔註33〕

　　（9）蜀妓：〈寒食日寄楊東川〉〔註34〕

　　（10）薛濤：〈贈薛濤〉〔註35〕

　　（11）關盼盼：〈燕子樓〉詩三首、〈感故張僕射諸妓〉〔註36〕

〔註24〕以上有關白居易此類的生活，可參宋德熹〈唐代的妓女〉，文人部分。陶慕寧：《青樓文學與中國文化》第一章第二節。楊宗瑩：〈買笑黃金莫訴貧——白居易與妓女〉，《中國學術年刊》第 6 期。

〔註25〕可參楊宗瑩〈買笑黃金莫訴貧——白居易與妓女〉頁 9～27。孫菊園：〈唐代文人和妓女的交往及其與詩歌的關係〉，《文學遺產》1989 年第 3 期，頁 106～108。

〔註26〕《全唐詩》卷 435，頁 4823。

〔註27〕《全唐詩》卷 444，頁 4970。

〔註28〕《全唐詩》卷 438，頁 4876。

〔註29〕《全唐詩》卷 442，頁 4947。

〔註30〕《全唐詩》卷 444，頁 4970。卷 444，頁 4981。

〔註31〕《全唐詩》卷 442，頁 4948。卷 457，頁 5196。

〔註32〕《全唐詩》卷 445，頁 4998。

〔註33〕《全唐詩》卷 447，頁 5031。卷 457，頁 5196。

〔註34〕《全唐詩》卷 457，頁 5187。

〔註35〕《全唐詩》卷 462，頁 5254。

〔註36〕《全唐詩》卷 438，頁 4869。卷 436，頁 4834。

（12）樊素、小蠻：〈不能忘情吟〉、〈天寒晚起，引酌詠樓寄許州王尚書，汝州李常侍〉，〈對酒有懷寄李十九郎中〉、〈山遊示小妓〉、〈別柳枝〉〔註37〕

（13）小玉：〈伊州〉〔註38〕

（14）崔七妓人：〈聽崔七妓人箏〉〔註39〕

（15）盧侍御小妓：〈盧侍御小妓乞詩，座上留贈〉〔註40〕

（16）羅樊二妓：〈九日代羅樊二妓招舒著作〉〔註41〕

（17）于駙馬小妓：〈寄明卅于駙馬使君〉〔註42〕

（18）周家歌者：〈題周家歌者〉〔註43〕

（19）菱角、谷兒、紫綃、紅綃：〈小庭亦有月〉〔註44〕

（20）楊師皋小妓英英：〈和楊師皋傷小姬英英〉〔註45〕

（21）楊師皋琵琶妓：〈哭師皋〉〔註46〕

（22）牛家妓樂：〈與牛家妓樂雨夜合宴〉〔註47〕

（23）房、寶二妓：〈池上送考功郎中，兼別房寶二妓〉〔註48〕

（24）沈子明歌妓：〈解題沈子明壁〉、〈晚春，欲攜酒尋沉四著作，先以六韻寄之〉〔註49〕

（25）牛僧孺之彈箏妓：〈戲答思黯〉〔註50〕

（26）裴度之十二姝：〈夜宴醉後留獻裴侍中〉〔註51〕

〔註37〕《全唐詩》卷461，頁5250。卷457，頁5194。卷458，頁5211。卷452，頁5112。卷458，頁5199。
〔註38〕《全唐詩》卷478，頁5049。
〔註39〕《全唐詩》卷438，頁4876。
〔註40〕《全唐詩》卷438，頁4876。
〔註41〕《全唐詩》卷444，頁4980。
〔註42〕《全唐詩》卷454，頁5152。
〔註43〕《全唐詩》卷449，頁5070。
〔註44〕《全唐詩》卷452，頁5108。
〔註45〕《全唐詩》卷449，頁5071。
〔註46〕《全唐詩》卷453，頁5130。
〔註47〕《全唐詩》卷457，頁5191。
〔註48〕《全唐詩》卷454，頁5140。
〔註49〕《全唐詩》卷444，頁4979。卷456，頁5177。
〔註50〕《全唐詩》卷457，頁5185。
〔註51〕《全唐詩》卷455，頁5155。

（27）阿軟：〈微之到通州日，授館未安，見塵壁間有數行字，讀之即僕
舊詩。其落句云：綠水紅蓮一朵開，千花百草無顏色。然不知題
者何人也。微之吟嘆不足，因綴一章，兼錄僕詩本同寄。省其詩，
乃是十五年前初及第時，贈長安妓人阿軟絕句。緬思往事，杳若
夢中。感舊懷今，因酬長句。〉〔註52〕

（28）秋娘：〈江南喜逢蕭九徹因話長安舊遊〉、〈和元九至呂二同宿話舊
感贈〉〔註53〕

（29）楊瓊：〈寄李蘇州兼示楊瓊〉〔註54〕

（30）重蓮：〈聽曹剛琵琶，兼示重蓮〉〔註55〕

（31）陳結之：〈感舊石上字〉、〈對酒有懷，寄李十九郎中〉〔註56〕

（32）吳二娘：〈寄殷協律〉〔註57〕

（33）都子：〈聽歌六絕句，聽都子歌〉〔註58〕

（34）得憐：〈聽歌六絕句，聽都子歌〉〔註59〕

（35）態奴：〈江南喜逢蕭九徹因話長安舊遊〉〔註60〕

（36）琵琶妓：〈代琵琶弟子謝女師曹供奉寄新調弄譜〉〔註61〕

（37）潯陽江頭之琵琶女：〈琵琶行〉〔註62〕

（38）鸚鵡洲之歌者：〈夜聞歌〉〔註63〕

（39）湘靈：〈冬至夜懷湘靈〉、〈寄湘靈〉〔註64〕

（40）彈〈湘妃怨〉之吳娃：〈聽彈湘妃怨〉〔註65〕

（41）小女冠阿容：〈玉真張觀主下小女冠阿容〉〔註66〕

〔註52〕《全唐詩》卷438，頁4868。
〔註53〕《全唐詩》卷462，頁5253。卷437，頁4851。
〔註54〕《全唐詩》卷442，頁4948。
〔註55〕《全唐詩》卷449，頁5060。
〔註56〕《全唐詩》卷458，頁5200。卷458，頁5211。
〔註57〕《全唐詩》卷448，頁5046。
〔註58〕《全唐詩》卷450，頁5212。
〔註59〕《全唐詩》卷450，頁5212。
〔註60〕《全唐詩》卷462，頁5253。
〔註61〕《全唐詩》卷454，頁5154。
〔註62〕《全唐詩》卷435，頁4821。
〔註63〕《全唐詩》卷433，頁4791。
〔註64〕《全唐詩》卷436，頁4834。卷437，頁4839。
〔註65〕《全唐詩》卷442，頁4948。
〔註66〕《全唐詩》卷442，頁4944。

（42）龍花寺主家小尼：〈龍花寺主家小尼〉〔註67〕

（43）善歌楊柳新聲的洛之小妓：〈楊柳枝二十韻〉〔註68〕

（44）彈略略之琵琶妓：〈聽琵琶妓彈略略〉〔註69〕

（45）吹笙內人：〈吹笙內人出家〉〔註70〕

（46）蕭煉師：〈送蕭煉師步虛詞十首，後以二絕繼之〉〔註71〕

以上包括了官妓、自己的家妓、他人的家妓、一般娼妓、女冠等，其他不知姓名者，當更不計其數。

元稹與白居易二人同年登科，交情彌篤，詩風相近。前引白居易詩〈代書詩一百韻寄微之〉即是二人偕游曲巷的經歷。傳奇〈鶯鶯傳〉中的「張生」即是作者元稹的自況〔註72〕。其中元稹之風流艷事，在其與薛濤及劉採春二人，最為出名，元稹初識薛濤，為其才華傾倒，於是二人贈答唱酬，事後元又邂逅了劉採春，便即溺於採春之風采，將薛濤置諸腦後〔註73〕。可見元稹之作風，亦是輕薄。

及至晚唐，文人生活更狂放不羈，游宴宿娼，所在多有，杜牧的〈遣懷〉是其中一名作：「落魄江南載酒行，楚腰腸斷掌中輕。十年一覺揚州夢，贏得青樓薄倖名。」〔註74〕深刻地說出詩人之經歷及心情。另外杜牧的疏

〔註67〕《全唐詩》卷442，頁4945。

〔註68〕《全唐詩》卷455，頁5156。

〔註69〕《全唐詩》卷447，頁5035。

〔註70〕《全唐詩》卷462，頁5256。

〔註71〕《全唐詩》卷440，頁4908。

〔註72〕陳寅恪：〈讀鶯鶯傳〉及〈艷詩及悼亡詩〉二文有詳細說明，收入《陳寅恪先生全集》。

〔註73〕唐范攄撰：《雲谿友議》（四庫本）卷下，頁1035～607：「安人元相國應制科之選，歷天祿畿尉，則聞西蜀樂籍有薛濤者，能篇詠，饒詞辯，常悄悒于懷抱也。及為監察，求使劍門，以御史推鞫，難得見焉，及就除拾遺，府公嚴司空綬，知微之之欲，每遣薛氏往焉。臨途訣別，不敢挈行。洎登翰林，以詩寄曰『錦江滑膩蛾眉秀，化出文君及薛濤。言語巧偷鸚鵡舌，文章分得鳳凰毛。紛紛詞客皆停筆，個個君侯欲夢刀。別後相思隔煙水，菖蒲花發五雲高。』元公即在中書，論與裴晉公度子弟謀及第，議出同州，乃廉問浙東，別濤已逾十載，方擬馳使往蜀取濤，乃有俳優周季南、季崇及妻劉採春，自淮甸而來，善弄陸參軍，歌聲徹雲。篇韻雖不及濤，容華莫之比也。元公似忘薛濤，而贈採春詩曰『新妝巧樣畫雙蛾，幔裏恒州透額羅。正面偷輪光滑笏，緩行輕踏皺皮靴。言詞雅措風流足，舉止低迴秀媚多，更有惱人腸斷處，選詞能唱望夫歌。』」

〔註74〕《全唐詩》卷524，頁5998。

放，也可由其在李愿宴會上的表現看出〔註75〕，這種放縱實已接近於無禮
狂妄。

　　關於溫庭筠，《新唐書》本傳說他：「少敏悟，工為辭章，……然薄於行，
無檢幅。又多作側辭艷曲，與貴冑裴誠，令狐滈等蒲飲狎昵。數舉進士不中
第。」〔註76〕可見甚有才華，但卻是極狂放不羈，時常出入歌樓妓院，還曾
為此犯「夜禁」而被巡夜的打傷〔註77〕。在笙歌妙舞的生活下，他運用自己
特殊的才藝，寫了許多狎遊的篇章，用精緻的結構，華麗綺靡的意象，形成
富艷精工的風格，對妓女形象有深入的刻畫，如〈張靜婉採蓮曲〉寫道：

> 蘭膏墜髮紅玉春，燕釵拖頸拋盤雲，城西楊柳向嬌晚，門前溝水波粼粼，
> 麒麟公子朝天客，珂馬瑲瑲度春陌。掌中無力舞衣輕，剪斷鮫綃破春碧。
> 抱月飄煙一尺腰，麝臍龍腦憐嬌嬈，秋羅拂水碎光動，露重花多香不銷。
> 鸂鶒交交塘水滿，綠芒如粟蓮莖短。一夜西風送雨來，粉痕露落愁江淺，
> 船頭折藕絲暗牽，藕根蓮子相留連，郎心似月月未缺，十五十六清光圓。

〔註78〕

寫妓女之梳妝，情郎的到來，歡會，以及內心的情懷，形象豐富完整。由之
也可看出其與歌妓間的特殊關係。韓偓著有《香奩集》，作品多數展現了綺麗
奢靡的格調，包括對妓女的身體的歌詠，浪漫的追求，反映出視野狹窄，生
活情趣不高，失於輕浮猥瑣的一面。

　　這些都顯示文人的另一個生活側面。

第二節　文人筆下的妓女

　　文人平日與樂舞，妓女多有接觸，故在詩作中與此有關者，也大量出現。
在《全唐詩》中，描寫樂器的詩篇約三百首，描寫聽歌、觀舞、賞樂的詩篇
約四百首；描寫妓女或題詠，贈送之類約二百五十首〔註79〕，加起來則共約
近千首。在這麼多的作品裏，由於無法一一錄出分析，故方法上只能僅就在

〔註75〕唐孟棨撰：《本事詩·高逸》（唐代叢書本），頁522。原文見第四章第三節第
　　　　一項。
〔註76〕《新唐書·溫庭筠傳》，頁3787。
〔註77〕《舊唐書·溫庭筠傳》，頁5079。
〔註78〕《全唐詩》卷575，頁6697。
〔註79〕劉尊明：《唐五代詞的文化觀照》，頁188。

詩題上可見「妓」字者，儘量分類比較，若實際內容涉及，但不見諸題名，則仍不予以列入。然其中有一部分雖題名不見「妓」字，但顯而易見是在描寫妓的，則將之採入，如元稹的〈贈劉採春〉、李嶠〈倡婦行〉，為避免名目太多，過於紛雜，茲將之分作六類：〔註80〕

    （一）觀妓、聽妓〔註81〕

    （二）詠妓

    （三）贈妓

    （四）傷妓、悼妓等〔註82〕

    （五）直接以妓為題

    （六）其他〔註83〕

（一）觀妓、聽妓：

作　品	作　者	時代〔註84〕	出處〔註85〕	備　註
在水軍宴韋司馬樓船觀妓	李白	武后大足元年——肅宗寶應元年（701～762）。初盛唐。	卷179，P1829。	
揚州雨中張十七宅觀妓	張謂	約玄宗天寶末前後在世。盛唐。	197，P2109。	一作劉長卿詩
五日觀妓	萬楚	登開元進士第。盛唐	145，P1468。	

〔註80〕 這樣的作法至少會有二個問題：第一是由於作品頗多，故在檢索時不免會有遺漏。不過我的重點在於是否能從中看個大概趨勢，作初盛唐和中晚唐的比較，應仍有所謂取樣上的參考價值。第二在分類上可能會有內容的重疊，如「贈妓」之作品可能是「詠妓」類的內容，不過仍是遷就詩題為主，以避免太複雜。

〔註81〕 從詩題上可看出，是在觀賞、聽妓歌唱表演的這類活動。

〔註82〕 在詩題上可見屬於情感較強烈的用字。

〔註83〕 在詩題上不能列入前五類，又在題目上頗多樣性，為避免煩雜，故權稱「其他」，將之列為一類。

〔註84〕 詩人的生卒年代，所依據為譚正璧：《中國文學家大辭典》（上海書店，1985年10月）以及《全唐詩》的詩人小序。若在這二種裡都查不到，則根據所知的資料作推測，給予一個較大範圍的時代斷限。另外將唐代分作初、盛、中、晚四期的標準是：初唐——武德元年（618）——睿宗李旦先天末年（712）。盛唐——玄宗開元元年（713）——肅宗寶應末年（762）。中唐——代宗廣德元年（763）——敬宗寶曆2年（826）。晚唐——文宗太和元年（827）——亡國（906）。此據《中國文學史初稿》（台北：福記文化圖書有限公司，1985年5月，頁467，481，519，539）詩人所在年代如有跨越不同時期的，也都予以列出。

〔註85〕 指《全唐詩》的卷數及頁數。

宴崔明府宅夜觀妓	孟浩然	武后永昌元年——玄宗開元28年（689～740）。初盛唐	160，P1661。	
崔明府宅夜觀妓	孟浩然	略 初盛唐。	160，P1642。	
李員外秦援宅夜觀妓	沈佺期	？——玄宗開元初左右。初盛唐。	97，P1048。	
觀舞妓	溫庭筠	約唐宣宗大中末前後在世。晚唐。	577，P6711。	
益州城西張超亭觀妓	王勣	初唐。〔註86〕	卷769，P8728。	一作盧照鄰一作王績。
夜宴觀妓	薛逢	約宣宗大中中前後在世。晚唐。	548，P6325。	
邯鄲南亭觀妓	李白	略。初盛唐。	179，P1825。	
和趙王觀妓	法宣	隋末人。初唐。〔註87〕	808，P9112。	
觀舞女（一作妓）	施肩吾	約穆宗長慶中前後在世。中唐。	494，P5600。	
司辛法宅觀妓	盧照鄰	約太宗貞觀15年——高宗永隆4年。初唐。	42，P524。	一作辛司法宅觀妓
司辛法宅觀妓	王績	？——太宗貞觀18年。初唐。	37，P486。	
觀妓	司空曙	約代宗大曆初前後在世。中唐。	293，P3328。	
觀蠻妓	王建	約玄宗天寶10年——文宗太和9年間。中晚唐。	301，P3434。	
岐王席觀妓	崔顥	？——玄宗天寶13年。初盛唐。	1310，P1327。	一作盧女曲
陪辛大夫西亭宴觀妓	劉長卿	約玄宗天寶中前後在世。盛唐。	148，P1507。	
過李將軍南鄭林園觀妓	劉長卿	同上。	147，P1496。	
溫泉馮劉二監客舍觀妓	張說	高宗乾封2年——玄宗開元18年。初盛唐。	88，P971。	
秋獵孟諸夜歸置酒單父東樓觀妓	李白	略。盛唐。	179，P1823。	

〔註86〕二書皆未敘及「王勣」之年代，但《全唐詩》云此詩作者可能有三，另二位（參備註）皆初唐人，故推定王勣應也是，才會造成混淆。

〔註87〕在計算時，可列入初唐。

夜觀妓	儲光羲	約玄宗天寶元年前後在世。盛唐。	139，P1413。	
白沙宿竇常宅觀妓	劉商	約代宗大曆中前後在世。中唐。	304，P3462。	
清明日觀妓舞	白居易	代宗大曆7年——武宗會昌6年（772～846）。中晚唐。	443，P4958。	
廣州朱長史座觀妓	宋之問	？——玄宗先天中。初唐。	53，P658。	
揚宅雨中張十宅觀妓	劉長卿	略。盛唐。	48，P1512。	一作張謂詩
酬蕭侍中春園聽妓	陳子良	？——太宗貞觀6年。初唐。	39，P497。	一作李元操詩
聞金吾妓唱梁州	李頻	約懿宗咸通元年前後在世。晚唐。	587，P6813。	
聽崔七妓人箏	白居易	略。中晚唐	438，P4876。	
聽琵琶妓彈略略	白居易	同上	447，P5035。	
聞歌妓唱嚴郎中詩因以絕句寄之	白居易	同上	446，P5006。	

在以上所錄 31 首作品，概括言之，詩人多在一般宴聚場合，採旁觀的角度來欣賞妓女的歌樂舞蹈，把一時感受形諸筆墨。特點是平舖直敘，用第三人稱的角度，採用客觀描寫的手法來創作，詩人對妓女色藝的欣賞，得自表層的印象，她們形象的類型性是很高的〔註88〕。妓女的歌喉、舞姿，包括妓女本身在詩人的眼中固然是美的，但這種美在詩人心理上所激起的反應，與現實中觀賞一幅圖畫或面對一片湖山勝景的感受似乎也並無太大的區別，妓女只是作為渲染氣氛的必要點綴〔註89〕。作為娛人的工具，她們是又美麗又可人。就作者來看，初盛唐和中晚唐的比例差不多，顯示這是整個時代的常態活動。

〔註88〕此處的「類型性」為日本松蒲友久所提，他說「類型性的高低，並非直接評論文學作品的高低。所謂『負的評價』，這種近代評論不過是一種極具片面的觀點。從原理上說，作品表現力上的類型性無論正或負，都有其作用。」見劉柏青、張連第、王鴻珠主編：《日本學者中國文學研究譯叢3》（吉林教育出版社，1990年3月，頁58）。

〔註89〕陶慕寧《青樓文學與中國文化》，頁23。

（二）詠妓：

作　品	作　者	時　代	出　處	備　註
詠妓	王勣	略。初唐。	卷 769，P8728。	
王郎中妓席五詠	顧況	約玄宗開元 13 年──憲宗元和 9 年。盛中唐。	267，P2968。	一作王郎中席歌妓
荊南席上詠胡琴妓二首	王仁裕	僖宗廣明元年──周世宗顯德 3 年（880～956）晚唐。	736，P8401。	一作奉使荊南高從誨筵上聽彈胡琴
妓席與杜牧之同詠	張祐	？──宣宗大中中。晚唐	792，P8916。	
詠妓	王績	略。初唐	37，P486。	一作王勣
詠崔雲娘〔註 90〕	李宣古	約宣宗大中中前後在世。晚唐	870，P9859。	
詠崔五嫂	張文成	初盛唐〔註 91〕	《全唐詩逸》卷下，P10218	

　　在這類作品中，和第一類差不多，是採用客觀描寫的手法，來記錄妓女的容貌才藝或享受之歡樂。這些妓女形象的類型性仍是相當高的。作品雖少，但作者的時代比例也差不多。

（三）贈妓

作　品	作　者	時　代	出　處	備　註
贈營妓	崔瓘	大曆中，遷湖南觀察使。中唐。	卷 32，P3515。	
贈妓人王福娘	孫棨	約昭宗龍紀中前後左右。晚唐。	727，P8328。	
贈歌妓二首	李商隱	憲宗元和 8 年──宣宗大中 8 年。中晚唐	539，P6155。	
賀筵占贈營妓	楊汝士	約穆宗長慶初前後在世。中唐。	484，P5500。	
贈柳氏妓	鄭還古	約文宗太和初前後在世。中晚唐。	491，P5556。	

〔註90〕詩前小序云：「澧州宴，酒糾崔雲娘瘦瘠，每戲調，舉罰承賓，兼恃歌聲。自以為郢人之妙，李宣古當筵一詠，遂至箝口。」崔雲娘為宴上之酒糾，可見為主持之妓女。

〔註91〕據劉開榮：《唐代小說研究》頁 173，指張文成其實可能是張驚，又張的年代是高宗顯慶 5 年──玄宗開元 27 年（660～740），故以之為初唐時之人。

不飲贈官妓	杜牧	德宗貞元 19 年——宣宗大中 6 年（803～852）中晚唐。	522，P5970。	
贈妓行雲詩	鄭史	開元元年舉進士第。盛唐。	542，P6261。	
贈李司空妓	劉禹錫	代宗大曆 7 年——武宗會昌 2 年（772～842）。中晚唐。	365，P4121。	一作禹錫赴吳臺。
贈妓人	李群玉	約宣宗大中初年前後在世。晚唐。	570，P6612。	
贈琵琶妓	李群玉	同上。	570，P6612。	
贈歙州妓	趙嘏	約宣宗太中初年前後在世。晚唐。	550，P6369。	
和鄭愚贈汝陽王孫家箏妓二十韻	李商隱	略。中晚唐。	541，P6237。	
贈陳長史妓	劉言史	約玄宗天寶元年——憲宗元和 8 年。盛中唐	468，P5329。	
盧侍御小妓乞詩座上留贈	白居易	略。中晚唐	438，P4876。	
贈妓僎哥	鄭仁表	晚唐〔註92〕	607，P7009。	
贈妓命洛真	鄭仁表	同上。	607，P7010。	
贈王福娘	崔澹	大中十三年登第 晚唐〔註93〕	568，P6554。	一作贈美人
贈崔十孃	張文成	略 初盛唐。	《全唐詩逸》卷下，P10217。	
又贈十孃	張文成	同上。	《全唐詩逸》卷下，P10218。	
寄贈薛濤	元稹	代宗大曆 14 年——文宗太和 5 年（779～831）中晚唐	423，P4651。	
潭州席上贈舞柘枝妓	殷堯藩	約文宗太和初年前後在世。中晚唐	492，P5577。	
贈箏妓伍卿	李遠	第太和進士 中晚唐	519，P5936。	
贈蕭鍊師並序〔註94〕	許渾	約武宗會昌中前後在世。晚唐。	537，P6128。	
贈劉採春	元稹	略。中晚唐。	423，P4651。	

〔註92〕「僎哥」是《北里志》中的妓女，而且在《北里志》中也載有鄭仁表狎遊事，可知鄭仁表是當時的人，故時代為晚唐。

〔註93〕同樣的，「王福娘」也是《北里志》中的妓女，故定為同一時代的人。

〔註94〕序文云「鍊師，貞元初自梨園選為內妓，善舞柘枝，宮中莫有倫比者，寵錫甚厚。」

贈薛濤	白居易	略 中晚唐。	卷461，P5254。	
贈薛濤	胡曾	咸通中舉進士不第 晚唐	647，P7438。	一作王建詩
贈元載歌妓	楊炎	玄宗開元 15 年——德宗建中 2 年（727～781）盛中唐	121，P1213。	
贈酒店胡姬	賀朝	約睿宗景雲中前後在世。初唐。	117，P1181。	

　　這類作品，除沿襲上二類，客觀描寫妓女外，增加了較多主觀性，意涵較豐富，情感較細膩。代表此時作者已不再是僅僅從外部來欣賞妓女，而是經歷了較深入的交流，故風格內容就有些轉變。另外就作者而言，以中晚唐詩人居多，幾占全部的八成。反映出在中晚唐期間文人接觸機會更多。妓女在文人的生活中更重要，所以二者的關係更密切。

（四）傷妓、悼妓等

作　品	作　者	時　　代	出　　處	備　註
傷友人悼吹簫妓	杜牧	略 中晚唐	卷529，P6009。	
和吳中丞悼笙妓	李群玉	略 晚唐	569，P6599。	
夔州竇員外使君見示悼妓詩顧余嘗識之因命同作	劉禹錫	略 中晚唐。	359，P4056。	
悼楊氏妓琴弦	朱褒	值寇亂，據州，以同姓結援梁太祖 晚唐〔註95〕	734，P8389。	
感王將軍柘枝妓歿	張祜	略 中晚唐	511，P5827。	
悼楊氏妓琴弦	韋莊	約昭宗光化末前後在世。晚唐	700，P8048。	
悼妓東東	竇鞏	約肅宗寶慶元年——穆宗長慶元年在世。盛中唐。	371，P3054。	
悼妓	崔涯	約文宗開成中前後在世。晚唐	505，P5741。	
悼妓女董氏四首	張說	略 初盛唐	88，P980。	

〔註95〕文字說明部分見《全唐詩》頁 8388，能結援梁太祖，則可推當是晚唐人。

傷故人歌妓	長孫佐輔	約德宗貞元中前後在世 中唐。	469，P5333。	
感故張僕射諸妓	白居易	略 中晚唐。	436，P4834。	
懷妓	劉禹錫	略 中晚唐	361，P4081。	共四首，前三首一作劉損詩，題作憤惋

　　這些作品大致可分二類，一是詩人的親身感受，較深刻動人。一是詩人類似酬酢應和之作，屬安慰性質，較客觀，不具真實情感。雖然並非篇篇情感豐富，但以帶有強烈色彩的動詞來表達，這在初盛唐時期是少見的，在 12 首中只有張說確為初盛唐時作品。這個比例大致可說明中晚唐文人生活情調和前期是有差別的。

（五）直接以妓為題

作　品	作　者	時　　　代	出　　處	備　　註
妓女	邵謁	約懿宗咸通初前後在世。晚唐。	卷 605，P6995。	
妓席	李商隱	略 中晚唐	529，P6159。	
倡女詞	張籍	約代宗永泰元年——文宗太和 4 年。中晚唐。	386，P4359。	
倡婦行	李嶠	太宗貞觀 18 年——玄宗開元元年（664～713）初唐	61，P725。	
倡女行	喬知之	？－武后神功元年　初唐	81，P876。	
鶯鶯詩	元稹	略 中晚唐。	422，P4643。	
李娃行（句）	元稹	同上	423，P4652。	
胡姬詞	楊巨源	約德宗貞元 16 年前後在世中唐。	333，P3718。	
妓女殘粧詞	施肩吾	略 中唐。	494，P5597。	
比紅兒詩	羅虬	約僖宗乾符初前後在世。晚唐。	666，P7625。	
琵琶行	白居易	略。中晚唐。	435，P4821。	
送人得蕩子歸倡婦	靈一	約代宗廣德中前後在世 中唐。	809，P9130。	一作行不歸

　　此類詩作內容相當廣泛，有客觀地寫容貌歌舞，或敘述妓女的生活、遭遇，大致說來無甚特別處。作者仍以中晚唐居多。

（六）其他

作　品	作　者	時　　代	出　處	備　註
嘲妓	杜牧	略 中晚唐	卷 870，P9859。	一崔立言詩。
嘲妓	崔涯	略 晚唐	870，P9858。	
嘲李端端	崔涯	同上	870，P9859。	
戲酒妓	馮袞	咸通中歷任台省 晚唐。	597，P6914。	
醉戲諸妓	白居易	略 中晚唐	446，P5005。	
醉後題李馬二妓	白居易	同上	438，P4876。	
題妓王福娘牆	孫棨	略 晚唐。	727，P8328。	
題劉泰娘舍	孫棨	同上	727，P8329。	
題妓萊兒壁	趙光遠	晚唐〔註96〕	726，P8323。	一作題北里妓壁
題廣陵妓屏二首	呂巖	約僖宗乾符初前後在世 晚唐	858，P9703。	
題東都妓館壁	呂巖	同上	858，P9703。	
陪諸貴公子丈八溝攜妓納涼晚際遇雨	杜甫	睿宗先天元年——代宗大曆5年（712～770）盛唐	224，P2400。	
送山陰姚丞攜妓之任兼寄蘇少府	李頎	約玄宗天寶初前後在世 盛唐	133，P1357。	此詩內容與韓翃之作同，卷243，P2728
攜妓登梁王棲霞山孟氏桃園中	李白	略 初盛唐	179，P1824。	
賦得妓	陳子良	略 初唐	39，P4970。	
山遊示小妓	白居易	略 中晚唐。	452，P5112。	
病中嫁女妓	司空曙	略 中唐。	292，P3324。	
出妓金陵子呈盧六四首	李白	略 初盛唐	184，P1885。	
示金陵子〔註97〕	李白	同上	184，P1885。	一作金陵子詞
遣歌妓	楊玢	乾德中，復為太常少卿，後歸唐。初唐	760，P8632。	
諭妓	白居易	略 中晚唐	451，P5104。	

〔註96〕趙光遠和萊兒在《北里志》中皆有記錄。
〔註97〕此詩題不見妓字，但由於上一首「出妓金陵子」一語，可知「金陵子」為妓，
　　　　故得列出。

遇湖州妓宋態宜二首	李涉	約憲宗元和元年前後在世。晚唐。	477，P5433。	
送零陵妓	戎昱	約代宗大曆初前後在世 中唐	270，P3022。	一作送妓赴于公召。
送閬州妓人歸老	何扶	太和9年及第。中晚唐。	516，P5900。	
送妓人出家	楊郇伯	與竇常同時。中唐〔註98〕	卷272，P3060。	
觀妓人入道二首	楊巨源	略 中唐	333，P3739。	
毆妓	李建勳	約懿宗咸通13年──周太祖廣順2年 晚唐。	739，P8421。	
飲席代官妓贈兩從事	李商隱	略 中晚唐	539，P6127。	
送姪良攜二妓赴會稽戲有此贈	李白	略 初盛唐	176，P1797。	

這些與妓女有關的多樣性詩題，不拘內容，任意揮灑，豐富了唐詩的園地，故認為唐代文學與倡伎密切相關〔註99〕，實不為過。而在中晚唐，作品更多，命意更出，也顯示了這一個趨勢。由此不難見妓女與文人的創作有相當的連繫，這不是個別或少數人的作風，而是反映當時社會的風尚。

第三節　妓女與文人的關係

上述二節已呈現妓女對文人生活之影響，她們豐富了文人的生命，產生大量的文藝創作，享受精神上的愉悅。而就妓女本身而言，文人的遊宴，帶給她們片刻熱鬧滿足，卻仍改變不了她們悲慘的本質。

一、現實互利的關係

文人是青樓妓女的一大生計來源，為了迎合客人之需要，自然會有一套迎合的方式來取悅他們，而文人既以「文」名，則妓女自然要有文藝修養，才能獲得青睞，這是現實的生計問題，為了維生，增加收入，故文學也就成了妓女們的一種「謀生」能力，很明顯這是和文人相關的。如有一妓因能誦

〔註98〕據《全唐詩》頁3030，竇常是「大曆中及進士第，元和間自湖南判官入為侍御史」，可見均是中唐人。
〔註99〕劉開榮：《唐代小說研究》頁73～74。

白居易的〈長恨歌〉，而要求調高價碼〔註100〕，前述《北里志》中的妓女，亦多以才華娛客，這實是唐代妓女的特點。妓女既與文人過從頻繁，而妓女的身價，往往有賴於文人的褒貶來予以評定，還發生「譽之則車馬繼來，毀之則杯盤失措」的情況〔註101〕，而孫棨為北曲卑瑣妓題一詩，隔日王公貴族即來〔註102〕，崔涯以詩嘲諷李端端，致其憂心如焚，只得在道旁長跪拜求〔註103〕來可憐她。如此看來，倡家亦如文人，一經品題則身價大增，可見妓女亦企望通過與文人的交結來提高自己身分。

另外，妓女需要大量的歌詞，來作為他們的表演內容，而文人們的創作，便是最佳的唱曲兒。元稹〈白氏長慶集序〉說過，他和白居易的詩，「二十年間，禁省觀寺郵候牆壁之上無不書，王公妾婦牛童馬走之口無不道。」〔註104〕白居易給元稹的信也說「昨過漢南日，適遇主人集眾樂，娛他賓，諸妓見僕來，指而相顧曰『此是秦中吟、長恨歌主耳。』」〔註105〕其他如武元衡「喜為五言，好事者傳之，被之管弦。」〔註106〕「有周德華者，劉採春女，善歌楊柳枝詞，所唱七八篇，皆名流之詠。」〔註107〕王昌齡、王之渙、高適三人旗亭壁畫的故事，更是膾炙人口〔註108〕「李賀樂府數十篇，雲韶樂工皆合之管弦。」〔註109〕「李益詩名與賀相埒，每一篇成，樂工爭以賂來取，被之聲歌，以供天子」〔註110〕正是所謂「知李唐伶伎取當時名士詩句入歌

〔註100〕白居易〈與元稹書〉「……及再來長安，又聞右軍使高霞寓者欲聘娼妓。妓大誇曰『我誦得白學士〈長恨歌〉，豈同他妓哉？』由是增價。」《全唐文》卷675，頁8739。

〔註101〕唐范攄撰：《雲谿友議》（四庫本）頁1035～586：「崔涯，吳楚狂士也，與張祐齊名，每題詩於娼肆，無不誦之於衢路，譽之則車馬盈門，毀之則盃盤失措。……嘲李端端詩云『黃昏不語不知行，鼻似煙窗耳似鐺……』端端得詩，憂心如病，使院飲迴，遙見二子攝屐而行，乃道傍再拜競惕曰：『端端祇候三郎六郎，伏望哀之。』乃重贈一絕句以飾之云『覓得驊騮披繡鞍，善和坊裏取端端，揚州近日渾相詫，一朵能行白牡丹。』於是富貴之士復臻其門。」

〔註102〕《北里志》頁1296。

〔註103〕同註101。

〔註104〕《全唐文》卷653，頁8424。

〔註105〕同註100。

〔註106〕宋計有功撰：《唐詩紀事》（台北：鼎文書局，1971年3月），卷33，頁524。

〔註107〕同前註，卷49，頁770。

〔註108〕唐薛用弱撰：《集異記》（四庫本）頁1042～581。因文繁故不錄出。

〔註109〕《全唐詩》卷390，頁4392，詩人小序。

〔註110〕《全唐詩》卷282，頁3202，詩人小序。

曲，蓋常俗也。」〔註 111〕白居易守杭，元稹曾贈詩云「休遣玲瓏唱我詞，我詞都是寄君詩。」〔註 112〕白居易亦戲諸妓說「席上爭飛使君酒，歌中多唱舍下詩。」〔註 113〕可知文人之創作，已更符合使用者之需要，表面看來詩人之創作與歌妓之歌唱是兩回事，但我們絕不能因此而否定歌妓樂工們採詩入樂歌唱對文人創作的興盛，所起到的巨大影響和重要作用。尤其之後的「詞」，更是由此而大盛。

對於這種關係，作家是生產者，妓女是消費者。妓女們對於創作者一般是極為仰慕的。旗亭故事最後即是「諸伶競拜曰：俗眼不識神仙，乞降輔重，俯就筵席。」因為文人們的作品，對她們來說有實質上的利益，也有另一種欣賞喜愛的內因，這是他們的一層關係。

然而妓女和文人的關係也並不只是這種單向攀附的性質，文人們除了從中獲得充分的娛樂之外，也還存在著一個藉助妓女為自己揚名的需要〔註 114〕。參加科考，詩名的高下與他能否中試，有一定的關係，此在上章已加以說明。而作為一個文人，也總是希望自己的作品能廣被管弦，到處傳誦。他們的創作，最初的確不是為了要入樂的動機出現的，但當歌妓們將有名詩人膾炙人口的詩作，配樂歌唱，因表演得宜而將這些人的作品名聲，流傳到四方時，文人們便轉而意識到了詩樂配合的魅力，體驗到歌妓之唱詠實是最好的傳播方式。「旗亭壁畫」的故事說：「昌齡等私相約曰『我輩各擅詩名，每不自定其甲乙，今者可以密觀諸伶所謳，若詩入歌詞之多者，則為優矣。』」〔註 115〕以「詩入歌詞者」為準，換句話說，是以傳唱的流行程度來分高下，要有人願意唱演，才能出名。這正是頗似今日歌星與作詞者的關係，作詞者要能揚名，須先將作品透過歌者播送出，若沒有合適的演唱，作品就是創作得多好，也是沒沒無聞。可見傳唱者所扮演的重要角色。

這些詩當然一般人可能也會唱，但精唱乃妓女所長，所以最能動人心魄，如許渾〈聽歌鷓鴣詞〉序云「余過陝州，夜宴將罷，妓人善歌鷓鴣者，詞調清怨，往往在耳。」〔註 116〕張籍〈江南行〉「娼歌兩岸臨水柵，夜唱竹枝留北

〔註111〕宋王灼撰：《碧雞漫志》（台北：台灣商務印書館，1972 年，涵芬樓藏本《說郛》）頁 1337。
〔註112〕元稹〈重贈〉，《全唐詩》卷 417，頁 4598。
〔註113〕白居易〈醉戲諸妓〉，《全唐詩》卷 446，頁 5005。
〔註114〕陶慕寧：《青樓文學與中國文化》，頁 19。
〔註115〕唐薛用弱撰：《集異記》，（四庫本），頁 1042～581。
〔註116〕《全唐詩》卷 534，頁 6097。

客。」〔註 117〕杜牧〈見劉秀才與池州妓別〉云「楚管能吹柳花怨，吳姬爭唱竹枝歌。」〔註 118〕正是憑藉妓女的精唱，才使文人詩作更有力量，得以在社會上廣泛流傳，同時還形成了許多以專唱某曲出名的妓女：如「曹娘擅〈子夜歌〉，灼灼歌〈水調〉，紅桃歌〈涼卅〉，胡二姐等應有態等歌〈何滿子〉，劉採春歌〈望夫歌〉，樊素及周德華歌〈楊柳枝〉，小玉、杜紅兒歌〈伊川〉，華奴歌〈昔昔鹽〉、丹霞歌〈怨胡天〉，趙燕奴歌〈竹枝〉等。以致其擅長的曲名成了她本人的代稱」〔註 119〕這些善唱詩的妓女無疑對文人作品有普及的影響。元稹〈見人詠韓舍人新律詩因有戲贈〉云「喜聞韓古調，兼愛近詩篇……輕新便妓唱，凝妙入僧禪。」〔註 120〕可見這作品是為便於妓女歌唱使詩篇廣為流傳而創作的實踐。又所謂白居易的「已留舊政布中和，又付新詩與艷歌。」〔註 121〕「舞看新翻曲，歌聽自作詞。」〔註 122〕元稹「舍遣諸伶唱，篇篇入禁闈。」〔註 123〕等都反映了文人創作與妓女歌唱間的實際聯繫。

二、妓女愛慕文人

　　文人們在妓女身上尋求異於平時的娛樂，逃離不愉快的時候，另外尋求慰藉；妓女除了生活收入考量外，也大多喜與文人交往，可能是因時代風尚推崇文人外，更基本的是他們的心理感受。

　　妓女大多喜與文人交往，文人一般是中國的理想男人，能詩會文的才子，既懂愛情，又溫文爾雅，既是風流跌宕，又是社會的上層階級，這形象使文人成為女性的理想的結婚對象〔註 124〕，而權貴官僚的盛氣凌人，隨心所欲，是一種被統治的關係；那些商賈游人粗陋貪鄙，她們和一般嫖客是買與賣的金錢關係；而與一些文人雅士的交往中，她們還有些共同的語言，在人格、尊嚴上可能感到有些平等的地位。雖然在這些關係中，她們都是玩物，是工具，處于被人賤踏的地位，但無疑的，文人雅士的氣質、愛好，仍比較易被

〔註 117〕《全唐詩》卷 382，頁 4288。
〔註 118〕《全唐詩》卷 522，頁 5967。
〔註 119〕孫菊園：〈唐代文人和妓女的交往及其與詩歌的關係〉，《文學遺產》1989 年第 3 期，頁 111。
〔註 120〕《全唐詩》卷 407，頁 4529。
〔註 121〕白居易〈聞歌妓唱嚴郎中詩因以絕句寄之〉，《全唐詩》卷 446，頁 5006。
〔註 122〕白居易〈殘酌晚餐〉，《全唐詩》卷 456，頁 5165。
〔註 123〕元稹〈酬友封話舊敘懷十二韻〉，《全唐詩》卷 406，頁 4527。
〔註 124〕葉淑娜：《科舉時代癡情女子負心漢故事研究》（台中：逢甲大學中國文學研究所碩士論文，1994 年）頁 29。

他們接受。就以元代《青樓集》記載的順時秀，就能典型地反映出妓女愛慕
文人的心理：

> 順時秀，姓郭氏，字順卿……平生與王元鼎密。偶疾思得馬板腸，
> 王即殺所騎駿馬以啖之。阿魯溫參政在中書，欲屬意于郎，一日戲
> 曰『我何如王元鼎？』郭曰『參政，宰臣也；元鼎，文士也。經綸
> 朝政，致君澤民，則元鼎不及參政。嘲諷弄月，惜玉憐香，則參政
> 不敢望元鼎。』阿魯溫一笑而罷。〔註125〕

透過順時秀的回答，可知文士的王元鼎，才懂得憐香惜玉，是她心目中的理
想對象。〈霍小玉傳〉中，李益的到訪，使母女盡歡，因為李益是當時文壇上
有名的才子，文載云：

> 母謂曰：汝嘗愛念：『開簾風動竹，疑是故人來。』即此十郎詩也。
> 爾終日吟想，何如一見？玉乃低鬟微笑，細語曰：『見面不如聞名，
> 才子豈能無貌』生遽起連拜曰：『小娘子愛才，鄙夫重貌，兩好相映，
> 才貌相兼』，母女相顧而笑。〔註126〕

雖不一定是事實，但至少可以反映李益因文人的身分，而受到妓女重視的狀
況。

三、文人的尋歡作樂

　　封建的父權社會中，狎妓一向被認為是文人的風流舉動，與妓女談情說
愛是一種風流韻事。這種風流情調的享樂主義思想，很容易就在男性社會縱
容下，使文人們容易去嘗試，成為一種習慣。臺靜農說：「娼妓既成為文人生
活的一部分，故唐代文士表現於文學方面的情調，大都是娼妓生活的反映。」
〔註127〕原本她們就是擅於製造氣氛，讓人快樂的。在讀書人春風得意，固然
尋歡妓院，但失意亦不免遁跡青樓，與娼為伍。可知這一行業，也為落魄文人
所迫切需要。尤其描寫妓女生活的文筆，許多往往就是文士抒發不遇的情懷。

　　中唐以後，盛世的氣象不再，就傳統文士而言，這是個無力而感嘆的時
代。在無可奈何下，為求新的心理平衡，他們開始退縮到政治之外，去尋心
靈的安適與細膩的官能享受，以放浪來寄託。這大概表現的是一種「浪漫主

〔註125〕《青樓集》（香艷叢書本）頁 1231。

〔註126〕〈霍小玉傳〉，頁 1870。

〔註127〕臺靜農：〈論唐代士風與文學〉，《中國文學史論文選集》（台北：台灣學生書
　　　　　局，1979 年 3 月），頁 776。

義的人格」：「即當社會與這種浪漫派的個人處於相互衝突的狀態，社會壓制並同化個性，把個性納入無個性的標準化角色和關係系統。這時候，個體只有在自己和世界之間保持距離，才能夠挽救和保有『自我』，個體應當經常遠離、躲避人群，標新立異，別出心裁，能他人所不能。」〔註128〕，所以中晚唐後之士層文人的任誕佻薄，多少也是在主觀與客觀，個人與社會，理想與現實嚴重分裂，不可調和的情況下的一種排遣手段，表面的放誕與內心的痛苦，形成強烈的反差，玩世不恭的背後，仍然是孤介落寞的靈魂〔註129〕。李商隱不是說「至於南國妖姬，叢臺妙妓，雖有涉於篇什，實不接於風流……使國人盡保展禽，酒肆不疑阮籍」〔註130〕嗎？只是點綴而已。杜牧的「十年一覺揚州夢」，配合他的生平來看，正見其狂放恣縱，乃因個人際遇不偶而採取的消極反抗方式。白居易一生起伏，穆宗時「凡朝廷文字之職莫不首居其選，然多排擯不得用其方。」〔註131〕於是求外放，縱情詩酒。劉昫對白居易的心情，頗為了解，曾經說過「居易，初……擢入翰林，蒙英主特達顧遇，頗欲奮勵效報。苟致身於汙謨之地，則兼濟生靈，蓄意未果，望風為當路者所擠，流徙江湖，四、五年間，幾淪蠻瘴，自是宦情衰落，無意於出處，唯以逍遙自得，吟詠情性為事。」〔註132〕

　　因社會文化的轉型，不僅重新規定了一代文人的人生道路，審美追求和藝術消費，而且使得他們的藝術創作活動也呈現出與該時代文化特徵相適應的新的調整和選擇。以娛樂抒情為主要功能特徵，被後人目為「側詞」、「艷曲」的曲子，這一新興的文學形式在此得到發展興盛，正是社會文化變遷和時代文化選擇的結果〔註133〕。這些「詞」，大量表現了文人醉生夢死的社會文化風情，也部分地折射，隱含或象徵著一般士大夫文人懷才不遇，窮愁潦倒，尋求感官刺激和情感慰藉的複雜心曲〔註134〕，審美心理上趨悲、趨艷、趨柔、

〔註128〕伊・謝・科恩《自我論》上篇第四章，轉引自陶慕寧《青樓文學與中國文化》頁161。

〔註129〕陶慕寧：《青樓文學與中國文化》頁161。此外如一般所謂的「韓孟詩派」人物，他們詩作所呈現的「怪」、「奇」、「苦」等風格，其實也是反映時代的一種反抗形式，可參蕭占鵬：《韓孟詩派研究》（台北文津，1994年11月）、許總：《唐詩體派論》（台北：文津，1994年10月，第13章）。

〔註130〕李商隱〈上河東公啟〉，《全唐文》卷778，頁10252。

〔註131〕《舊唐書・白居易傳》頁4353。

〔註132〕同前註，頁4354。

〔註133〕劉尊明：《唐五代詞的文化觀照》頁109，110。

〔註134〕同前註，頁19。

趨婉，有極複雜之內涵，「感傷」的基調中似又彌漫著一種濃烈的危機感和憂患感。妓女承擔了為文士們消愁遣興的任務。

　　妓女的不幸命運，看在文人的眼裏，他們似乎「抽象」地復現了自己，從而在他們愛戀和同情的女性身上直觀自身。至此，他的自戀與他們對女性的企慕和憐憫奇異地結合在一起〔註 135〕；這正是白居易創作〈琵琶行〉的最主要動機，「同是天涯淪落人」，不正說明白了嗎？早先杜甫的〈劍器行〉〔註 136〕，就開創了文人借詠歌妓舞女的流落，以寄寓個人身世之感的創作方向；劉禹錫的〈泰娘歌〉〔註 137〕，哀嘆泰娘晚景淒涼，而特別突出和關注的是「地荒且遠，無有能知其容與藝者。」〔註 138〕顯見是要藉泰娘的淪落，折射出自身的遲暮感。張仲素與白居易唱和的〈燕子樓詩〉〔註 139〕，特別以感傷的情調，描寫她不忘舊恩的深情。

　　綜合而言，妓女在文人創作中，雖占有重要的成分，但深入地看，顯然也並非他與妓女們建立了多麼深摯的情感，以致念念不忘，非形諸詩文不可；更多的是因為她們作為生活中的插曲，帶來了象徵著風流得意或作排遣逃避

〔註 135〕康正果：《風騷與艷情》，頁 228。

〔註 136〕杜甫〈觀公孫大娘弟子舞劍器行〉，《全唐詩》卷 222，頁 2356：昔有佳人公孫氏，一舞劍氣動四方。觀者如山色沮喪。天地為之久低昂。燿如羿射九日落。矯如群帝驂龍翔。來如雷霆收震怒，罷如江海凝清光。絳唇珠袖兩寂寞。況有弟子傳芬芳。臨潁美人在白帝。妙舞此曲神揚揚。與余問答既有以。感時撫事增惋傷。先帝侍女八千人。公孫劍器初第一。五十年間似反掌，風塵傾動昏王室。梨園子弟散如煙。女樂餘姿映寒日。金粟堆南木已拱。瞿唐石城草蕭瑟。玳筵急管曲復終，樂極哀來月東出。老夫不知其所往。足繭荒山轉愁疾。

〔註 137〕劉禹錫〈泰娘歌〉，《全唐詩》卷 356，頁 3996：泰娘家本閶門西。門前綠水環金堤。有時妝成好天氣。走上皋橋折花戲。風流太守韋尚書。路傍忽見停集旗。斗量明珠鳥傳意。紺幰迎入專城居。長鬟如雲衣似霧。錦茵羅薦承輕步。舞學驚鴻水榭春。歌傳上客蘭堂暮。從郎西入帝城中，貴遊簪組香簾櫳。低鬟緩視抱明月。纖指破撥生胡風。繁華一旦有消歇。題劍無光履聲絕。洛陽舊宅生草萊。杜陵蕭蕭松柏哀。妝奩蟲網厚如繭。博山爐側傾寒灰。蘄州刺史張公子。白馬新到銅駝里，自言買笑擲黃金，月墮雲中從此始。安知鵬鳥座隅飛，寂寞旅魂招不歸。秦嘉鏡有前時結。韓壽香銷故篋衣。山城少人江水碧。斷雁哀猿風雨夕。朱弦已絕為知音。雲鬟未秋私自惜。舉目風煙非舊時。夢尋歸路多參差。如何將此千行淚。更灑湘江斑竹枝。

〔註 138〕同前註，詩前之序。

〔註 139〕張仲素〈燕子樓詩三首〉，《全唐詩》卷 367，頁 4139：樓上殘燈伴曉霜。獨眠人起合歡床。相思一夜情多少。地角天涯不是長。北邙松柏鎖愁煙。燕子樓人思悄然。自埋劍履歌塵散。紅袖香消已十年。適看鴻雁岳陽回。又睹玄禽逼社來。瑤瑟玉簫無意緒。任從蛛網任從灰。

的點綴品，甚而是藉此來抒發自身經歷的媒介，重點還是在「我」。在這些情況下，妓女們還是不受到重視的。

第八章　對唐代妓女的省察與評價

第一節　妓女的處境

一、心理痛苦自卑

不論是自願或被迫的，一旦身為妓女，沒有不遺憾痛苦的。在這一部分裏，將分二個主題來探討：

（一）妓女作品中的反映：

所謂的文學，簡單地說即是指作者情感的表現，因此要認知當時妓女們真實的情感，由她們所抒發的作品中來看，正是一條最好的途徑。而唐詩作為一個時代的菁華，是當時重要的「語言」，是以此處所指的作品，則僅指妓女們的詩作。但由於時代久遠或「人微言輕」之故，許多作品都散亡了〔註1〕，現在所能見到最完整的搜錄大概就是清朝人所編的《全唐詩》了，所以這裏考察之作品，完全出自於《全唐詩》八百二至八百五卷，共二百一十六首〔註2〕，在浩瀚的唐詩世界中，雖然比例甚小，但卻也不容忽視。

如何從妓女們的作品，看出她們的心理呢？這裏所用的是一種簡單的統計及比較法，即是吾人發現在全部二百一十六首作品，其中涉及人物消極情緒的字和詞，出現頻率相當的高，可將之作八類的區別：〔註3〕

〔註1〕如薛濤的詩作，據陳文華《唐女詩人集三種》頁7的考證，至少有五百首，但《全唐詩》所收，卻只有八十多首。

〔註2〕除每首有特定的作者，題名外，尚包括不成一全詩的「句」，因為我覺得這仍算是一個獨立的單位，仍有參考價值。

〔註3〕這八類的每一類用字，意象都極類似，而與其他類別也大致可以區分。

1. 銷魂、斷腸、腸斷、腸絕：六次。
2. 病、瘦：五次。
3. 淒涼、寂寞、寂寥、寂、獨：六次。
4. 淚、泣、啼、咽：十五次。
5. 愁、惆悵、悵：二十七次。
6. 恨、憎、怨：十五次。
7. 悲：十二次。
8. 相思、思：十九次。

　　合計共有一百零五處。也就是說：平均大約每二首就會看到這些字詞。若合併一、五、六、七類來看，幾乎每三首就有表達心中痛苦的文字出現；有些作品還同時連用了許多相同的意緒的字眼。可見妓女們在創作時，不論是有意地或不自覺地，大量的使用了消極的辭彙，深刻反映出她們的情感是濃鬱的，呼聲是強烈的，精神是痛苦的，這雖然與個人狀況有關，但作為一個普遍的現象來說，它所代表的意義，是不容忽視的。和同屬不幸的宮人的作品比較，在《全唐詩》卷七九七只收十五首，其中只出現了一個「悲」字，一個「愁」字、一處「消魂」，且主題大半是冀免被放出宮。宮人們對這些文字使用不高，在表達上似也不及妓女們複雜多變，足見宮人們基本上和妓女們的心態不同，所以在文字的使用上，也就自然不流露那麼消極的色彩。

　　全部二百一十六首的作品，以薛濤、魚玄機、李冶三人之作最多。魚玄機五十五首詩作中，出現了四十七次這類消極的文字，比例近 85%，李冶二十一首中共有十四次，有 66% 的比例；再來是薛濤八十九首詩裏，有十七處，約占 19%。作為娼妓詩人的三大家，出現這樣高的使用頻率，雖與個人遭遇密切相關，但她們的表達仍有普遍性的意義。

　　薛濤為蜀中官妓，但作品溫厚雅馴，恰有分寸，給人有「高級交際花的雍容華冶的聲吻氣度。」〔註4〕故章學誠說「名妓工詩，亦通古義，轉以男女慕悅之實，托於詩人溫厚之辭，故其遺言，雅而有則，真而不穢，流傳千載，得耀簡編，不能以人廢也。」〔註5〕但在現實中，她畢竟是一個以色藝供人娛樂的弱女子，她也時常自慨身世，寫出自己無依和哀愁的心緒。薛濤雖常出入幕府，以詩受知，但終究是沒有地位的妓女，一朝獲罪，即顯出她依人門下、

〔註 4〕胡明：〈關於中國古代的婦女文學〉，《文學評論》1995 年第 3 期，頁 103。
〔註 5〕清章學誠撰：《文史通義‧婦學》（台北：世界書局，1974 年）頁 123。

仰人鼻的痛苦生活，這就是她作《十離詩》的心理〔註6〕，她也曾被罰赴松州，為此她寫了四首詩，述說身赴邊地的寂寞凄涼和渴望回來的心情〔註7〕。看她不得不自輕自賤，貶損人格以求當權者的寬赦，這種心理該是多麼的痛苦！

　　另外薛濤的四首《春望詞》深沈抒寫了自己愛情追求和理想破滅的悲哀：

「花開不同賞，花落不同悲。欲問相思處，花開花落時。」

「攬草結同心，將以遺知音。春草正斷絕，春鳥復哀吟。」

「風花日將老，佳期猶渺渺。不結同心人，空結同心草。」

「那堪花滿枝，翻作兩相思。玉筋垂朝鏡，春風知不知。」〔註8〕

　　除了與其他文人酬應之作外，詠懷抒情，表現苦痛難堪之情，是她作品的一大特色。

　　李冶風流浪漫，但這些男子帶來的只能是一時的快樂，當他們為著種種緣故，一個個離去時，留下的只是悠悠思念，綿長惆悵。送別韓揆時，她寫過深情的詩句〔註9〕，與閻伯均話別時她有幽怨之聲〔註10〕，和朱放分手後她熱切地寄語柔情〔註11〕，認為相思之苦遠比海水深，是那麼難以排遣〔註12〕，交往中十分渴望得到對方的回報〔註13〕，但矛盾也在她並不快活，她還有許多難言之隱，〈湖上臥病喜陸鴻漸至〉便透露了內心的哀傷：

「昔去繁霜月，今來苦霧時，相逢仍臥病，欲語淚先垂，強勸陶家酒，還吟謝客詩。偶然成一醉，此外更何之。」〔註14〕

〔註6〕關於《十離詩》的作者及本事，歷來多有疑議，可參陳文華《唐女詩人集三種》頁8～10，及江國貞〈萬里橋邊女校書——薛濤，她真的是所謂的樂妓嗎？〉，《國文天地》8卷11期的討論，此處採用陳文華的說法，把此作品列入薛濤名下。

〔註7〕張潔雲：〈薛濤詩意考辨〉，《四川師範大學學報》1994年7月頁52～54。他認為包括〈罰赴邊有懷上韋相公〉二首，〈罰赴邊上武相公〉二首。而武相公當作韋皋，而不是武元衡。這四首詩的關係是：〈罰赴邊有懷上韋相公〉之一作於將行，初行之際；〈罰赴邊上武相公〉之二是途中所吟，〈罰赴邊有懷上韋相公〉之二，係到松州後撰成。〈罰赴邊上武相公〉之一，是即景生情。詩中表現出對韋皋很敬重，十分盼望他能改變罰她的主意。

〔註8〕《全唐詩》卷803，頁9035。

〔註9〕〈送韓揆之江西〉，《全唐詩》卷805，頁9057。

〔註10〕〈送閻二十六赴剡縣〉，《全唐詩》卷805，頁9059。

〔註11〕〈寄朱放〉，《全唐詩》卷805，頁9057。

〔註12〕〈相思怨〉，《全唐詩》卷805，頁9058。

〔註13〕〈寄校書七兄〉，《全唐詩》卷805，頁9057。

〔註14〕同前註。

一種自憐自傷，憤世嫉俗的情緒隱藏其中。生活的放浪自由，其實是笑裏含悲，終於抵不過憂愁的淚水〔註15〕。

　　魚玄機在入道前有一段婚姻，終因夫人妒不能容而被迫離去，所以她對子安依戀多於怨恨，詩作中充滿緬懷過去，又傷心難奈的現況〔註16〕。由於婚姻不幸，有心郎之難得，使她轉而渴求友情，有友人到訪時她總欣喜雀躍〔註17〕。「易求無價寶，難得有心郎。」〔註18〕是她自身經驗的總結。玄機與男子歡愛的背後是掩藏著悲痛，故詩作也往往流露出悲涼的情調。總之她大膽地披露了自己在愛情上的理想，追求、苦惱和怨恨，情深意濃，不滿意自己的處境和命運，作品情感豐富迭宕〔註19〕。後因笞殺女僮綠翹而被殺，事件的發展，無疑和她個人的遭遇及心態有密切關係〔註20〕。

（二）一般作品中的反映

　　妓女如商品，在金錢交易，或為人送往迎來中，犧牲了青春人格，甚至生命，其精神是極其痛苦的。屈辱感、自卑自賤、情緒不穩，及對未來無望的恐懼，時時囓食著她們，所以席上的舞柘枝妓總是「湘江舞罷忽成悲。」〔註21〕《霍小玉傳》中的小玉與李生，初次見面就在「小女子愛才，鄙夫愛色」的情況下，當晚就紅燭高燒，紅被翻浪。這種發展使小玉有極大的不安與焦慮，是以日後二人正繾綣之際，「玉忽流涕顧生曰：妾本倡家，自知非匹……極歡之際，不覺悲至。」〔註22〕孫棨說妓福娘「每宴洽之際，常慘然悲鬱，如不勝任，合坐為之改容，久而不已，靜詢之，答曰：此蹤跡安可迷而不返耶？又何計以返，每思之不能不悲也。遂嗚咽久之。」〔註23〕讀之，

〔註15〕以上可參喬以綱《中國的風流才女》（北京：國際文化出版公司，1993 年 11月，頁 77～81）。

〔註16〕如〈江陵愁望寄子安〉、〈春懷寄子安〉、〈情書寄李子安〉、〈寄子安〉，分見《全唐詩》卷 804，頁 9054、9049、9048、9054。

〔註17〕〈送李近仁員外〉，《全唐詩》卷 804，頁 9055。

〔註18〕〈贈鄰女〉，《全唐詩》卷 804，頁 9047。

〔註19〕以上可參考喬以綱《中國的風流才女》，頁 89～93，陳文華《唐女詩人集三種》，頁 11～14，艾芹〈魚玄機的女性意識及其愛情詩〉，《齊魯學刊》1987 年第 5期。

〔註20〕唐皇甫枚撰：《三水小牘》（台北：新文豐出版社，1986 年，叢書集成新編第82 冊），頁 158。

〔註21〕舞柘枝女〈獻李觀察〉，《全唐詩》卷 802，頁 9025。

〔註22〕〈霍小玉傳〉，頁 1870。

〔註23〕《北里志》，頁 1293。

不免令人動容。江淮名妓徐月英的〈敘懷〉詩：「為失三從泣淚頻，此身何用處人倫。雖然日逐笙歌樂，長羨荊釵與布裙。」〔註24〕強烈的表現妓女厭惡那空虛、放縱而得不到精神安慰的生活，而寧願洗盡鉛華，成為正常身分的女子！可見在繁華富裕的生活下，也不能彌補其痛苦於萬一。「拜月如有詞，佳人那得知，歸來投玉枕，始覺淚痕垂。」〔註25〕能脫離此種生涯，找到從良的對象，是妓女們最大的心願，王福娘就曾投詩給孫棨，表達自己的意願〔註26〕，可惜遭到拒絕。

　　雖然妓女們盼望尋求歸宿，但強烈自卑自賤心理，卻使得她們不僅失去被愛的機會，也失去了愛人的權利，深情的霍小玉只敢乞求再有八年的歡聚生活，並不敢奢望能和李益廝守一生〔註27〕。李娃在功成之後，主動提出離開的要求〔註28〕，這便是因自慚形穢，深深了解自己的身分後，為了不耽誤對方的前程、家族的名聲、利益，忍受著巨大的痛苦，作出違背意願的決定。因愛之故不欲害之，拖累之，忍痛割捨，實是人間一大傷心事。敦煌民歌中有一首〈望江南〉，是妓女的自白：「莫攀我，攀我太心偏，我是曲江臨池柳，這人折了那人攀，恩愛一時間。」〔註29〕這種濃烈的自我否定，再加上對此身無依的疑懼，形成了她們的普通心態：沮喪、情緒不穩定、憎恨現實，希求正常，可知當時妓女多麼悲慘，男子們的尋歡作樂，實際上帶給妓女是深刻的打擊及屈辱。

二、追求真摯愛情

　　雖然識破人間險惡，雖然自卑痛苦，但妓女也是人，他們仍渴望溫柔、忠誠、專一、永恒的愛情，所以如果遇到情投意合者，往往會在所不惜地去追求，這意味著她們不甘於屈辱這種生活，潛在的表達強烈對正常人幸福生活的嚮望。

　　在敦煌民歌 S.1441〈天仙子〉寫著：「燕語鶯啼三月半，煙蘸柳條金線亂，五陵原上有仙娥，攜歌扇，香爛漫，留住九華雲一片。犀玉滿頭花滿面，負

〔註24〕徐月英〈敘懷〉，《全唐詩》卷802，頁9033。
〔註25〕常浩妓〈贈盧夫人〉，《全唐詩》卷802，頁9025。
〔註26〕同註23。
〔註27〕同註22。
〔註28〕〈李娃傳〉，頁1861。
〔註29〕任二北：《敦煌曲校錄》（上海：文藝聯合出版社，1955年5月，頁58）。

妾一雙偷淚眼，淚珠若得似真珠，拈不散，知何眼，串向紅絲應百萬。」尤其下片敘寫歌妓偷偷流淚怨望薄情的男子辜負她一片痴心，這是當時妓女內心衝突矛盾的寫照，也是她們命運的表白〔註30〕。其他如《北里志》中的張住住，矢志與其舊情人龐佛奴相守，而勇敢對抗「買主」陳小鳳〔註31〕；太原妓「刃髻作詩寄（歐陽）詹，絕筆而逝。」〔註32〕；段東美迎薛宜僚靈襯「素服哀號，撫棺一慟而卒。」〔註33〕霍小玉為李益之負心而香消玉殞，並誓言死後化為厲鬼進行報復〔註34〕；關盼盼在張建封死後，獨居彭城燕子樓，歷十餘年，為之守節〔註35〕；楊娼聞帥死，慨然殉情，隨之而去〔註36〕。以上一些強烈的情感表現，似已超出了相思之情，更多的是依賴、安全感的喪失，讓她們覺得失去情人，世上已不足留戀。這種心態大概是在自輕自賤之餘，能夠尋求到一位知己，對她們而言是奢侈的，是可遇而不可求的，因為身為妓女，她們的愛與性是分離的，畸型發展的，但竟有機會使她們體驗到性與愛的統一，透過這種性關係的發生，「會在心理上產生一種『臣服』的態度，不僅使當事人對對方產生依賴及順從的心理，更可以為此生死相許，做出任何犧牲。而這些心理上所產生的變化，往往不自覺的，但是影響到意識層時，表現出來的行為便是肯定了彼此之間的愛情，並因此山盟海誓，確認對方的地位。」〔註37〕同時，這位男性就像是他的救世主一樣，她用著感恩、承受雨露的心態來體認這段情感，此種「愛情生活的核心，只是這對於對方之愛之一種原始的感激而生之愛，即愛之愛。」〔註38〕葉淑娜則稱之為「灰姑娘情結」〔註39〕。因此這種「燈蛾撲火」似的悲情，除了男女之情外，還

〔註30〕本曲及說明，請見金賢珠：《唐五代敦煌民歌之研究》（台北：台灣師範大學國文研究所博士論文，1993年）頁119。

〔註31〕頁1298。

〔註32〕《全唐詩》卷802，頁9024。

〔註33〕宋錢易撰：《南部新書》（四庫本），卷7，頁1036～231。

〔註34〕同註27，頁1872。

〔註35〕《全唐詩》卷802，頁9023。

〔註36〕〈楊娼傳〉頁1884。

〔註37〕陳葆文：《中國傳統短篇愛情小說中衝突結構》，（台北：台灣師範大學國文研究所碩士論文，1989年）頁131。

〔註38〕克爾羅斯基著，唐君毅譯《人間至情》（台北：正中書局，1987年11月，頁73）。

〔註39〕葉淑娜：《科舉時代痴情女子負心漢故事研究》（台中：逢甲大學中文研究所碩士論文，1994年），頁52～59。

夾雜著恩義的成分。在幻想一旦破滅，意志不再執著，則將以為自己完全無望，導致對人生徹底灰心，悲劇的產生也就不足為奇。這種悲情，古人無以名之，故權稱為「冤家」〔註40〕，也是一種讚嘆的表達吧！

裴鉶〈崑崙奴〉傳奇中的紅綃妓，勇於向情人表白：「某家本富，居在朔方，主人擁旄，逼為姬僕，不能自死，尚且偷生，臉雖鉛華，心頗鬱結，縱玉筯舉饌，金鑪泛香，雲屏而每進綺羅，繡被而常眠珠翠，皆非所願，如在桎梏，賢爪牙既有神術，何妨為脫狴牢，所願既申，雖死不悔。」〔註41〕但見其嚮慕自由、愛情之心。從這裏也可看出婦女從屬於男性的地位是如此根深蒂固，不容動搖。

三、不易獲得正常婚姻

妓女們的遭遇，使她們不能過著一般正常的生活，所以她們的結局，大半是不理想的，這從前面各章所介紹的部分可知。這種永久性的懲罰，可說是一種苦難煎熬，或許一直要到死了才能解脫，實在令人同情。

以私妓而言，妓女在生活上，所能物色到的，自認可以寄託終身的男人不外乎嫖客，這個選擇的範圍本就狹小，嫖客中能有幾人不是為了買笑追歡而遊戲青樓呢？嫖客中又有幾人能對一個妓女矢忠如一呢？即使名士文人以憐香惜玉的心情來看待妓女，但也多是逢場作戲，終究是無結果的，孫棨、白居易及一些文人有關之作，莫不反映如此。所以主要能納妓女的，不外乎是一些富商、官吏、紈褲子弟，而這類以錢財、權勢作後盾的人物，對妓女們能有多深的情感，是頗令人懷疑的。大多只是懷抱新鮮，炫耀的動機，真情真意的不多，可能還極為「輕視」，把她們當作玩具而已。面對這樣的「良人」，妓女們從良後的生活，實在是不太可能如其所願幸福美滿的。當時能體認到這番道理的，也不是沒有，如霍小玉對李益明言「妾本倡家，自知非匹，今以色愛，托其仁賢，但慮一旦色衰，恩移情替，使女蘿無托，秋扇見捐。」

〔註40〕明王圻撰：《稗史彙編》卷49倫敘門，妓女類，有「冤家六說」：一、情深意濃，彼此縈縈，寧有死而不懷異心。二、兩情相有阻隔，萬端心想魂飛，寢食俱廢。三、長亭短亭，臨岐分袂，黯然銷魂，悲泣良苦。四、山遙水遠，魚雁無憑，夢寐相思，愁腸寸斷。五、迎新棄舊，辜負恩義，恨切惆悵，怨深刻骨。六、一生一死，觸景悲傷，抱恨成疾，迄與俱逝。（台北：新興書局，1969年2月）頁745。

〔註41〕〈崑崙奴〉頁755。

〔註42〕陳小鳳是一富商，欲聘張住住，她說「小鳳亦非娶我也，其旨可知也。」

〔註43〕意指娶妓只在逐其美艷而已，久而被棄是不能逃避的命運。

一些男人，其實在家中多是三妻四妾及服侍的婢女，但仍在外尋歡，而妻、妾、婢之所以不如妓，在於這三者既已成為男人的私有物，便不易在性生活中，使他再產生征服占有的快感，而且，妓女的藝術才能，風情魅力常非良家女子所及，但一個從良的妓女，卻往往為了爭取正常的身分，社會的認同，而自覺的恪守婦道。這樣，她們極力收斂掩蓋的東西，恰恰是最富於吸引力的。由妓而妾，她在男子的心目中本已降格，再加上禮教宗法的摧殘，則其處境如何，也可想見了。另外，妓女一旦從良，便意味著從原來的面向眾多的男人，轉入一夫多妻的家庭秩序，也就意味著開始參與家庭中妻妾的競爭，包括了支配、繼承、侍寢等幾方面的權益，或明或暗的進行。當丈夫對這位新人尚未喪失興趣時，她便成為眾矢之的，遭到各種各樣的暗算及咀咒。而當丈夫又有旁鶩，不再顧惜的時候，她又會因為過去的污點而被家人欺凌唾棄〔註44〕。

經由以上陶慕寧的分析，可見妓女在許多男人心中終究只是玩物，凡玩物又有珍藏的價值，這其中情愛的意識是薄弱的，妓女總以為從良是最好的歸宿，殊不知社會、家族、倫理以及男人見異思遷的天性，都排斥妓女進入人倫的體系。所謂得一姻緣，這種公認的圓滿出路，其實是名存實亡，遍佈荊棘。

妓女從良，能為正妻者不多，大都只能取得「妾」的身分而已，而妾在唐代社會的地位極低下，從這點而言，這即不是兩性間正常公平的婚姻。妓女雖得委身於人，實際上根本不能行婚姻之禮，不能具備婚姻的種種儀式，則不能稱此種結合為婚姻，而以夫的配偶看待，「妾者接也，字的含義即指示非偶，所以妾以夫為君，為家長，而不能以之為夫」〔註45〕。所以她不能享有正當的權利，和「夫」的關係是不平等的。和正妻比較起來，「妻者，齊也，秦晉為匹；妾通買賣，等數相懸。」〔註46〕「若妻毆傷殺妾，與夫毆傷殺妻

〔註42〕同註34，頁1870。

〔註43〕同註31。

〔註44〕陶慕寧：《青樓文學與中國文化》頁121～124。

〔註45〕瞿同祖：《中國法律與中國社會》，（台北：里仁書局，1984年9月，頁171～172）。也可參考趙鳳喈：《中國婦女在法律上之地位》（台北：稻鄉出版社，1993年5月，頁80～96）。

〔註46〕《唐律疏議・戶婚二・以妻為妾》，（台北：台灣商務，1968年，王雲五主編《國學基本叢書四百種》），頁120。

同。」〔註 47〕顯然妾對於妻，與對夫同有服從的關係。元稹的〈葬安氏志〉是為妾寫的墓誌銘，記述其「閨袵不得專妒於其夫，使令不得專命於其下。」又「不得以尊卑長幼之序加於人。」〔註 48〕足證妾之地位低落可悲。

對於封建社會女性而言，婚姻之完成，幾乎是她們一生的唯一大事。但對妓女而言，一個正常的婚姻，一個平等的身分，卻是那麼遙不可及，連這點「基本人權」都無法獲得，一朝淪落，終生蒙塵，是最深切的不幸。

四、其他

俗云「婊兒無情」，然試想在風月場合中，男女以金錢和聲色作交易，短暫的時間內怎麼會有感情呢？嫖客以這句話來攻擊妓女，不正表現了他們那大男人的無理心態嗎？其實妓女功利、貪財、無情的表現，正因其所處之境，看盡眾多醜態，使她們不得不以如此的心態來面對男人，表示她們的抗議。就她們所處的環境及生活經驗來看，妓女認為男人的狎遊，只是為了尋歡作樂，並不存情義，故有言「彼非愛我，昵我色也；我亦非愛彼，利彼財也。以財博色，色已得矣，我原無所負於彼；以色博財，財不繼矣，彼亦不能責於我。」〔註 49〕兩廂情願，公平交易，各有所取，金盡而遭斥是無須怨尤的。但看在他人眼裏，卻指責妓女重財、寡情，多麼不平等呢？專以色藝事人的妓女，其實生活是無保障的，藉由關漢卿筆下杜蕊娘的切身體驗可知，她說「我想這一百二十行，門門都好著衣飯吃。偏俺這一門，卻是誰人制下的？忒低微也呵！則俺這不義之門，那裏有買賣營運，無資本，全憑著五個字迭辦金銀，無過是惡、劣、乖、毒、狠。」〔註 50〕這正是妓女為生活所迫不得不如此的原因，也是對娼妓制度的控訴。中唐著名文人沈亞之有〈為人謕乞巧文〉一篇，其文前小序云「邯鄲人妓婦李容子，七夕祝織女，作穿針戲，取筍篁芙蓉雜致席上，以望巧所降。其夫以為沈下賢攻文，又能創窈窕之思，善感物態，因請撰為情語，以導所欲。」〔註 51〕「乞巧文」是在七夕時獻給

〔註 47〕《唐律疏議·鬥訟二·毆傷妻妾》，頁 98。
〔註 48〕《全唐文》卷 654，頁 8430。
〔註 49〕轉引自劉麗屏：《閱微草堂筆記中的女性研究》（台北：政治大學中國文學研究所碩士論文，1993 年）頁 161。
〔註 50〕轉引自王人恩：〈出污泥而不染，落風塵而抗爭——從中國娼妓制度的發展看關漢卿筆下妓女形象的典型意義〉，《西北民族學院學報》1991 年第 1 期，頁 100。
〔註 51〕《全唐文》卷 736，頁 9627。

天上織女，向她陳述心願，請求恩賜的一種祝文。那麼這位妓女的希望是什麼呢？（1）巧於針紉（2）善於媚態（3）精於管弦。正是作為一名妓女，想生活得好一點所必需精通的幾種本領，乞求自己變得更巧一些，以便在競爭中處於較有利的地位〔註52〕，使生活更有保障，反映了她們不能掌握自身命運的可悲。

《義山雜纂》中說「窮措大呼妓女──必不來」〔註53〕是一很大的嘲謔，但當我們想想她所在的處境，甚至為謀生計，不得不學習娼妓方面的「詐術」時，看到的也正是她們無可奈何，辛酸的一面，何忍獨苛責於她們呢？

家妓作為主人的私產，任憑主人好惡處理，舉予贈人是常有的事。但被遣的妓女是人而不是物，她是有情感，有尊嚴的，可是卻都被糟蹋了。李愿贈妓崔紫雲給杜牧，紫雲臨行時獻詩一首而別：「從來學製斐然詩，不料霜台御史知。忽見使教隨命去，戀恩腸斷出門時。」〔註54〕一時之錯愕，毫無反抗之餘地，將痛苦無依的心理表露無遺。嚴續曾以一歌妓作潤筆，請韓熙載撰寫父親的碑文，後來嚴續乞求改竄，韓於是將妓遣還，妓因題〈贈別〉一詩而去，「風柳搖搖無定枝，陽台雲雨夢中歸，他年蓬島音塵絕，留取尊前舊舞衣。」〔註55〕自嘆自己命運不定，無處依歸，情何以堪！就宮妓而言，「女性普遍居於從屬（工具性價值）地位。雖順從與被壓迫的程度與形式各地不同。」〔註56〕《樂府雜錄・歌部》記「開元中，內人有許和子者，本吉州永新縣樂家女也。開元中選入宮即以『永新』名之，籍於宜春，既美且慧，善歌能變新聲。韓娥、延年歿後，千餘載曠無其人，至永新始繼其能。……及卒，謂其母曰『阿母！錢樹子倒矣！』」〔註57〕才藝知名度之高如永新者，竟落得此一下場，作為工具性質的她們，真是可悲。其他如所得被剝削，受不平等待遇者，如在《北里志》楊妙兒條記「萊兒以敏妙誘引賓客，倍於諸妓，權利甚厚，而假母楊氏未嘗優恤，萊兒因大詬假母，拂衣而去。」〔註58〕

〔註52〕董乃斌：〈唐人七夕詩文論略〉，《文學評論》1993年第3期，頁64。
〔註53〕唐李商隱撰：《義山雜纂》，（唐代叢書本），頁275。
〔註54〕崔紫雲〈臨行獻李尚書〉，《全唐詩》卷800，頁9003。
〔註55〕嚴續姬〈贈別〉，《全唐詩》卷800，頁9007。
〔註56〕楊旻瑋《唐代音樂文化之研究》，頁21。
〔註57〕唐段安節撰：《樂府雜錄》（四庫本）頁839～992。
〔註58〕頁1291。

　　表面的光鮮亮麗，掩蓋不了妓女們生活的處境，所受心理的傷害。她們痛苦無望，常有苦不堪言之感，值得同情。

第二節　妓女的地位

　　一般而言，社會地位的高低，可以其他群體的社會地位作參考，並借此來比較二者在社會生活和社會關係中的差異。以妓女階層而言，自古皆多為人所不恥，如從前台灣幫會曾將社會間品級分上、中、下九流，在九下流中，一流忘八，指開妓院人；二流龜，即烏龜，指操業之人；三流戲子；四流吹，則指優伶及吹鼓手。〔註59〕屬極為低下的地位。在人的身分上，有關法律的認定，是社會態度的綜合反映，因而也往往是社會地位高低的集中表現，而在唐代法典——《唐律》中，可惜並未對妓女身分有特殊規定，所以無法確知其在法律上的地位，但如前所說，我們可以一種比較的方式來推測，而這個對照組便是處於唐代社會階級中最下層的賤民，通過這樣的考察，可以使我們能略知妓女在唐代的法律地位。

　　又除了這一方式外，尚可利用當時人的觀念態度，作為另一項指標；這甚至更能深刻活潑地反映出唐代妓女的身分地位。

一、唐代妓女與《唐律》賤民地位的比較

　　唐代社會中，存在著等級制度，人為地把社會上的人畫分為「良」、「賤」兩類，並且截然分離，界限森嚴。所謂「良」即指「良人」、「良口」而言，大約包括士、農、工；「賤」即指「賤人」、「賤民」、「賤口」或「賤色」而言，分為官私兩大類〔註60〕。以本文所介紹的宮妓、官妓、家妓、民妓來說，宮妓當係「官奴婢」的身分，家妓、民妓則是屬個人所有的「私奴婢」性質。

　　在唐代，奴婢如主人資財〔註61〕，毫無人格可言，故允許主人任意買賣〔註62〕、借貸〔註63〕償債〔註64〕等，如果略賣、引誘、妄認藏匿他人奴婢，

〔註59〕謝康：《賣淫制度與台灣娼妓問題》，頁146。
〔註60〕關於唐代的階級可參瞿同祖：《中國法律與中國社會》第三、四章。黃現璠：《唐代社會概略》第一章。
〔註61〕《唐律疏議‧名例四‧彼此俱罪之贓》，頁8。又〈賊盜二‧造畜蠱毒〉，頁54。
〔註62〕同前註，〈賊盜二‧殺人移鄉〉，頁54。又〈賊盜四‧私財奴婢貿易官物〉頁70。
〔註63〕同前註，〈職制下‧役使所監臨〉，頁100。又〈廄庫‧監主借官奴畜〉，頁20。
〔註64〕同前註，〈雜律上‧負債強牽摯畜產〉，頁33。

皆被視為侵犯私人財產，需計奴婢身價以侵犯他人財產論罪〔註65〕。既是私財而不算人，他們就是主人的附屬品，不得無故脫離主人，主人對之有很大的人身支配權，也唯有主人方有權利改變其身分。要除去這個身分，只能經主人「放良」，並申報官府同意後方可「除附」〔註66〕。其間或殺、或贈，全憑主人意思。在婚姻方面，良賤不得通婚，因為「人各有偶，色類須同，良賤既殊，何宜配合。」〔註67〕是不可隨意擇偶婚配的。故黃現璠就簡單的歸納出五個特點：律比畜產，身繫本主，當色相婚，有價賣買，附籍本主〔註68〕。嚴格來說，奴婢的確不像「人」，而是「畜類」，受人踐踏。

　　以上是唐代奴婢身分的簡單狀況，以妓女來比較，她們同樣身屬主人所有，家妓為主家控制，私妓屬鴇母個人所有，而宮妓和官妓的差別，只是他們的人身依附於國家，國家設有專門名籍管理（如教坊、樂營），而非僅屬於某個特定私人，因此，他們也可看作是另一種的「私有」形式，即國家的私屬。占有者雖不同，但其受控制的身分則無異。家妓是主人的一種美麗的財產，但當其不再受到重視時，往往就有出妓、放妓、贈妓之事出現，被棄若敝屣；官妓雖不應屬官吏私有，但卻常可發現官員隨意侵占、處置的情況；私妓是鴇母的搖錢樹，只要有合理的價格，鴇母就可將之轉賣，允許贖身，否則妓女們就永遠是其賺錢的役使工具。在婚姻上，根本就是個奢侈，即使有幸，至多只能做個小妾，過著一樣不幸的生活。

　　這樣間接地看來，唐代妓女的身分地位，和奴婢實在是相差不多，因此妓女被視作賤民，被人輕視，再加上道德問題，是可想而知的。〔註69〕

二、一般的社會地位

　　社會上一般人對音樂歌舞的享受意識，似乎往往呈現出矛盾的情況，一方面是宴享娛樂生活的興盛，但另一方面卻又常見到反對，甚至鄙視的言行出

〔註65〕同前註，〈賊盜四‧略和誘奴婢〉，頁 72。又〈詐偽，妄認良人為奴婢〉，頁23。
〔註66〕同前註，〈戶婚上‧放部曲為良〉，頁110。
〔註67〕同前註，〈戶婚下‧奴娶良人為妻〉，頁6。
〔註68〕黃現璠：《唐代社會概略》，頁24。
〔註69〕關於本處有關唐代奴婢身分地位，除可參考前引二書外，還有一些文章：李伯重：〈唐代部曲、奴婢身分淺析〉，《文史》第 32 輯。李季平〈試析唐代奴婢和其他賤民的身分地位〉，《齊魯學刊》1986 年第 6 期，1987 年第 1 期。趙雲旗〈論隋唐奴婢階層在中國歷史上的變化及其原因〉，《晉陽學刊》1987 年第 2 期。戴炎輝《唐律通論》第三章〈身分與罪刑之關係〉。

現。太宗時，太常少卿祖孝孫以教女樂為恥，王珪等人也認為太宗這樣作有「輕士」之嫌〔註70〕；高宗朝，袁利貞上疏諫止高宗在宣政殿合宴伎樂〔註71〕，都表現了潛藏在士大夫階級，深層意識中的對歌舞伎藝和職業的輕視心理。就如日本人村上哲見的分析：「對士大夫階層的人們來說，歌謠和從事歌謠歌唱的妓女們，實際上決非遙遠的存在。但是，在身分、階層的理念裏有著嚴格的差別，彼此是隔絕的……。」〔註72〕他們並不完全排斥娛樂的需求，但又不敢肯定這種需求，換句話說，男人們離不開她們的陪伴，但卻又鄙棄她們，於是妓女變成了不能登大雅之堂，只是遮遮掩掩的對象，身分極為尷尬。

觀當時唐人視妓女多有嘲謔之意，妓女又叫作「風聲婦人」，此名稱顯然有道德之鄙夷。〈李娃傳〉中的鄭生被父重打幾死，元稹在〈鶯鶯傳〉中痛批妓女是禍水，又能得到當時人的諒解，不以為意，雖事非屬必然，但可反映當時人的看法。房千里在敘述楊娼事後，論道「夫娼，以色事人者也，非其利則不合矣。」〔註73〕是懷疑妓女的人格。《義山雜纂》中「窮措大呼妓女——必不來」一語，傳達了人們心中妓女代表貪財鄙陋的形象。白居易嚴責關盼盼「一朝身去不相隨」，真可稱得上是以禮教殺人的劊子手，令盼盼只能含悲而死。柘枝舞女自稱因「昆弟夭喪，無以從人，委身於樂部，恥辱先人。」之後「言訖涕咽，情不能堪。」〔註74〕不願意承認自己的身分，以自我為恥，正是卑賤地位的反映。柳公綽娶妾，拒絕同事的開玩笑，他的說詞是「公綽買妾，非妓也。」可見妓女作為娛人的工具，價值似僅只於此，社會觀念只把妓女當作一般取樂的對象，充滿了輕蔑。

男人們挾妓作樂是風流自賞，為社會所允許，但若過分放浪，逾越界限，則又不免受到干涉，甚至影響仕途。如武周宰相宗楚客因「坐聘邵王妓，貶原州都督。」〔註75〕溫庭筠「有詞賦盛名」，唯因年少，「其所得錢帛多為狹邪所費」，以致「（姚）勖大怒，笞且逐去。」之後庭筠「率不中第。」〔註76〕同時的杜牧也曾因同樣理由幾乎落第〔註77〕，這三例足證社會上的態度是認

〔註70〕《新唐書·王珪傳》，頁 3888。
〔註71〕《新唐書·文藝傳上》，頁 5728。
〔註72〕轉引自劉尊明：《唐五代詞的文化觀照》，頁 96。
〔註73〕《楊娼傳》，頁 1884。
〔註74〕唐范攄撰：《雲谿友議》（四庫本），卷上，頁 1035～577。
〔註75〕《新唐書·宗楚客傳》，頁 4102。
〔註76〕《玉泉子》（四庫本），頁 1035～626。
〔註77〕五代王定保撰：《唐摭言》，（四庫本），卷 6，頁 1035～736。

為妓女只可供人一時享受而已，若不知節制，縱樂其中，則是敗德喪身，人格有疵了！

以今日科學指標的觀點來看，「測定婦女地位的眾多指標要素中，有二個起決定作用的本質要素：一是物質生活形成的指標系統，一是由生命生產形成的指標系統。前者包括了社會經濟地位，社會政治地位，社會教育地位，社會法律地位。後者則有婦女的婚姻家庭地位，生育地位，婚姻家庭法律地位。」〔註78〕很顯然的，妓女這一特殊階層在這兩個指標系統內，是不存在任何地位的。也可見妓女們身分卑劣，地位低下之可悲。

第三節　妓女在流行文化上的意義

妓女雖卑賤為人輕視，但在中國文化藝術傳承上，卻占有非常重要的地位。在《古今圖書集成》這部大類書中，古往今來的婦女事跡都收在〈明倫匯編・閨媛典〉中，而輯錄各代妓女的「娼妓部」卻納入〈博物匯編・藝術典〉，可見當時人對妓女們在藝術上的貢獻是肯定的。王書奴也有感而發的說「我看古今最不守舊，隨時代風氣為轉移者，莫如娼妓。時代尚詩，則能誦詩作詩。時代尚詞則能歌詞作詞；時代尚曲，則能歌曲作曲。我看了唐、宋、元詩妓、詞妓、曲妓，多如過江之鯽，乃知娼妓不但為當時文人墨客之賦友，且為贊助時代文化學術之功臣。我們還忍心以賤隸婢子待遇她們嗎？」〔註79〕因為傳統禮教的緣故，一般所謂良家女子是不被允許讀太多書、唱歌、玩樂器、寫詩、喝酒的，但男人卻又有這些需求，於是就造成了妓女的出現。

唐代妓女人數不少，以歌舞技藝為業，憑其慧心蘭質，大大地促進了中國藝術的發展，影響是多方面的。以下分做文學（包括詩詞）、音樂、妝飾三部分說明。

一、妓女與文學

（一）妓女與詩

唐代妓女能寫詩的很多，詩寫得好的也不乏其人。《全唐詩》中的261首

〔註78〕李英、丁文〈關於評價婦女社會地位指標體系的思考〉，《社會科學戰線》1994年第4期，頁128。

〔註79〕王書奴《中國娼妓史》，頁192。

作品，只是極少的一部分，其他散見或亡佚的不知凡幾，顯然在唐詩的園地裏，妓女也占了一個重要的位置。

　　薛濤工詩，出入幕府，歷事十一鎮，全以詩見重，韋皋曾奏請任命她為「校書郎」，雖未獲准，但「女校書」之名，已不脛而走〔註80〕，當時名士多與她唱和，慕其詩名而來。李冶有「女中詩豪」之名，又與文士交遊，當時作品自是不少，今所存雖只十六首，大抵工鍊流暢，神韻自逸〔註81〕。魚玄機詩的特點是多情有味並且工於字句，多所鍛鍊。

　　關盼盼作《燕子樓》三首，哀怨淒絕，傳誦不絕；杜秋娘以一曲《金縷衣》享譽後代；劉國容贈情人詩「歡寢方濃，恨雞聲之斷愛。恩憐未洽，嘆馬足以無情。」時人爭相吟誦〔註82〕；一武昌妓在瞬間便能吟出「武昌無限新栽柳，不見楊花撲面來」二佳句，令席上男人驚異不已〔註83〕，孫棨說北里妓女「事筆硯，有詞句」，「往往有詞句可稱」，並以薛濤為比，認為「及睹北里二三子之徒，則薛濤遠有慚德矣。」〔註84〕當然北里妓女可能不知薛之出類拔萃，但能得到孫棨這樣人物的稱讚，可見她們的能力絕不算低下，總體的水準是很高的。

　　唐妓對於唐詩的貢獻不僅在於他們寫出了許多的好作品，還在於她們為文人們提供了激發靈感的環境和藝術氛圍，她們以各自獨特的經歷和才情韻致為大詩人們的創作提供了生活素材，輔助他們寫出許多名詩佳句〔註85〕。在第七章，我們可以看到文人們逐漸以妓為題之作增多，在用字上情感也較濃厚。故她們在擴大唐詩的題材，開闢唐詩新境界，豐富唐詩的內容上，成為很重要的「媒介」，這大量的詩成為唐代詩壇中別具一格的奇葩。

　　另外詩在發展的過程中離不開傳唱，容易傳唱的詩就易於傳播人口，為一般人所接受，詩人也藉此得到更多的刺激和促進，從而能不斷迸發出旺盛的創作熱情。而這傳唱的主力軍就是眾多的歌妓樂女，白居易自述到潯南時「適遇主人集眾娛樂，他賓諸妓見僕來，指而相顧曰『此是〈秦中吟〉、〈長恨歌〉主耳。』」〔註86〕他也曾向一名妓女誇耀道「席上爭飛使君酒，歌中多

〔註80〕《唐詩紀事》頁 1162。
〔註81〕陳文華：《唐女詩人集三種》，頁 4。
〔註82〕五代王仁裕撰：《開元天寶遺事》（四庫本），卷 3，頁 1035～857。
〔註83〕武昌妓〈續韋蟾句〉，《全唐詩》卷 802，頁 9024。
〔註84〕《北里志》（香艷叢書本），頁 1281。
〔註85〕萬獻初《中國名妓》，頁 226～227。
〔註86〕白居易〈與元九書〉，《全唐文》卷 675，頁 8739。

唱舍下詩。」〔註87〕透過她們，文人詩名及詩作，才能傳播出去。換句話說，正是通過她們的演唱，傳達著詩歌創作的信息，促進了唐詩的流佈，沒有她們，恐怕許多名詩就湮沒無名了。

　　日人齋藤茂注意到《北里志》所載五對唱和詩，並且認為具有重要的意義：第一點是這些唱和詩與《遊仙窟》、《鶯鶯傳》等以贈答詩為中心的傾向一樣，它也反映了晚唐詩歌的一般傾向。第二點是，這些唱和詩都運用了次韻進行酬答，而重視唱和詩並嘗試運用次韻的詩人是元稹和白居易，之後相繼為劉禹錫、皮日休、陸龜蒙所發展，直至宋代。但在元白、劉白、皮陸的唱和詩裏，次韻的使用並不普遍，但宋朝則流行於整個士人階層之中。所以這五對唱和詩的重要性在於它們表明乾符年間的長安北里次韻酬答已經成了普遍現象，這無疑是已經搶在了時代的前頭〔註88〕，反映妓館是古代社會一

〔註87〕白居易〈醉戲諸妓〉，《全唐詩》卷446，頁5005。
〔註88〕齋藤茂：〈關於《北里志》——唐代文學與妓館〉，《唐代文學研究第三輯》（廣西：廣西師範大學出版社，1992年10月），頁609～611。這五對唱和詩如下：
1-a. 楚兒「應是前生有宿冤，不期今世惡因緣。蛾眉欲碎巨靈掌，難肋難勝子路拳。只擬嚇人傳鐵券，未應教我踏金蓮。曲江昨日君相遇，當下遭他數十鞭。」
1-b. 鄭昌圖「大開眼界莫言冤，畢世甘他也是緣。無計不煩干偃蹇，有門須是疾連拳，據論當道加嚴篤，便合披緇念法蓮。如此興情殊不減，始知昨日是蒲鞭。」
2-a. 小子弟輩「盡道萊兒口可憑，一冬誇婿好聲名。適來安遠門前見，光遠何曾解一鳴。」
2-b. 楊萊兒「黃口小兒口沒憑，逡巡看取第三名。孝廉持水添瓶子，莫向街頭亂椀鳴。」
3-a. 趙光遠「魚鑰歡環斜掩門，萋萋芳草憶王孫，醉憑青瑣窺韓壽，困擲金梭惱謝鯤。不夜珠光連玉匣，辟寒釵影落瑤樽。欲知明惠多情態，役盡江淹別後魂。」
3-b. 楊萊兒「長者車塵每到門，長卿非慕卓王孫。定知羽翼難隨鳳，卻喜波濤未化鯤。嬌別翠鈿枯去袂，醉歌金雀碎殘樽，多情多病年應促，早辦名香為返魂。」
4-a. 王福娘「日日悲傷未有圖，懶將心事話凡夫。非同覆水應收得，只問仙郎有意無。」
4-b. 孫棨「韶妙如何有遠圖，未能相為信非夫。泥中蓮子雖無染，移入家園未得無。」
5-a. 李標「春暮花株繞戶飛，王孫尋勝引塵衣。洞中仙子多情態，留住劉郎不放歸。」
5-b. 王蘇蘇「怪得犬驚雞亂飛，羸童瘦馬老麻衣。阿誰亂引閑人到，留住青蚨熱趕歸。」

個文化最發達的地方，妓女們的存在，創作，是唐詩歌得以興盛，流行的重要支柱。

　　《北里志》裏的五組唱和詩，還有另一個特點就是非常的「白話」，他們用很淺顯的文字來運用表達，這固然關係著妓女本身能力，但和環境自然也有關係，因為「在那『好妓好歌喉』的環境之內，文學家自然不好意思把《堯典》、《舜典》的字和《生民》、《清廟》的詩拿出來獻醜。」〔註89〕所以自然導致符合易懂易唱的白話詩產生，而妓女們贈答一般客人，並不需要特別的好詩，只要能表達意思就足夠了。胡適先生又認為白話詩的來源有許多，其中之一便是「嘲戲」，因為「嘲戲總是脫口而出，最自然，最沒有做作的。故嘲戲的詩都是極自然的白話詩。」〔註90〕檢視那五組的唱和詩，可以發現都很重視使用機敏的言詞，有嘲戲的意味，孫棨就曾讚賞楊萊兒「其敏捷皆此類也。」〔註91〕在前面介紹北里妓女時，曾經提及到其特色是有文才及具機智應對的「嘲謔」能力，美貌並不是非常重要，由此更可得到證實。這五組白話嘲謔詩，反映了當時游戲妓館的人的好尚，也顯示當時妓女的詩歌的創作能力，在白話詩應占有一席之地。

（二）妓女與詞

　　占中國文學史上重要的地位──詞，在中晚唐之際興起了。關於詞的起源，胡適說：「我疑心依曲拍作長短句的歌調，這個風氣，是起於民間，起於樂工歌妓。」〔註92〕他的這番話，提供了二條很重要的線索，一是詞與音樂有關，二是詞和歌妓有淵源。原來以整齊的詩來配合樂譜長短曲折，自然是感到不能盡其聲音之美妙，因此只好加添一些字進去，產生泛聲的現象，再如過於繁長曲折，只好將詩句改頭換面，長短其句，以就其曲，於是句子也變成長短不齊的形式〔註93〕。經過這二種方式的加工改造，詞完全變作與音樂相適應的文學。「作為一種新的文學形式，詞不僅合樂歌唱，且具有表演性和舞蹈性，是一種融歌、舞、樂為一體的綜合藝術」〔註94〕。由於中晚唐城

〔註89〕胡適：《白話文學史》，（台南：東海出版社，1976 年 8 月，頁 156）。
〔註90〕同前註，頁 155。
〔註91〕《北里志》，頁 1290。
〔註92〕胡適〈詞的起源〉，《胡適文存》（台北：遠東圖書公司，1983 年 9 月），頁 637。
〔註93〕劉大杰：《中國文學發展史》上冊（台北：莊嚴出版社，1991 年元月，頁 526～530）。
〔註94〕劉尊明：《唐五代詞的文化觀照》，頁 43。

市生活的轉變，整個社會環境，對於歌舞曲藝的娛樂需求起了促進作用。詞作為一種新的樂舞形式，與當時出現的俗講變文，話本小說一樣，都是一種人們精神生活要求的反映。而在當時社會上，從事歌舞演出的只可能是樂工歌女之流，所以這種音樂性的新文體，實際上是成就於這些人手裏，這也就是詞與妓女密切相關所在。歌妓們大量採用作為他們的表演內容後，她們的傳唱，對詞的生命力、感染力，無疑地起了功不可沒的作用。觀晚唐妓業愈盛，而詞也漸趨成熟，出現了如溫庭筠這樣專業的作家，可見二者之相關性。

除了歌妓樂工自製、改造歌詞外，還有許多的文人詞的出現。因為中晚唐文人與妓女的關係已由疏漸密，往來頻繁而普遍，或許就在宴享之際，雖然「樂曲本已有了歌詞。但作於不通文藝的伶人倡女，其詞不佳，不能滿人意，於是文人給他另作新詞，使美調得美詞，而流行更久遠。」〔註 95〕得到了美詞的歌妓，想必能在競爭激烈的情況下，較能得到更佳的贊美與價格吧！於是就在對美詞的需求下，歌妓們開始主動的尋求文人來為她們所唱的曲填詞。當時如白居易、元稹都是此中人物，「樂音翻怨調，才子與妍詞。」〔註 96〕「宴移明處清蘭路，歌待新詞促翰林。」〔註 97〕正是反映向文人索取歌詞的情況。同時妓女的歌舞形象，也為詞作提供新的素材，文人並因之有意識的產生創作動機，如大詞家溫庭筠是「士行塵雜，不修邊幅。能逐絃吹之音，為側艷之詞。」〔註 98〕說明了他的作品與長期狂游狹邪有關，這種傾向使「詞在內容題材、情調風格上逐漸形成嗜艷尚婉媚的特色。」〔註 99〕同樣地，詞家們為求自身的揚名，也開始主動的尋求與名妓的合作，如溫庭筠和裴誠二人，就曾尋求善歌的周德華來演唱他們的作品〔註 100〕，便是一例。

綜合來看，妓女在詞的催生、促進、興盛上，不論是形式或內容方面，都是很重要的角色，王書奴所說：「唐代娼妓，因其能『做詩』，能『誦詩』，能『解詩』的緣故，中唐以後新文體『詞』的產生，妓女有絕大的功勞。」〔註 101〕是很有道理的。

〔註 95〕同註 92。
〔註 96〕白居易〈楊柳枝二十韻〉，《全唐詩》卷 455，頁 5156。
〔註 97〕元稹〈酬樂天八月十五日夜禁中獨直玩月見寄〉《全唐詩》卷 412，頁 4572。
〔註 98〕《舊唐書·文苑傳下》，頁 5079。
〔註 99〕劉尊明：《唐五代詞的文化觀照》，頁 198。
〔註 100〕唐范攄撰：《雲谿友議》（四庫本）卷下，頁 1035～608。
〔註 101〕同註 79，頁 98。

二、妓女與音樂

　　本節的音樂，涵意甚廣，包括了歌唱、舞蹈、器樂、戲劇等表演。作為娛人工具的妓女，音樂可說是她們的謀生手段，而唐代繁榮耀眼的音樂成就，也正是在她們手裏建立起來的，故從文化的角度來看，十分值得重視。

　　唐室政府力量最強盛者，迨於安史之亂前，此時宮廷音樂也得到充分發展。唐初沿襲隋代的九部伎，成立十部伎〔註102〕，至於玄宗設立了二部伎、教坊和梨園〔註103〕，使胡俗兩樂完全融合成新俗樂，女樂興隆，臻至極美。音樂既盛，故所需服務的人員就愈多，這些人統稱為「樂工」，也作「樂人」、「音聲人」、「舞工」、「歌工」、「伶人」、「倡優」、「散樂」、「妓女」、「鼓工」等，大約是無特定意義之男女樂人的通稱〔註104〕。由於音樂機構的完備，這些參與其中的妓女人才是不計其數的，「唐之盛時，凡樂人、音聲人、太常雜戶子弟，隸太常及鼓吹署，皆番上，總號音聲人，至數萬千。」〔註105〕雖然她們都是作為宮廷貴族豪華的音樂生活的點綴，被剝削了個人價值。但就純藝術而言，她們獻出才能，在宮廷音樂的演奏、創造、交融、保存上，作了最直接的貢獻。

　　妓女社會地位極低，她們的存在往往是被忽視的，甚少被寫入記載之中，而能形諸於筆墨，引起特別注意者，除了極大的偶然性，便是她們有特殊處，如在音樂藝術造詣方面，已達到一定的優秀程度，令人無法故意忽視。所以對於這些能百不存一的妓女們，值得我們認識。

　　在《因話錄》卷二記李司徒汧公有「二寵妓曰秀奴、七七，皆聰慧，善琴兼箏，與歌時令奏之，自撰琴譜。」〔註106〕而喝馱子一曲，是唐末單州營妓教頭葛大姐所撰新聲。〔註107〕被玄宗譽為「歌值千金」的宮妓永新，她的歌喉極佳，有一次玄宗舉行一個君民同樂的大宴會，成千上萬人的喧鬧聲，弄得節目無法進行下去，高力士於是建議玄宗讓永新出來唱歌，果然她發聲一唱，悠揚清越，頓時就使場面安靜下來〔註108〕。可見她歌聲之動人。安史

〔註102〕岸邊成雄：《唐代音樂史的研究》，序說第二章、五章。
〔註103〕同前註，序說第三章、四章，各說第二章、三章、六章。
〔註104〕同前註，頁22。
〔註105〕《新唐書·禮樂志》，頁477。
〔註106〕唐趙璘撰：《因話錄》，（四庫本），頁1035～476。
〔註107〕同註99，頁398。
〔註108〕唐段安節撰：《樂府雜錄》，頁839～992。

亂，「韋青避地廣陵，因月夜憑闌於小河之上，忽聞舟中奏《水調》者，曰：
『此永新歌也』。」〔註109〕韋青一聽歌聲，就知是永新所唱的《水調》，由此
可知她的歌聲傳佈廣泛，且擅於《水調》之歌，能曲盡其妙。《何滿子》是唐
代一首極有名之曲，據白居易說是「開元中，滄州有歌者何滿子，臨刑進此
曲以贖死上竟不免。」〔註110〕所以曲調盡吐悲音，「從頭便是斷腸聲」〔註111〕。
文宗時「有宮人沈阿翹為上舞《何滿子》，調聲風態，率皆宛暢」〔註112〕天寶
年間，「去籍之妓」盛小叢在越州李訥席上以善歌《西河調》而為人稱賞〔註
113〕。在浙、淮一帶的劉採春及其女周德華，又各以善唱《望夫歌》（或《羅
嗊曲》）與《楊柳枝》而聞名於當時〔註114〕。尚有天寶年間有姿色、善歌唱，
帝之鍾愛的念奴〔註115〕等。若非妓女們的傳唱，恐怕許多樂曲都將湮沒無
聞了。杜甫筆下的公孫大娘，竟能令一個小孩記憶如此深刻，舞姿之精湛可
想而知，又據說張旭的草書頗從她的表演中汲取養分，更是不易〔註116〕。
白居易在〈琵琶行〉中，把這個原屬於教坊第一名手的琵琶女的技藝，作了
生動的描寫〔註117〕令人感動。

　　這些倖存的姓名，在當時的音樂文化園地，都是不可多得的優秀者，在
促進當時音樂的發展，也是極重要的，當然其他沒沒無聞者的貢獻，也是不
容抹煞的。

　　以下要談的是所謂妓女們在「音樂文化的庶民化」〔註118〕過程中所扮演
的角色。因為在古代，一般平民是無法接觸到音樂，但在唐朝，我們可以看
到宮廷和民間俗樂相互輝映的盛況，究竟是什麼樣的情形而改變了呢？和妓
女又有什麼關係？這是很值得探討的。

　　政治安定，經濟繁榮，一般而言是藝術得以發展的外部因素之一。玄宗
末年的安史之亂，對音樂文化上的影響，有二點可以注意：一是由於政局動

〔註109〕同前註。
〔註110〕白居易〈何滿子〉詩題下自注語，《全唐詩》卷450，頁5213。
〔註111〕同前註。
〔註112〕唐蘇鶚撰：《杜陽雜編》（四庫本）卷中，頁1042～613。
〔註113〕同前註。
〔註114〕同註100，卷下，頁1035～607。
〔註115〕元稹〈連昌宮詞〉，《全唐詩》卷419，頁4612。
〔註116〕杜甫〈觀公孫大娘弟子舞劍器行〉，《全唐詩》卷222，頁2356。
〔註117〕白居易〈琵琶行〉，《全唐詩》卷435，頁4821。
〔註118〕此語及狀況，參岸邊成雄《唐代音樂史的研究》，序說第四章。

盪，戰禍頻仍所引起的社會變化，促使整個文化藝術以及意識形態領域出現了新的轉機。在音樂上，產生了擺脫「雅樂」體系的桎梏及束縛的要求，進而追求新而美的藝術形式，形成了改革與變異的藝術思潮；換句話說，因為人的自我意識的覺醒，也促進了藝術的覺醒〔註119〕。二是原先屬於宮廷、貴族享用的樂舞及歌舞妓人，不斷流散至民間，直接豐富了民間的音樂藝術，妓女們隨著宮廷主家沒落而衰頹，使樂曲演唱的重心移向都市民間，將原本屬於上層人士享受的活動帶到民間，促進民間音樂的追求崇尚，更多的藝妓以商業性妓女的身分出現，造成公開的妓館開始繁盛〔註120〕。這二點包括了社會上主觀心理及客觀事實的變遷，心理上的改變，已於第一章社會一節略論，第二點即為音樂文化庶民化的現象。

安史亂，兩京遭戰火蹂躪，音樂設施受極大損傷，樂妓多告散佚。據姚汝能《安祿山事跡》卷下，記載安祿山攻陷長安後，「全擄府庫兵甲、文物、圖籍。宜春、雲韶……以車輦樂器及歌舞衣服，迫脅樂工……遣入洛陽，復散於北。向時之盛掃地矣。肅宗克復，方散求於人間，復歸於京師，十得二三。」〔註121〕大亂以後直至唐末，原本的音樂制度及設置機構也一直未能恢復，指向的是宮廷音樂的衰頹崩壞。如霓裳曲本來是玄宗時最盛之一曲，但至白居易時，卻幾已無人知〔註122〕，可見宮廷樂散失之嚴重。中晚唐戰亂不止，宮廷妓女散落民間的情況就更普遍了〔註123〕。這大批的歌舞妓人離開原有的舞台，被迫走入民間，如擅舞劍器的公孫大娘原是宮中好手，只因「風塵傾動昏王室」，致「梨園弟子散如煙，女樂餘姿映寒日」，「絳唇珠袖兩寂寞」〔註124〕盛小叢亂後流落吳越間，以「歌餞」為生，李納就曾說「曾向教坊聽國樂，為君重唱盛叢歌。」〔註125〕著名宮妓永新流落廣陵，在舟中與韋青對泣，死前謂其母曰『阿母，錢樹子倒矣！』」〔註126〕才藝如此之妓，竟在民間

〔註119〕殷亞昭《中國古舞與民舞研究》（台北：貫雅文化事業有限公司，1991 年 5 月，頁 117。）
〔註120〕同註 118 及頁 369。
〔註121〕《安祿山事跡》（台北：文源書局，學海類編本），頁 727。
〔註122〕白居易〈霓裳羽衣舞歌〉「聞君部內多樂徒，問有霓裳舞者無，答云七縣十萬戶，無人知有霓裳舞。」《全唐詩》卷 444，頁 4970。
〔註123〕如《舊唐書·陸贄傳》記德宗建中四年，朱泚叛亂，一度避幸奉天，宮妓內人多有散失。頁 3791。
〔註124〕同註 116。
〔註125〕同註 114，卷中，頁 1035～575。
〔註126〕同註 108。

落得這般下場。《因話錄》上也有一則故事極為動人〔註127〕。都反映了宮廷京都樂人流散民間的事實。

這些散落到民間的妓女,將原本歌舞於宮廷的曲調及自己的才藝,帶到社會上,如據統計,今天可以考見的唐代著辭曲（酒令）在七十曲以上,其中至少有四十七曲源出於教坊〔註128〕,永新曾在舟中歌唱的〈水調〉,張紅紅擅長的〈長命西河女〉,貞元中有善歌〈綠腰〉的葉氏、及沈阿翹拿手的〈涼州曲〉等等,這些流行曲調,大都原屬教坊〔註129〕。足知教坊之曲已下降到民間,成為民間的新俗樂,而這些新聲及歌唱,比前期更為流行與興盛,白居易〈楊柳枝詞八首〉就寫道「〈六么〉〈水調〉家家唱,〈白雪〉,〈梅花〉處處吹。」〔註130〕。這種由獨占階級轉移至向一般大眾開放的情況,加速了音樂文化的更開放及平民化,使音樂內容及性質也生變化。在整個過程中,正是妓女推動了整個音樂文化生活的普及,故唐代音樂文化之庶民化,和妓女們是息息相關的。

三、妓女與妝飾

以妓女的身分、生活型態而言,妝扮妍麗是她們的「本分」,甚至是謀生的手段。宮妓、家妓如同被豢養的寵物,她們的素質打扮,還可能影響到主人的聲譽,自然窮奢極侈,富麗豪華了。而商業性的妓女,為了社會生存競爭,更是要使出渾身解數來吸引顧客,裝飾無疑是一個方法,「時髦的終極目的,（其實是他們明顯的和有意識的目的）無非在想增加穿著之性的誘惑力和刺激異性傾倒者之性欲的興趣,或者在引起同性情敵的羨妒。」〔註131〕另外,以之突出自己,成為人人側目的對象,多少也可產生一些維護身分和地位,

---

〔註127〕唐趙璘撰:《因話錄》卷一「德宗初登勤政樓,外無知者,望見一人,夜緣乘驢戴帽,至樓下仰視,久之俛而東去。上立遣宣示京伊,令以物色求之……。於春明門外,數里內應有諸司舊職事伎藝人,悉搜羅之,而緣衣者果在,其中詰之,對曰:某自罷居城外,更不復見,今群鷗盛集,又覺景象宛如昔時,心知聖人在。上悲喜且欲泣下,以此奏聞,敕令盡收此輩,卻係教坊李尉,亦為京尹所擢用,設至郡守。」（四庫本）頁1035～431。

〔註128〕王小盾:《唐代酒令藝術——關於敦煌舞譜、早期文人詞及其文化背景的研究》（台北:文津,1993年3月,頁98）。

〔註129〕以上所介紹之人及曲調,引自楊蔭瀏《中國古代音樂史稿》頁2-51～2-58。

〔註130〕《全唐詩》卷454,頁5148。

〔註131〕弗留葛爾:《服裝心理學》（台北:仙人掌出版社,1971年4月,頁39）。

保全「臉面」的社會功能，反映出她們補償心理的態度〔註132〕。妓女們在思想行為上，較不受道德限制，更自由開放，再加上不乏錢財，有機會與各類男性接觸，接受品評，這些都可能使她們成為社會上最「特殊」，最「美麗」的一群人。唐代女性在中國婦女妝飾上，可謂首屈一指，妓女們再踵事增華一番，更加艷麗。並對於當代「時世妝」的流行，也占有重要地位。

（一）妓女的妝飾

1. 髮式

如：

「風流誇墮髻」（白居易〈代書詩百韻寄微之〉）〔註133〕

「高髻雲鬟宮樣妝」（劉禹錫〈贈李司空妓〉）〔註134〕

「輕梳小髻號慵來」（羅虬〈比紅兒詩〉）〔註135〕

除了向下垂及向上高梳的樣子外，似乎「也曾經流行過短髻小髻。」〔註136〕而有的宮妓梳「九騎仙髻」〔註137〕。

2. 髮飾

種類繁多，包括鈿、梳、釵、步搖等。如

「鈿頭雲箆擊節碎」（白居易〈琵琶行〉）〔註138〕

「寒鬢斜釵玉燕光」（李賀〈洛姝真珠〉）〔註139〕

「更被拈將玉步搖（孫棨〈題妓福娘牆〉）〔註140〕

3. 眉

據傳唐明皇曾令畫工繪十眉圖〔註141〕，顯示了當時注重眉的化妝。如

〔註132〕周曉虹：〈時尚現象的社會心理分析〉，《社會科學戰線》194年第5期，頁87。

〔註133〕《全唐詩》卷436，頁4824。

〔註134〕《全唐詩》卷365，頁4121。

〔註135〕《全唐詩》卷666，頁7628。

〔註136〕原田淑人著，石萬壽譯〈唐代女子化妝考〉，《大陸雜誌史學叢書》第4輯第3冊，頁306。

〔註137〕鄭嵎〈津陽門詩序〉「又令宮妓梳九騎仙髻，衣孔雀翠衣。」《全唐詩》卷567，頁6561。

〔註138〕《全唐詩》卷435，頁4822。

〔註139〕《全唐詩》卷390，頁4400。

〔註140〕《全唐詩》卷727，頁8328。

〔註141〕羅宗濤：〈時世妝──談唐代女性的流行妝扮〉，《聯合文學》第2卷第5期，頁8。

「輕鬢叢梳闊掃眉」(張籍〈倡女詞〉)〔註142〕

「雲面淡眉天上女」(楊炎〈贈元載歌妓〉)〔註143〕

可見眉式分闊眉和細眉二種。明人王圻有一記載:「瑩姐,平康妓也。玉淨花明,尤善梳掠畫眉,每日作一樣。」〔註144〕真是所謂的「眉癖」。

4. 唇

唐代的口脂(即類於今日的口紅)在民間大概已普遍使用〔註145〕,妓女們也用口紅來點唇,如:

「口動櫻桃破」(白居易〈楊柳枝二十韻〉)〔註146〕

「絳唇漸輕巧」(杜牧〈張好好詩〉)〔註147〕

陶穀《清異錄》記有「唐僖宗、昭宗時,都下倡家競事妝唇,以此分別妍否。其點綴之工名字差繁,其略有胭脂暈品石榴嬌、大紅春、小紅春、嫩吳春、半邊嬌、萬金紅、聖檀心、露珠兒、內家園、天宮巧、洛兒殷、澹紅心、猩猩暈、小朱庭格、雙唐媚、花奴樣子。」〔註148〕則唐末倡家在唇妝上真是爭奇鬥艷了。

5. 撲粉,施花鈿、面靨、斜紅,如

「卻愁紅粉淚痕生」(司空曙〈觀妓〉)〔註149〕

「花鈿羅衫聳細腰」(章孝標〈柘枝〉)〔註150〕

「暗嬌妝靨笑」(白居易〈江南喜逢蕭九徹因話長安舊游戲贈五十韻〉)〔註151〕

「斜紅傷豎莫傷垂」(元積〈有所教〉)〔註152〕

〔註142〕《全唐詩》卷386,頁4359。

〔註143〕《全唐詩》卷121,頁1213。

〔註144〕明王圻撰:《稗史彙編》卷49,頁750。

〔註145〕賈憲保:〈唐代的護膚美容化妝品〉,《文博》1985年第4期,頁12。

〔註146〕《全唐詩》卷455,頁5156。

〔註147〕《全唐詩》卷520,頁5941。

〔註148〕轉引自註101,頁244。

〔註149〕《全唐詩》卷293,頁3328。

〔註150〕《全唐詩》卷506,頁5755。

〔註151〕《全唐詩》卷462,頁5253。

〔註152〕《全唐詩》卷421,頁4643。

6. 衣、裙

妓女在衣著上是頗開放的，常著輕羅紗，具有透明感，如白居易云「身輕委回雪，羅薄透凝脂。」〔註153〕胸部也開露較多，並在胸上撲粉，使其白上加白，也可增加香氣，如「粉胸半掩疑晴雪」〔註154〕。莊申說「在郭杜鎮墓壁畫中所見的舞女，其長裙裙頭在腰部與一件又薄又短的內衣相連。而那件內衣只用兩根吊帶吊在肩上，如果舞者的兩臂與後背沒有長巾掩蓋，她應該是既露胸又露背的。就唐代舞女的服飾而言，他們所穿著的，上身只是一件連內衣的條紋長裙，與目前流行的露背裝所差無幾。」〔註155〕透過實物的了解，恐怕她們的衣著的豪放會超乎今日的想像呢！唐女多喜濃艷之色，喜著紅裙，妓女也是，萬楚〈五日觀妓〉有云「紅裙妒殺石榴花」。〔註156〕〈琵琶行〉中的琵琶女曾自述以前生活是「血色羅裙翻酒污。」〔註157〕而至中晚唐，裙裾以長為美，為達要求，常將裙腰束至胸部，有的乾脆束至腋下，並將裙幅下垂於地，裙多集六幅布帛而成，至少在三米以上〔註158〕。李群玉的〈贈琵琶妓〉「一雙裙帶同心結，裙施六幅湘江水。」〔註159〕孫棨〈題妓王福娘牆〉「東鄰起樣裙腰闊，剩蹙黃金線幾條。」〔註160〕都是一幅長裙垂帶的寬闊貌。

7. 裝飾品

如耳環、釧、瓔珞、戒指等。

「黃龍透入黃金釧。」（張文成〈詠崔五嫂〉）〔註161〕

「指環偷解博江椒。」（孫棨〈題妓王福娘〉）〔註162〕

「墜珥時流盼。」（李群玉〈長沙九日登東樓觀舞〉）〔註163〕

〔註153〕白居易〈楊柳枝二十韻〉，《全唐詩》卷455，頁5156。

〔註154〕方干〈贈美人四首〉，《全唐詩》卷651，頁7478。

〔註155〕莊申：〈唐代的柘枝舞伎〉，《雄獅美術》139期，頁150。

〔註156〕《全唐詩》卷145，頁1469。

〔註157〕《全唐詩》卷435，頁4821。

〔註158〕周汛、高春明：《中國古代服飾風俗》（台北：文津，1989年9月，頁130）。

〔註159〕《全唐詩》卷570，頁6612。

〔註160〕《全唐詩》卷727，頁8328。

〔註161〕《全唐詩逸》卷下，頁10218。

〔註162〕《全唐詩》卷727，頁8328。

〔註163〕《全唐詩》卷568，頁6579。

（二）妓女與時世妝

　　唐代妓女的裝束已略述如上，此處最想知道的是她們的裝扮是否是整個社會的領潮者，是否走在時代的最尖端？如明、清〔註164〕時的妓女。但經由資料顯示，似乎不能斷定她們是當時的領導者，不過她們在妝扮上卻是十分時髦，常有時世妝扮，這在提倡，傳播上就有直接的貢獻，也有一番意義。

　　所謂「時世」，用現在的話來說即是「時髦」、「流行」，一種風尚的產生。就唐代來看，時尚的開始，多由宮中，然後擴及京師，再傳至各地，是一種由上而下式的模仿過程：

　　張泌《妝臺記》「今婦人面飾用花子，起自唐上官昭容所制，以掩黥跡也。」〔註165〕

　　張鷟《朝野僉載》「安樂公主造百鳥毛裙，以後百官、百姓家效之，山林奇禽異獸，搜山滿谷，掃地無遺，至於網羅殺獲無數。開元中，禁……於是採捕乃止。」〔註166〕

　　劉肅《大唐新語》「俗尚高髻，是宮中所化也。」〔註167〕

　　白居易〈時世妝〉「時世妝，時世妝，出自城中傳四方。」〔註168〕

　　張氏女〈夢王尚書日援吟〉「鬟梳鬥掃學宮妝。」〔註169〕

　　另外有淚妝〔註170〕，啼妝〔註171〕，白妝〔註172〕，血暈妝〔註173〕等異妝。

　　可見宮中的妝飾於時尚之流行，經常處在主導的地位。宮人們養尊處優，有錢有閒，莫不以爭奇鬥艷的手法來爭寵，故能不斷翻新創造。但既

〔註164〕清余懷撰：《板橋雜記》中說「南曲衣裳妝束，四方取以為式，大約以淡雅樸素為主，不以鮮華綺麗為工也。……衣衫皆客為之措辦，巧樣新裁，出於假母，以其餘物，自取用之。故假母雖年高，亦盛妝艷服，光彩動人。衫之短長，袖之大小，隨時變易，見者謂是時世妝也。」（香艷叢書本），頁3657。

〔註165〕《妝臺記》（香艷叢書本），頁646。

〔註166〕《朝野僉載》（四庫本）卷3，頁1035～248。

〔註167〕《大唐新語》（台北：新宇出版社，1985年）頁21。

〔註168〕《全唐詩》卷427，頁4705。

〔註169〕《全唐文》卷868，頁9836。

〔註170〕《開元天寶遺事》「宮中嬪妃輩施素粉於兩頰，相號為淚妝。」（四庫本）卷3，頁1305～859。

〔註171〕《中華古今注》「太真偏梳朵子作啼妝。」（百川學海本）頁128。

〔註172〕同前註，「太真……又有愁來髻，又飛髻，又百合髻，作白粧黑眉。」

〔註173〕《唐語林》「長慶中，京城婦人首飾，有以金碧珠翠，筓櫛、步搖，無不具美，謂之『百不知』。婦人去眉，以丹紫三四橫約於目上下，謂之血暈妝。」（四庫本）卷6，頁1038～159。

稱「時世」，故也免不了怪異，難免引起人反對，如張泌云：「崔樞夫人治家整肅，容儀端麗，婦妾皆不許做時世妝。」〔註174〕元稹也以一位男性的角度說道「人人總解爭時勢，都大須看各相宜。」〔註175〕可見他也不大苟同盲目追求時尚的。

愛美，求新是人的天性，在能力所及之餘，總不甘落於人後，而群起效尤，這是極自然的。所以妓女們在追求時髦，努力迎向流行上，是不容懷疑的了，如：

劉禹錫〈贈李司空妓〉「浮渲梳頭宮樣妝。」〔註176〕

韓偓〈忍笑〉「宮樣衣裳淺畫眉，晚來梳洗更相宜。」〔註177〕

司空圖〈詩歌二首〉「軍營人學內人妝。」〔註178〕

羅虯〈比紅兒〉「君看紅兒學醉妝。」〔註179〕

白居易〈江南喜逢蕭九徹因話長安舊游戲贈五十韻〉「時世高梳髻，風流澹作妝。」〔註180〕

白居易〈代書詩一百韻寄微之〉「風流誇墮髻，時世鬥啼眉。」自注「長安城中復為墮馬髻。」〔註181〕

元稹〈夢遊春七十韻〉「叢梳百葉髻，金蹙重臺履，紕軟鈿頭裙，玲瓏合歡褲。」〔註182〕

這是他記述鶯鶯之妝束〔註183〕「踏殿樣」的鞋子是指可以踏進宮殿的式樣〔註184〕。而「履是貴婦盛妝之際不可缺少的」〔註185〕。她的褲子是由夾纈裁製成的，「夾纈是一種印染法，是唐代衣物的美化加工法。」〔註186〕可見妓

〔註174〕《妝樓記》（唐代叢書本）頁498。

〔註175〕元稹〈有所教〉，《全唐詩》卷421，頁4643。

〔註176〕《全唐詩》卷365，頁4121。

〔註177〕《全唐詩》卷683，頁7837。

〔註178〕《全唐詩》卷633，頁7259。

〔註179〕《全唐詩》卷666，頁7628。

〔註180〕《全唐詩》卷462，頁5253。

〔註181〕《全唐詩》卷436，頁4824。

〔註182〕《全唐詩》卷422，頁4635。

〔註183〕陳寅恪：〈元微之悼亡詩及艷詩箋證〉，《陳寅恪先生論文集》頁378。其他有關時世妝也可參考此文。

〔註184〕陳夏生：〈雲想衣裳花想容──淺談唐代婦女的服飾〉，《故宮文物月刊》第2卷第12期，頁13。

〔註185〕孫機：〈唐代婦女的服裝與化妝〉：《文物》1984年第4期，頁63。

〔註186〕同註185，頁6。

女所穿之物，已臻精美，甚至奢侈。這樣看來，妓女們由於生活上的需要，往往很注重妝飾，並常有時世妝的打扮。但時世妝的興起不從她們身上，而是由宮廷傳出。她們勇於接受最新時尚，並且力行，這是有提倡傳播之意義的，在其間我想她們也會加以改造或自創新樣，這應該是很有可能的。

結　論

　　本文就唐代妓女階層——宮妓、官妓、家妓、民妓，作一介紹，並試著探討圍繞著妓女所衍生的問題，以求主題的完整。但由於受限於材料，並不夠全面，有許多待補足的地方，仍是需要再努力的。

　　如我所強調的，妓女問題是一個廣泛的社會問題，原因往往極複雜，不止於個人，還與整個大環境攸關。在唐代，妓女與士人的交往，雖因身分相差太多而多以悲劇收場，但這種因為科舉而產生的連繫，正是後代書生成就功名後，變成負心漢，辜負妓女一片痴心的故事的張本。可見這一士與妓的模式，對中國科舉社會及文學內容的影響。文人的尋歡作樂，欣賞吟詠，雖看來是熱鬧溫馨，但實際上妓女只是他們生活的點綴而已。以著墨最多的代表－－白居易來說，他寫了那麼多和妓女有關的作品，可是他在其中所傳達出的仍是以輕薄的態度來看待妓女，如嘲諷關盼盼不能死節。一樣狎玩妓女，和傳統男人的想法沒什麼兩樣。元白這一派人倡言批判社會，改善人生，但對於這批弱勢的女子，卻是視而不見，缺乏對女性的尊重，雖後世視他們有人道主義精神，可是在這方面所作所為卻是違反基本人權。從中我們看到了他矛盾的一面，也了解到在一個頑強的男權社會裡，要產生一個有自覺性，願意放棄特權（或既得利益）的男人有多困難。

　　一些有才華的妓女，對唐代的流行文化有相當重大的貢獻，堪稱創造了各領域的女性藝術，成就值得肯定，沒有她們，唐代的許多文化層面將會黯然失色。但在這光彩的背面，卻有幾點可以思考：

1. 由於她們的身分及生活的特殊，所以她們能突破傳統禮教的種種限制，盡情地自由發展，可見禮教對女性桎錮與不公平。

2. 妓女的才華常使欣賞她們的男人嘆賞，但他們是真心憐惜愛才嗎？換句話說這並不一定意味著男性真正重視有才能的妓女，甚至在很大的程度上，她的才藝可能只是一種點綴品，並不被視作有其獨立的成就價值。妓女的才華只是用來增加聲價、為男人們創造新鮮樂趣而已，她們就在公式化的生活中浪費自己的能力，這些才華對她們來說有意義嗎？

3. 即使妓女們才情如何好，但不可能擺脫蔑視眼光，與一般妓女實無本質的差異，仍然得不到社會承認。所以這一批妓女，從藝術角度看是一大奇觀，從社會價值看是一大罪惡，真是對社會的最大諷刺。

由於材料的限制，本文力求全面整理唐妓的全貌，但仍未能窮盡一切，所以還多有可補充之處。另外也可進一步與其他時代作比較，發現其中的異同，或承接、改變的軌跡，有助於了解整個中國的妓女歷史。今日我們不要不合理的禮教，但需要道德和法律。尤其鄙棄藉口婚姻問題〔註1〕，抱著享樂心態〔註2〕的嫖客。而人要過得快樂、有尊嚴，為貪懶好逸，而自願出賣自己，去換取金錢物質的富裕，恐怕也是枉然的。

〔註 1〕我指的是現代的婚姻已不再是過去那種身不由己的選擇，所以每一個配偶都要為自己的抉擇負責，婚姻中若出現任何問題，應該要夫妻雙方一起來面對，而不是以此作藉口，在外另結新歡。

〔註 2〕如台北市政府曾委託文化大學作過「台北市遏止色情氾濫途徑之研究」結果顯示，出入風化場所的原因，以商業應酬所佔比例最高為 33.13％，好奇心引誘20％，娛樂 18.48％，無聊找刺激 11.18％，性欲的需要 10.19％，心理慰藉 2.94％，夫妻性生活失調 2.15％，其他 1.96％。故真正因生理因素只佔 12.34％，而嫖客中已婚或同居者佔 53.75％。其餘自然可知是玩票性質的。其他之資料說明，可參沈美真《台灣被害娼妓與娼妓政策》，頁 177～178。

參考書目

一、古籍

（一）正史

1. 新唐書（楊家駱主編中國學術類編，台北：鼎文書局，1976 年）。

2. 舊唐書（同上）。

3. 史記（同上）。

4. 漢書（同上）。

5. 後漢書（同上）。

6. 魏書（同上）。

7. 晉書（同上）。

8. 南齊書（同上）。

9. 梁書（同上）。

10. 五代史（同上）。

11. 宋史（同上）。

（二）叢書、文集

1. 唐代叢書（王文誥輯，嘉慶 11 年春鎬弁山樓藏板）

2. 香艷叢書（台北：進學書局，1969 年）

3. 說文解字（台北：黎明，1989 年）

4. 古今圖書集成（台北：鼎文書局，1977 年）

5. 全唐詩（台北：宏業書局，1977 年）

6. 全唐文（台北：啟文，1961 年）

7. 太平廣記（清黃曉峰校刊清乾隆癸酉年 1753 年刻本，台北：新興書局，1973 年）。

8. 冊府元龜（香港：中華書局，1960 年）。

9. 唐會要（王雲五主編國學基本叢書四百種，台北：台灣商務，1968 年）。

10. 資治通鑑（影印清胡克家翻刻的元刊胡注本，台北：天工書局，1988 年）。

11. 通典（王雲五主編〈萬有文庫〉第二集，上海：商務，1935 年）。

12. 唐詩紀事（台北：鼎文書局，1971 年）。

13. 唐律疏議（王雲五主編國學基本叢書四百種，台北：台灣商務，1968 年）。

14. 唐大詔令集（台北：鼎文書局，1972 年）。

15. 韓非子集解（台北：華正書局，1987 年）。

16. 洛陽伽藍記（影印清道光十三年錢塘吳氏校刻本，台北：廣文書局，1960 年）。

17. 廿二史箚記（台北：世界書局，1971 年）。

18. 龔自珍全集（台北：河洛，1975 年）。

19. 古謠諺（台北：新文豐，1986 年）。

20. 日知錄（台北：明倫，1970 年）。

21. 文史通義（台北：世界書局，1974 年）。

（三）筆記

1. 教坊記（香艷叢書本）。

2. 北里志（香艷叢書本）。

3. 朝野僉載（四庫本，台北：台灣商務，1983 年）。

4. 唐國史補（四庫本）。

5. 次柳氏舊聞（唐代叢書本）。

6. 因話錄（四庫本）。

7. 明皇雜錄（四庫本）。

8. 雲谿友議（四庫本）。

9. 玉泉子（四庫本）。

10. 雲仙雜記（四庫本）。

11. 唐摭言（四庫本）。

12. 金華子雜編（四庫本）。

13. 開元天寶遺事（四庫本）。

14. 揚州夢記（唐代叢書本）。

15. 開天傳信記（四庫本）。

16. 劇談錄（四庫本）。

17. 杜陽雜編（四庫本）。

18. 樂府雜錄（四庫本）。

19. 本事詩（唐代叢書本）。

20. 釵小志（香艷叢書本）。

21. 義山雜纂（唐代叢書本）。

22. 三水小牘（叢書集成新編第 82 冊，台北：新文豐，1986 年）。

23. 集異記（四庫本）。

24. 碧雞漫志（涵芬樓藏本《說郛》，台灣商務，1972 年）。

25. 南部新書（四庫本）。

26. 容齋隨筆（四庫本）。

27. 北夢瑣言（四庫本）。

28. 唐語林（四庫本）。

29. 江南餘載（叢書集成新編第 83 冊，台北：新文豐，1986 年）。

30. 中吳紀聞（學海類編本，台北：文源書局，1964 年）。

31. 青樓集（香艷叢書本）。

32. 稗史彙編（台北：新興書局，1969 年）。

33. 板橋雜記（香艷叢書本）。

34. 全唐詩話（叢書集成新編第 87 冊，台北：新文豐，1986 年）。

35. 本事詞（唐圭璋編《詞話叢編》三，台北：新文豐，1988 年）。

36. 唐兩京城坊考（叢書集成新編第 96 冊，台北：新文豐，1986 年）。

二、傳奇小說

1. 〈李娃傳〉：《太平廣記》卷 484。

2. 〈霍小玉傳〉：（同上）卷 487。

3. 〈楊娼傳〉：（同上）卷 491。

4. 〈鶯鶯傳〉：（同上）卷 488。

5. 〈柳氏傳〉：（同上）卷 485。

6. 〈崑崙奴〉：（同上）卷 194。

7. 〈枕中記〉（〈呂翁〉），（同上）卷 82。

8. 〈韋固〉（〈定婚店〉），（同上）卷 159。

9. 〈虬髯客〉（同上）卷 193。

10. 〈杜秋傳〉（唐代叢書本）。

三、當代著作

（台灣）

（一）妓女問題

1. 謝康《賣淫制度與台灣娼妓問題》（台北：大風，1972 年 6 月）
2. 沈美真《台灣被害娼妓與娼妓政策》（台北：前衛，1990 年 5 月）
3. 哈洛德・葛林華德著，張佑光譯《高貴的娼妓──應召女郎的社會背景與心理分析》（台北：文皇，1974 年 9 月）。
4. 嚴明《中國名妓藝術史》（台北：文津，1992 年 8 月）。
5. 萬獻初《中國名妓》（台北：夏圃，1994 年 8 月）。
6. 曹保明《東北妓院史》（台北：祺齡，1994 年 8 月）。
7. 馬爾鏗著，張任章譯《西洋娼妓史話》（台北：仙人掌，1971 年 3 月）。

（二）文藝

1. 岸邊成雄著，梁在平、黃志炯譯《唐代音樂史的研究》（台北：台灣中華書局，1973 年 10 月）。
2. 劉開榮《唐代小說研究》（台北：台灣商務，1994 年 5 月）。
3. 陳寅恪《陳寅恪先生論文集》（台北：九思，1977 年 12 月）。
4. 何滿子《中國愛情與兩性關係》（台北：台灣商務，1995 年 1 月）。
5. 沈從文《中國古代服飾研究》（台北：南天書局，1988 年 5 月）。
6. 弗留葛爾《服裝心理學》（台北：仙人掌，1971 年 4 月）。
7. 周汛、高春明《中國古代服飾風俗》（台北：文津，1989 年 9 月）。
8. 楊蔭瀏《中國古代音樂史稿》（台北：丹青，1987 年 4 月）。
9. 王夢鷗《唐人小說校釋》（台北：正中書局，1985 年 1 月）。
10. 康正果《風騷與艷情》（台北：雲龍，1991 年 2 月）。
11. 霍然《唐代美學思潮》（高雄：麗文文化公司，1993 年 10 月）。
12. 劉尊明《唐五代詞的文化觀照》（台北：文津，1994 年 12 月）。
13. 謝無量《中國婦女文學史》（台北：台灣中華書局，1979 年 8 月）。
14. 傅璇琮《唐代科舉與文學》（台北：文史哲，1994 年 8 月）。
15. 羅聯添《唐代文學論集》（台北：學生書局，1989 年 5 月）。
16. 李志慧《唐代文苑風尚》（台北：文津，1989 年 7 月）。
17. 靜宜文理學院中國古典小說研究中心編《中國古典小說研究》（台北：聯經，1981 年 8 月）。
18. 葉慶炳《中國古典小說中的愛情》（台北：時報文化，1985 年 11 月）。

19. 蕭占鵬《韓孟詩派研究》（台北：文津，1994 年 11 月）。

20. 許總《唐詩體派論》（台北：文津，1994 年 10 月）。

21. 陳文華《唐女詩人集三種》（台北：新宇，1985 年 10 月）。

22. 楊昊瑋《唐代音樂文化之研究》（台北：文史哲，1993 年 9 月）。

23. 胡適《胡適文存》（台北：遠東圖書公司，1983 年 9 月）。

24. 胡適《白話文學史》（台南：東海，1976 年 8 月）。

25. 劉大杰《中國文學發展史》（台北：莊嚴，1991 年 1 月）。

26. 殷亞昭《中國古舞與民舞研究》（台北：貫雅文化，1991 年 5 月）。

27. 王小盾《唐代酒令藝術——關於敦煌舞譜、早期文人詞》（台北：文津，1993 年 3 月）。

（三）社會、經濟

1. 黃現璠《唐代社會概略》（上海：商務印書館，1936 年 3 月）。

2. 李劍農《魏晉南北朝隋唐經濟史稿》（台北：華世，1981 年 12 月）。

3. 瞿海源《台灣的社會問題》（台北：巨流，1991 年 9 月）。

4. 傅筑夫《中國經濟史論叢》（台北：谷風，1987 年 12 月）。

5. 胡如雷《中國封建社會形態研究》（台北：谷風，1987 年 11 月）。

6. 謝思煒《隋唐氣象》（台北：雲龍，1995 年 2 月）。

7. 詹石窗《道教與女性》（台北：世界文化，1992 年 9 月）。

8. 李玉珍《唐代的比丘尼》（台北：學生書局，1989 年 2 月）。

9. 朱岑樓《婚姻研究》（台北：東大，1991 年 2 月）。

10. 羅宗濤《敦煌變文社會風俗事物考》（台北：文史哲，1974 年 10 月）。

11. 戴炎輝《唐律通論》（台北：國立編譯館，1964 年 4 月）。

12. 龐德新《宋代兩京市民生活》（香港：龍門，1974 年 9 月）。

13. 羅素《婚姻革命》（台北：遠流，1989 年 9 月）。

14. 加滕繁《中國經濟史考證》（台北：稻鄉，1991 年 2 月）。

15. 全漢昇《中國經濟史研究》（台北：稻鄉，1991 年 1 月）。

16. 尚秉和《歷代社會風俗事物考》（台北：台灣商務，1975 年 4 月）。

17. 中國唐代學會編《第二屆唐代文化研討會論文集》（台北：中國唐代學會，1995 年 9 月）。

18. 錢穆《國史大綱》（台北：台灣商務，1958 年 10 月）。

19. 古羅斯基著，唐君毅譯《人間至情》（台北：正中，1987 年 11 月）。

20. 瞿同祖《中國法律與中國社會》（台北：里仁書局，1984 年 9 月）。

21. 趙鳳喈《中國婦女在法律上之地位》（台北：稻鄉，1993 年 5 月）。

（四）古籍注疏

1. 楊勇《世說新語校箋》（台北：正文書局，1992 年 10 月）。
2. 逯欽立輯校《先秦漢魏晉南北朝詩》（台北：學海，1984 年 5 月）。
3. 辛文房撰，周本淳校正《唐才子傳校正》（台北：文津，1988 年 3 月）。
4. 蕭繼宗評點校注《花間集》（台北：學生書局，1977 年 1 月）。

（中國大陸）

（一）妓女問題

1. 王書奴《中國娼妓史》（上海：上海書店，1992 年 1 月）。
2. 彥欣《賣淫制度與社會控制》（北京：朝華，1992 年 9 月）。
3. 高世瑜《唐代婦女》（陝西：三秦，1988 年 6 月）。
4. 陶慕寧《青樓文學與中國文化》（北京：東方，1993 年 7 月）。

（二）文藝

1. 喬以綱《中國的風流才女》（北京：國際文化，1993 年 11 月）。
2. 任二北《敦煌曲校錄》（上海：文藝聯合，1955 年 5 月）。
3. 黃仕忠《落絮望天——負心婚變與古典文學》（陝西：人民，1991 年 9 月）。
4. 譚正璧《中國文學家大辭典》（上海：上海書店，1985 年 10 月）。
5. 劉柏青、張連弟、王鴻珠主編《日本學者中國文學研究譯叢3》（吉林：教育，1990 年 3 月）。

（三）社會、經濟

1. 江曉原《「性」在古代中國——對一種文化現象的探索》（陝西：科學技藝，1988 年 5 月）。
2. 宋書功《中國古代房室養生集要》（北京：中國醫樂科技，1993 年 3 月）。
3. 劉達臨《中國古代性文化》（寧夏：人民，1994 年 2 月）。
4. 葛兆光《道教與中國文化》（上海：人民，1991 年 3 月）。
5. 平岡武夫《唐代研究指南第七——唐代的長安和洛陽（地圖）》（上海：古籍，1991 年 1 月）。
6. 羅香林《唐代文化史研究》（上海：文藝，1992 年 9 月）。
7. 張永祿《唐代長安詞典》（陝西：人民，1990 年 3 月）。

四、單篇論文

（台灣）

1. 廖兆祥〈論娼妓之防治問題〉，警光半月刊第 13 期。

2. 王桐齡〈唐宋妓女考〉，史學年報第 1 期。

3. 楊宗瑩〈買笑黃金莫訴貧──白居易與妓女〉，中國學報年刊第 6 期。

4. 宋德熹〈唐代的妓女〉，《中國婦女史論集續集》1991 年 4 月。

5. 方介〈從唐人小說看唐代士子的人生態度〉，中華文化復興月刊 23 卷 1 期、2 期。

6. 黃璧端〈張生的抉擇：談唐人小說裏的功利色彩〉，中外文學 4 卷 5 期。

7. 傅錫壬〈試探李娃傳的寫作動機及時代〉，淡江學報 20 期。

8. 臺靜農〈論唐代士風與文學〉，《中國文學史論文選集》1979 年 3 月。

9. 龔鵬程〈論唐代的文學崇拜與文學社會〉，《晚唐的社會與文化》1990 年 9 月。

10. 全漢昇〈唐宋時代揚州經濟景況的繁榮與衰落〉，史語所集刊第 11 本。

11. 嚴耕望〈唐五代時期之成都〉，香港中文大學中國文化研究所學報 12 卷。

12. 嚴耕望〈唐代荊襄道與大堤曲〉，中央研究院成立五十周年紀念論文集。

13. 曾一民〈唐慈恩寺塔院之建築與文化習尚〉，中國歷史學會史學集刊第 8 期。

14. 羅宗濤〈時世妝──談唐代女性的流行妝扮〉，聯合文學 2 卷 5 期。

15. 陳夏生〈雲想衣裳花想容──淺談唐代婦女的服飾〉，故宮文物月刊 2 卷 12 期。

（中國大陸）

1. 黃以生〈「巫娼時代」純係虛擬──中西妓女起源比較〉，高等學院文科學報文摘 1990 年第 5 期。

2. 關書敏〈唐代教坊婦女生活簡述〉，西南師範學院學報 1983 年第 4 期。

3. 謝挑坊〈宋代歌妓考略〉，中華文史論叢 1983 年第 4 期。

4. 段浩然〈北里志中的「三曲」〉，西北大學學報 1981 年第 2 期。

5. 孫菊園〈唐代文人和妓女的交往及其與詩歌的關係〉，文學遺產 1989 年第 3 期。

6. 張潔雲〈薛濤詩意考辨〉四川師範大學學報 1994 年 7 月。

7. 艾芹〈魚玄機的女性意識及其愛情詩〉，齊魯學刊 1987 年第 5 期。

8. 王人恩〈出污泥而不染，落風塵而抗爭──從中國娼妓制度的發展看關漢卿筆下妓女形象的典型意義〉，西北民族學院學報 1991 年第 1 期。

9. 齋藤茂〈關於《北里志》——唐代文學與妓館〉,《唐代文學研究第三輯》1992 年 10 月。

10. 葛兆光〈瑤台夢與桃花洞——論道教與晚唐五代文人詞〉,江海學刊 1988 年第 4 期。

11. 薛天緯〈干謁與唐代詩人心態〉,西北大學學報 1994 年第 1 期。

12. 楊樹雲〈從敦煌絹畫「引路菩薩」看唐代的時世妝〉,敦煌學輯刊第 4 期。

13. 賈憲保〈唐代的護膚美容化妝品〉,文博 1985 年第 4 期。

14. 孫機〈唐代婦女的服裝與化妝〉,文物 1984 年第 4 期。

15. 周曉虹〈時尚現象的社會心理分析〉,社會科學戰線 1994 年第 5 期。

16. 翁俊雄〈唐後期民戶大遷徙與兩稅法〉,中國古代史 1994 年 1 月。

17. 薛平拴〈唐代的中小商人與商人經濟〉,晉陽學刊 1994 年 1 月。

18. 王炎平〈唐代的開放與世風及國運之關係〉,貴州大學學報 1992 年第 2 期。

19. 趙超〈由墓誌看唐代的婚姻狀況〉,中華文史論叢 1987 年第 1 期。

20. 張永祿〈唐代長安城坊里管理制度〉,人文雜誌 1981 年第 3 期。

21. 中國科學院考古研究所西安城發掘隊〈唐代長安城考古記略〉,考古 1963 年第 11 期。

22. 王宜峨〈論道教的婦女觀〉,中國道教 1995 年第 1 期。

23. 程越〈入華粟特人在唐代的商業與政治活動〉,中國古代史 1994 年 11 月。

24. 李伯重〈唐代部曲、奴婢身分淺析〉,文史 32 輯。

25. 李季平〈試析唐代奴婢和其他賤民的身分地位〉,齊魯學刊 1986 年 6 期,1987 年第 1 期。

26. 趙雲旗〈論隋唐奴婢階層在中國歷史上的變化及其原因〉,晉陽學刊 1987 年第 2 期。

27. 李英、丁文〈關於評價婦女社會地位指標體系的思考〉,社會科學戰線 1994 年第 4 期。

五、學位論文

1. 杜麗香《唐代夫妻懷贈詩與悼亡詩》,國立台灣師範大學國文研究所碩士論文 1991 年。

2. 葉淑娜《科舉時代痴情女子負心漢故事研究》,台中逢甲大學中文研究所碩士論文 1994 年。

3. 金賢珠《唐五代敦煌民歌之研究》國立台灣師範大學國文研究所博士論文 1993 年。

4. 陳葆文《中國傳統短篇愛情小說中的衝突結構》，國立台灣師範大學國文研究所碩士論文 1989 年。

5. 劉麗屏《關微草堂筆記中的女性形象》，國立政治大學中文研究所碩士論文 1993 年。

附　圖

（一）唐李壽墓線刻舞伎

（二）唐李壽墓線刻坐部樂伎

（三）唐李壽墓線刻立部樂伎〔註1〕

3

（四）唐 彩繪舞女俑

俑立於方形平板上，球形髻高聳在頭頂上，身著翻領、長袖、
長衫；但經轉袖，下擺束腰間；外著短外套、大翻領、短袖。
俑面型和體態，都很豐滿。頭部平視垂真，胸略向前偏右，
左手向前下垂，執腰間所束帛巾，右手也是下垂向前，執帛
巾，是起舞的姿勢。

（五）唐　黃釉樂女俑

俑曲腿盤坐於方蓆上，上身挺直：束高髻於頭頂；身著叉領闊袖衣，下穿大口裙。
由頭至蓆，遍塗淺黃色釉，髮、眉、眼等處有墨筆描繪痕跡；面容端莊而嚴謹。
手持筒狀樂器，作演奏前的準備姿態。

（六）唐　黃釉歌女俑

俑曲腿盤坐於方蓆上，上身挺直；束平髻於頭頂上，著平頂帽；著紗狀連裙禮服，
圓領，窄袖，裙口極寬大，舒展蓆上。頭部瘦小，肩也斜削。遍體黃釉，但眉、
眼、髮、帽等處有墨筆描繪痕跡。儀態頗為文雅、華貴，雙手執胸前，作歌姿態。

（七）唐　三彩舞女俑

　　音樂和舞蹈是唐代宮廷、豪富之家最喜愛的娛樂。這從唐墓中不斷出土的樂俑、舞俑中可資證明。本像頭髮梳成高高的唐髻，頭部及胸部幾乎未塗釉藥，只是上彩之後稍微塗一下而已；衣裳、鞋子臺板等都塗上綠黃褐色及透明釉。

（八）唐　三彩乘駝樂人俑

這隻駱駝上面，坐著六位手持樂器的女樂人。〔註2〕

〔註2〕附圖（四）～（八），及文字說明，錄自譚旦冏《中國陶瓷》頁110，112，112，127，117。

（九）唐代　紅陶女樂俑。

（十）唐代　黃釉樂舞俑〔註3〕。

（十一）唐代「霓裳羽衣舞妓俑」。

（十二）唐代女樂伎俑。　　　（十三）唐代女樂伎俑。

（十四）唐代女樂伎俑。　　（十五）揚州城東鄉唐代彩繪舞俑。

（十六）揚州楊廟舞伎俑。　　　　（十七）揚州楊廟舞伎俑。

（十八）揚州楊廟舞伎俑。　　　　（十九）揚州楊廟舞伎俑。〔註4〕

〔註4〕附圖（十一）～（十九）錄自殷亞昭《中國古舞與民舞研究》頁174，圖31～
　　　　33，圖34，圖35～38。